DIREITO À NÃO AUTOINCRIMINAÇÃO E DIREITO AO SILÊNCIO

T845d   Trois Neto, Paulo Mário Canabarro
       Direito à não autoincriminação e direito ao silêncio / Paulo Mário Canabarro Trois Neto. – Porto Alegre: Livraria do Advogado Editora, 2010.
       207 p.; 23 cm.
       ISBN 978-85-7348-724-4

       1. Processo penal. 2. Direito e garantias individuais. I. Título.

                    CDU – 343.1

       Índice para catálogo sistemático:
Processo penal   343.1

(Bibliotecária responsável: Marta Roberto, CRB-10/652)

Paulo Mário Canabarro Trois Neto

DIREITO À NÃO AUTOINCRIMINAÇÃO E DIREITO AO SILÊNCIO

Porto Alegre, 2011

© Paulo Mário Canabarro Trois Neto, 2011

Capa, projeto gráfico e diagramação
Livraria do Advogado Editora

Revisão
Rosane Marques Borba

Direitos desta edição reservados por
Livraria do Advogado Editora Ltda.
Rua Riachuelo, 1338
90010-273 Porto Alegre RS
Fone/fax: 0800-51-7522
editora@livrariadoadvogado.com.br
www.doadvogado.com.br

Impresso no Brasil / Printed in Brazil

Para Adriana, Pedro e Lívia, com amor infinito.

Agradecimentos

Ao Prof. Dr. Luís Afonso Heck, pela orientação atenciosa e pelo estímulo à dedicação científica.

Aos estimados André de Azevedo Coelho, Roberto José Ludwig, Marcelo Cardozo da Silva, Clóvis Juarez Kemmerich, Luciano Feldens, Gueverson Rogério Farias, José Paulo Baltazar Júnior e Paulo Gilberto Cogo Leivas, pelo empréstimo de material de estudo e pelas importantes sugestões incorporadas ao presente trabalho.

Aos servidores e magistrados da Justiça Federal da 4ª Região, em especial aos queridos colegas Roberto Schaan Ferreira, Moacir Camargo Baggio e ao meu "irmão" Gustavo Pedroso Severo.

Aos amigos que ingressaram junto comigo na Faculdade de Direito da UFRGS, em 1993, e que continuam sendo meus grandes parceiros.

Àqueles que são tudo para mim: Carmen Lúcia, minha mãe; Ana Cristina, minha irmã; Bruna, minha sobrinha; Adriana, minha esposa; Pedro e Lívia, meus filhos.

Prefácio

Para a teoria dos direitos fundamentais a distinção teórico-estrutural mais importante é a entre regras e princípios. Sobre essa distinção diz Alexy: "... é o fundamento da teoria do fundamentar jurídico-fundamental e uma chave para a solução de problemas centrais da dogmática dos direitos fundamentais. Sem ela não pode haver uma teoria de barreira adequada, nem uma doutrina das colisões que satisfaz, nem uma teoria suficiente sobre o papel dos direitos fundamentais no sistema jurídico."[1] Mais além, afirma: "A distinção entre regras e princípios forma, além disso, o vigamento de uma teoria material-normativa dos direitos fundamentais e, com isso, um ponto de partida da resposta sobre a questão da possibilidade e dos limites da racionalidade no âmbito dos direitos fundamentais. Com tudo isso, é a distinção entre regras e princípios um dos pilares de fundamento da construção da teoria dos direitos fundamentais."[2]

Nessa conexão é importante sublinhar três pontos: um diz respeito ao caráter prima facie[3] de regras e princípios; o outro, ao dever real e ideal e o último aos direitos fundamentais como direitos subjetivos.

---

[1] Alexy, Robert. Theorie der Grundrechte. 2. Aufl., Frankfurt am Main: Suhrkamp, 1994, S. 71. Versão espanhola: Teoría de los derechos fundamentales. Madrid: Centro de Estudios Constitucionales, 1997, página 81.

[2] Alexy, R., (nota 1), S. 71; página 81 e seguinte.

[3] "Prima facie, (1) dentro da teoria da ciência: 'causa prima facie': com isso deve ser expressa a idéia que um acontecimento A possivelmente é uma causa de um acontecimento B. Com isso, sem dúvida, é afirmada uma relevância causal positiva para um outro acontecimento, todavia, com a cláusula cuidado 'prima facie', com a qual é expresso que, em uma análise mais rigorosa, A poderia resultar somente como causa aparente. (2) Na ética, indica a concepção, sustentada pelo filósofo da moral inglês Ross, que existe um conhecer intuitivo de uma obrigação moral ou de um dever ético. Um dever prima facie deve então ser cumprido, quando ele não está em contradição com um outro dever. A designação 'prima facie' expressa a reserva (a) que para situações de atuação concretas tais deveres contrários não devem ser excluídos, que, então, devem ser ponderados reciprocamente, (b) que o dever prima facie está em vigor até se produzir uma tal contradição. Lit.: W. D. Ross: Foundation of Ethics. Oxford 1939. – Ders.: The Right and the Good. Oxford 1939. – W. Stegmüller: Probleme und Resultate der Wissenschaftstheorie und analytischen Philosophie. Bd. I. Berlin/Heidelberg ²1983, S. 602 ff." Prechtl, Peter, in: Metzler-Philosophie-Lexikon: Begriffe und Definitionen/Hrsg. von Peter Prechtl und Franz-Peter-Burkard. 2. Aufl., Stuttgart; Weimar: Metzler, 1999, S. 601 f. [Artikel Prima facie.]

1) Caráter prima facie de regras e princípios

Princípios têm, todos sem exceção, um mesmo caráter prima facie e regras, todas sem exceção, um mesmo definitivo caráter? Alexy responde essa pergunta negativamente.[4] A necessidade de um modelo diferenciado de Dworkin[5] resulta do fato de, do lado das regras, ser possível em regras, por motivo da decisão de um caso, inserir uma cláusula de exceção. Se isso ocorre, perde a regra, para a decisão do caso, seu caráter definitivo. A inserção de uma cláusula de exceção pode realizar-se em virtude de um princípio. Regras, para as quais não vale a proibição, feita por um sistema jurídico,[6] de limitar elas pela inserção de cláusulas de exceção, perdem seu caráter definitivo restrito. O caráter prima facie, que elas recebem em virtude da perda do seu caráter rigorosamente definitivo, é certamente de tipo fundamentalmente diferente que o dos princípios. Um princípio é driblado, quando ao princípio em sentido contrário, no caso a ser decidido, cabe um peso maior. Pelo contrário, uma regra não já então está driblada, quando o princípio em sentido contrário, no caso concreto, tem um peso maior que o princípio que apoia a regra.[7]

Que regras, pela atenuação de seu caráter definitivo não recebem o mesmo caráter prima facie como princípios, é somente um lado da coisa. O outro lado é que princípios, também pela intensificação de seu cará-

---

[4] Para o seguinte, ver Alexy, R., (nota 1), S. 88 ff.; página 99 e seguintes.

[5] Para uma discussão pormenorizada com Dworkin, ver Alexy, Robert. Recht, Vernunft, Diskurs. Studien zur Rechtsphilosophie. Frankfurt am Main: Suhrkamp, 1995, S. 177 ff.; versão brasileira: Direito, razão, discurso. Estudos para a filosofia do direito. Porto Alegre: Livraria do Advogado Editora, 2010, página 137 e seguintes. Tradução: Luís Afonso Heck.

[6] Um sistema jurídico que admite a chamada redução teleológica não contém essa proibição. Sobre a redução teleológica diz Larenz: "Porque, com isso, a regra contida na lei, segundo seu sentido da palavra, sob esse aspecto inequívoco, formulada muito amplamente, é reduzida ao âmbito de aplicação, que cabe a ela segundo a finalidade da regulação ou a conexão de sentido da lei, nós falamos de uma 'redução teleológica'". Usual é também a expressão "restrição" (Larenz, Karl, Methodenlehre der Rechtswissenschaft. 6. Aufl., Berlin, Heidelberg, New York, London, Paris, Tokyo, Hong Kong, Barcelona, Budapest: Springer Verlag, 1991, S. 391 (aspas no original)).

[7] Essa proposição deve ser posta em conexão com o que segue: "Em regras acontece, no caso normal, a conseqüência jurídica então, quando os pressupostos conhecidos estão dados. Quem, em virtude de um princípio, quer fazer uma exceção de uma regra, suporta, bem semelhante como no desvio de precedentes ou, no fundo, no desvio do existente, a carga da argumentação. Em princípios, que podem ser limitados por princípios, isso é diferente. Uma regra jurídica válida contém, perante princípios, uma determinação para a decisão de casos que, primeiro, deve ser driblada, se um princípio deve prevalecer; princípios não contêm tais determinações. Quando se diz que regras, porque com elas foi feita uma tal determinação, têm uma existência histórica, pode dizer-se que princípios, referente ao seu conteúdo de determinação relativamente a outros princípios, não têm existência histórica. Em seu conteúdo de determinação com referência a casos, são, sob esse aspecto, todos, fundamentalmente, iguais. Não existe, por conseguinte, nenhum fundamento para, de antemão, privilegiar um. Por isso, deve aquele que, com base em princípios, primeiro quer fazer uma determinação, quando surgem dúvidas, demonstrar que princípios em sentido contrário retrocedem" (Alexy, R., (nota 5), S. 201; página 153 e seguinte; sobre o teorema da colisão, de regras e de princípios, ver mesmo autor, mesma obra, S. 192 ff.; página 147 e seguintes). Comparar com Alexy, R., (nota 1), Fußnote 24, S. 76; nota de pé-de-página 24, página 86.

ter prima facie, não obtêm o mesmo caráter prima facie como regras. O caráter prima facie de princípios pode ser intensificado pelo fato de, em favor de determinados princípios ou determinados tipos de princípios, ser inserida uma carga de argumentação. Pela suposição de uma carga de argumentação em favor de determinados princípios, seu caráter prima facie não é adaptado ao das regras. Também uma regra da carga de argumentação não dispensa a necessidade de, no caso concreto, comprovar, cada vez, as condições de primazia.[8] Ela tem somente como consequência que, em fundamentos igualmente bons ou em dúvida, deve ser dada a um princípio a primazia diante do outro.

2) Dever real e ideal

Para evitar mal-entendidos, Alexy sugere o emprego dos conceitos dever real e ideal em sentido geral e fraco. Assim: "um dever ideal é todo dever que não pressupõe que aquilo que é devido é possível real e juridicamente em sua totalidade, mas para isso pede cumprimento tão amplo ou aproximativo quanto possível. Pelo contrário, o caráter mandamental de prescrições, que podem ser ou somente cumpridas ou não cumpridas, pode ser qualificado de «dever real». Esse conceito do dever ideal pode ser empregado para explicação do caráter prima facie particular de princípios, e, com isso, sua conduta de colisão, ou do caráter particular de suas cláusulas de reserva. Como ideais, são princípios, em sua realização, dependentes tanto das possibilidades fáticas como das possibilidades jurídicas, definidas por outros princípios. Uma declaração sobre o seu conteúdo mandamental real pressupõe, por conseguinte, sempre uma declaração sobre as possibilidades fáticas e jurídicas. O caráter-prima facie de uma declaração somente relacionada com um ideal é, por conseguinte, claramente mais fraco que aquele de uma declaração relacionada com uma regra, porque o último contém, como determinação das exigências de, certamente, sempre, vários ideais, já uma comprovação sobre possibilidades fáticas e jurídicas."[9]

3) Direitos fundamentais como direitos subjetivos

A base da teoria analítica dos direitos é uma tripartição das posições, a serem designadas como direitos, em direito a algo, liberdades e competências.

---

[8] Ver para isso, Alexy, R., (nota 1), S. 79 ff.; página 90 e seguintes. Em conexão com isso, ver a concepção da ponderação, mesmo autor, mesma obra, S. 143 ff.; página 157 e seguintes.

[9] Alexy, R., (nota 5), S. 204; página 155 e seguinte (pontuação no original). Regras, que prescrevem atuações, que podem ser executadas em graus distintos, podem ter a qualidade de poder ser somente ou cumprido ou não cumprido. Elas têm essa qualidade quando um determinado grau da atuação ou modo de conduta é ordenado (proibido, permitido). Um exemplo formam as prescrições que dizem respeito à conduta imprudente. Ver para isso, mesmo autor, mesma obra, S. 202, Fußnote 91; página 154, pé-de-página 91.

A forma mais geral de uma proposição sobre um direito a algo diz: *a* tem perante *b* um direito a G. Isso mostra que o direito a algo pode ser concebido como uma relação de três variáveis, cujo primeiro membro é o *titular* ou possuidor do direito (*a*), cujo segundo membro, o *destinatário* do direito (*b*) e cujo terceiro membro, o *objeto* do direito (G). Se se expressa essa relação de três variáveis por R, então a forma mais geral de uma proposição sobre um direito a algo pode ser reproduzida assim:

RabG

Desse esquema nasce coisa bem diferente, conforme o que se emprega para *a*, *b* e G. Se para *a*, o titular, emprega-se uma pessoa natural ou jurídica de direito público, ou para *b*, o destinatário, o estado ou privados, ou para G, o objeto, atuações positivas ou omissões, obtém-se relações entre as quais, sob pontos de vista dogmático-jurídico-fundamentais, existem diferenças muito importantes. Pergunta-se sobre a estrutura do objeto do direito a algo, então o objeto de um direito a algo é sempre uma atuação do destinatário. O relacionamento com a atuação do mesmo modo como a estrutura de três variáveis não são expressos imediatamente pela determinação do direito fundamental particular.[10]

Cada liberdade jurídico-fundamental é uma liberdade que, pelo menos, existe em relação ao estado. Cada liberdade jurídico-fundamental, que existe em relação para com o estado, é armada, imediata e subjetivamente, pelo menos, por um direito igual quanto ao conteúdo, a isto, que o estado não impede o titular do direito de liberdade nisto, de fazer aquilo que ele jurídico-fundamentalmente é livre para fazer. Reúne-se a liberdade e o armamento no conceito da liberdade armada, então compõe-se esse tipo da liberdade armada da união de uma liberdade não armada e de um direito ao não impedimento de atuações. O direito ao não impedimento é um direito a uma atuação negativa. Direitos a atuações negativas estão em correlação com proibições dessas atuações. Quando se fala de diretos fundamentais como »direitos de defesa«, então são consideradas, em geral, as liberdades jurídico-fundamentais a atuações negativas contra o estado. Esses direitos são unidos com a competência de fazer valer judicialmente a sua violação.[11] Quando essas três posições unem-se, uma *liberdade* jurídica, *um direito* contra o estado ao não impedimento e uma *competência* de fazer valer judicialmente esse direito violado, pode ser fa-

---

[10] Ver Alexy, R., (nota 1), S. 171 f.; página 186 e seguinte. Em itálico no original.

[11] Aqui se mostra o significado de uma via processual adequada para fazer valer judicialmente os direitos fundamentais violados. Esse significado foi considerado pelo dador de leis na Lei n. 9.882, de 3 de dezembro de 1999, no artigo 2, inciso II e parágrafo 1. O inciso II, contudo, foi vetado. Ver para isso, Heck, Luís Afonso. Posfácio, in: Heck, L. A. (org.) Direito natural, direito positivo, direito discursivo. Porto Alegre: Livraria do Advogado Editora, 2010, página 246, pé-de-página 59.

lado de um direito de liberdade negativo plenamente formado perante o estado.[12]

Em conexão com essas questões situa-se o trabalho de Paulo Mário Canabarro Trois Neto. Ele foi defendido como dissertação de mestrado na faculdade de direito da UFRGS e foi aprovado com a nota máxima. A banca examinadora estava composta por: Danilo Knijnik, Luciano Feldens, Luís Afonso Heck e Néviton de Oliveira Batista Guedes. Seu mérito está, por um lado, em ter chamado a atenção sobre o acusado como alguém com dignidade humana e, portanto, responsável; por outro, em ter situado a questão sobre a não autoincriminação no plano da justificação e não no da persuasão.

Porto Alegre, outono de 2010.

Luís Afonso Heck
Prof. da UFRGS

---

[12] Ver Alexy, R., (nota 1), S. 209 f.; página 225 e seguinte. Pontuação e itálico no original.

Sumário

Lista de siglas e abreviaturas 19

Introdução 21

1. O processo penal entre eficiência e garantia: alocação do debate na teoria dos direitos fundamentais 25

1.1. Os direitos fundamentais do imputado na teoria dos princípios 27

    1.1.1. Direitos fundamentais e a posição jurídica do imputado no processo penal 27

        1.1.1.1. A estrutura dos direitos fundamentais 27

        1.1.1.2. Direitos fundamentais do imputado como direitos de defesa 29

    1.1.2. Colisões de direitos fundamentais e teoria dos princípios 31

    1.1.3. Barreiras dos direitos fundamentais 35

    1.1.4. Tipo normativo dos direitos fundamentais 37

1.2. Os direitos fundamentais e o dever de prestar uma justiça penal eficiente 42

    1.2.1. O caráter duplo dos direitos fundamentais 42

    1.2.2. Os direitos fundamentais e a intervenção penal do Estado 44

        1.2.2.1. Caráter subjetivo dos direitos fundamentais e intervenção penal . . 46

        1.2.2.2. Caráter objetivo dos direitos fundamentais e intervenção penal . . . 48

    1.2.3. Eficiência do processo penal: fundamentação e aplicação 52

        1.2.3.1. Fundamentação constitucional do dever de prestar uma justiça penal eficiente 52

        1.2.3.2. O princípio da busca da verdade como expressão do dever de prestar uma justiça penal eficaz 55

1.3. Solução das colisões entre eficientismo e garantismo 59

    1.3.1. O teste da proporcionalidade 59

        1.3.1.1. Proporcionalidade como proibição do excesso 60

        1.3.1.2. A proporcionalidade como proibição da insuficiência 64

    1.3.2. O espaço das leis na ponderação de princípios 68

    1.3.3. Medidas processuais interventivas e proibição do excesso na jurisprudência constitucional 71

    1.3.4. Controle da insuficiência da proteção penal estatal: proibição da insuficiência na jurisprudência dos tribunais internacionais 74

    1.3.5. O modelo dos princípios para o processo penal e a necessidade de um sistema de *primazias prima facie* 77

2. O direito à não autoincriminação: origem, evolução e sua atual conformação constitucional 81

2.1. Origem histórica e desenvolvimento 82

    2.1.1. Antecedentes históricos do direito a não se autoincriminar 82

    2.1.2. Feição atual do direito à não autoincriminação no direito comparado 85

        2.1.2.1. Alemanha 86

        2.1.2.2. Espanha 87

        2.1.2.3. Itália 88

        2.1.2.4. Portugal 89

        2.1.2.5. Inglaterra 90

        2.1.2.6. EUA 91

        2.1.2.7. Tratados internacionais 92

    2.1.3. O direito à não autoincriminação no Brasil 94

        2.1.3.1. Evolução legislativa 94

        2.1.3.2. Juriprudência do STF e do STJ 97

    2.1.4. O saber histórico e os problemas atuais relativos ao direito de não autoincriminação 99

2.2. O direito à não autoincriminação como direito fundamental 102

    2.2.1. O direito à não autoincriminação na CF-88: norma e enunciados normativos 102

    2.2.2. A proteção da dignidade humana 104

    2.2.3. O direito ao procedimento correto 108

        2.2.3.1. Ampla defesa e direitos de participação ativa 111

        2.2.3.2. Presunção de inocência e direitos de participação passiva 113

        2.2.3.3. O direito à não autoincriminação como expressão do direito a um procedimento correto 115

2.3. A aplicação do direito à não autoincriminação: proteção *prima facie* e proteção definitiva 119

    2.3.1. O problema da dupla posição do acusado no procedimento 119

    2.3.2. Bens protegidos e intervenções proibidas *prima facie* pelo direito à não autoincriminação 122

        2.3.2.1. Direito de não se conformar com a acusação 123

        2.3.2.2. Direito de não depor contra si 126

        2.3.2.3. Direito de não contribuir para a produção de outras provas 132

    2.3.3. Justificação constitucional das barreiras ao direito de não se autoincriminar 135

3. Liberdade de declaração e fixação judicial dos fatos: o exercício da autodefesa no convencimento do juiz penal 141

3.1. Discurso jurídico e racionalidade 142

    3.1.1. A teoria da argumentação jurídica 142

    3.1.2. Argumentação jurídica e convencimento do juiz penal 145

    3.1.3. O caráter institucionalizado do discurso e a atuação da defesa do acusado 150

3.2. A fixação judicial dos fatos em um modelo cognoscitivista 154

    3.2.1. Pretensão de correção da decisão judicial e modelos probatórios 154

    3.2.2. Limitações da verdade obtida no processo e os modelos probabilísticos . . 157

3.2.2.1. Modelos de probabilidade estatístico-matemática 158
3.2.2.2. Modelos de probabilidade lógica ou indutiva 160
3.2.2.3. O esquema valorativo do grau de confirmação. 161
3.2.3. O princípio do livre convencimento racional no modelo cognoscitivista . . 166
    3.2.3.1. Livre convencimento racional e dever de eficiência da
    justiça penal 166
    3.2.3.2. O livre convencimento racional e a estrutura da fundamentação
    sobre a matéria fática 168
3.3. Exercício da autodefesa pelo acusado e a liberdade de convencimento do juiz . 172
    3.3.1. As relações entre os princípios relativos à proteção da personalidade do
    acusado e o princípio do livre convencimento racional 172
        3.3.1.1. Proteção da inocência e a regulação relativa a quem cabe o
        ônus de provar 172
        3.3.1.2. Proteção da inocência e a regulação sobre como provar 174
        3.3.1.3. Proteção da inocência e a regulação sobre quanto provar 177
    3.3.2. Exercício ativo da autodefesa e convencimento judicial 179
    3.3.3. Exercício passivo da autodefesa e convencimento judicial 182
        3.3.3.1. A legislação processual penal brasileira sobre a influência do
        silêncio na fixação judicial dos fatos 182
        3.3.3.2. A interpretação desfavorável do silêncio do acusado como uma
        intervenção desproporcional no direito fundamental 185
        3.3.3.3. O silêncio como elemento discursivo no raciocínio judicial:
        concordância prática entre o princípio da liberdade de
        declaração e o princípio do livre convencimento racional 194
        3.3.3.4. O exercício do direito ao silêncio na fundamentação do
        convencimento judicial 197

Conclusão 199

Referências 201

Lista de siglas e abreviaturas

abr.	abril
ago.	agosto
AGRESP	Agravo Regimental em Recurso Especial
art.	artigo
arts.	artigos
BGHSt	Entscheidungen des Bundesgerichtshofes in Strafsachen (Sentenças do Tribunal Supremo Federal da Alemanha em matéria penal)
BVerfGE	Bundesverfassungsgerichtsentscheidung (Sentenças do Tribunal Constitucional Federal da Alemanha)
CADH	Convenção Americana sobre Direitos Humanos
cap.	capítulo
CEDH	Convenção para a Proteção dos Direitos do Homem e das Liberdades Fundamentais (conhecida como Convenção Europeia de Direitos Humanos)
CF-88	Constituição da República Federativa do Brasil, de 05-10-1988
CIDH	Corte Interamericana de Direitos Humanos
cit.	citado(a)
comp.	compilador(a)
coord.	coordenador(a)
CP	Código Penal
CPC	Código de Processo Civil
CPP	Código de Processo Penal
dez.	dezembro
DJ	Diário da Justiça
DJe	Diário da Justiça eletrônico
DNA	ácido desoxirribonucléico
ed	edição
et al.	e outros
EUA	Estados Unidos da América
fev.	fevereiro
HC	*Habeas Corpus*
inc.	inciso
j.	julgamento em (data)

jan.	janeiro
jul.	julho
jun.	junho
JuS	Juristische Schlung (revista)
LECrim	Ley de Enjuiciamiento Criminal
mai.	maio
mar.	março
Min.	Ministro(a)
n.	número
nov.	novembro
NStZ	Neue Zeitschrift für Strafrecht (revista)
ob.	obra
ONU	Organização das Nações Unidas
op. cit.	*opus citatum*
org.	organizador(a)
out.	outubro
p.	página
PIDCP	Pacto Internacional sobre Direitos Civis e Políticos
RBCCrim	Revista Brasileira de Ciências Criminais
RE	Recurso Extraordinário
rel.	relator(a)
RESP	Recurso Especial
RHC	Recurso em *Habeas Corpus*
RT	Revista dos Tribunals
RTJ	Revista Trimestral de Jurisprudência
set.	setembro
ss	páginas seguintes
STC	Sentencia del Tribunal Constitucional
STF	Supremo Tribunal Federal
STJ	Superior Tribunal de Justiça
StPO	Strafprozessordnung
TEDH	Tribunal Europeu de Direitos Humanos
US	United States Reports (repositório de julgados da Suprema Corte dos EUA)
v.g.	*verbi gratia*
vol.	volume
vs.	*versus*

Introdução

O direito à não autoincriminação, desde seu surgimento até sua conformação atual, tem merecido configurações variadas nos diversos ordenamentos jurídicos em que ele recebeu acolhimento. Apesar da existência de diferenças significativas quanto à sua extensão, não há dúvida de que o reconhecimento desse direito é uma das conquistas mais importantes do processo penal[1] e merece ocupar um papel de destaque no quadro das garantias constitucionais em um Estado de Direito.

A institucionalização da forma e das condições pelas quais se pode obter uma declaração, ou outra conduta potencialmente autoincriminatória, daquele que se encontra na condição de acusado diz respeito a uma tomada de posição sobre o modo de se considerar a autonomia pessoal do indivíduo. A proteção à liberdade de declaração e participação do acusado está estreitamente relacionada à consideração do imputado como sujeito processual, e não como mero objeto de investigação. Tal proteção é, por isso, um indicador seguro do caminho percorrido pelos sistemas processuais em sua marcha de abandono dos resquícios inquisitórios ainda presentes, em maior ou menor grau, na realização da busca da verdade.[2]

Independentemente do conteúdo que se possa extrair do direito de não se autoincriminar, cumpre desde já esclarecer que não serão empregadas como se lhe fossem sinônimas ou equivalentes as locuções latinas *nemo tenetur seipsum accusare* (ninguém é obrigado a acusar a si mesmo), *nemo contra se edere tenetur* (ninguém é obrigado a se denunciar), *nemo tenetur prodere seipsum* (ninguém é obrigado a se trair), *nemo tenetur detegere propriam turpitudinem* (ninguém é obrigado a declarar a própria torpeza)

---

[1] CÓRDOBA, Gabriela E. *"Nemo tenetur se ipsum accusare: principio de pasividad?"*. *Estudios sobre justicia penal – Homenaje al Profesor Julio B. J. Maier*. David Baigún... [*et al.*] Buenos Aires: Del Puerto, 2005, p. 279-301, p. 279.

[2] ANDRADE, Manuel da Costa. *Sobre as proibições de prova no processo penal*. Coimbra: Coimbra Editora, 1992, p. 122.

e *nemo tenetur se detegere* (ninguém é obrigado a se revelar).[3] Embora essas expressões sejam comumente utilizadas pela doutrina de forma indistinta, a pesquisa das razões históricas de tais máximas tem sido marcada pela inexistência de conclusões seguras e pelo fomento a confusões terminológicas. Hoje parece conveniente limitar sua utilização para designar apenas algumas das possíveis formas de expressão do direito à não autoincriminação ou alguns fundamentos práticos gerais de sua justificação. Neste estudo, será evitado o uso das expressões latinas, salvo nos casos em que o seu emprego estiver suficientemente justificado do ponto de vista histórico, ou não for problemático sob o aspecto semântico.

Por opção metodológica, o presente livro empregará a locução "não autoincriminação" em uma acepção ampla, no sentido de não contribuição para a aplicação do direito penal contra si próprio, seja por meio de declarações, seja por meio de comportamentos não comunicativos do acusado. Reserva-se a expressão "silêncio", por sua vez, para designar a negativa de autoincriminação exercida mediante a conduta de não depor em atos processuais ou diligências destinadas a colher informações verbais sobre um fato tido como delituoso.

Embora o direito contra a autoincriminação constitua um princípio internacionalmente reconhecido de um procedimento penal próprio de um Estado de Direito,[4] este estudo não o concebe como um "princípio geral de direito",[5] nem o insere em especulações sobre direitos do homem pré-estatais ou suprapositivos.[6] Parte-se do direito à não autoincriminação como direito positivado, ainda que a determinação de seu significado não prescinda de uma atividade construtiva do intérprete.[7] A abordagem

---

[3] Sobre essas designações, ver: COUCEIRO, João Cláudio. *A garantia constitucional do direito ao silêncio*, São Paulo: Revista dos Tribunais, 2004, p. 25.

[4] HUERTAS MARTÍN, M. Isabel. *El sujeto pasivo del proceso penal como objeto de la pueba*. Barcelona: Librería Bosch, 1999, p. 281. ROXIN, Claus. "Libertad de autoincriminación y protección de la persona del imputado en la jurisprudencia alemana reciente". *Estudios sobre justicia penal – Homenaje al Profesor Julio B. J. Maier*. David Baigún... [et al.] – Buenos Aires: Del Puerto, 2005, p. 422.

[5] Como o faz, por exemplo, KOHL (*Procès civil et sincerité*, Liège, 1971, p. 15, *apud* QUEIJO, Maria Elisabeth. *O direito de não produzir prova contra si mesmo – O princípio nemo tenetur se detegere e suas decorrências no processo penal*. São Paulo: Saraiva, p. 5).

[6] Conforme a doutrina de MAURER, embora os direitos fundamentais assegurados na Lei Fundamental acolham a substância dos direitos do homem, sua proteção efetiva prescinde, ao menos no plano nacional, do recurso a estes. Cada violação dos direitos do homem é, simultaneamente, uma violação de direitos fundamentais e pode, como tal, ser repelida. Conferir: MAURER, Hartmut. "Ideia e realidade dos direitos fundamentais". *Contributos para o Direito do Estado*. Porto Alegre: Livraria do Advogado, 2007, p. 24-5. O mesmo pode ser dito em relação à realidade constitucional brasileira.

[7] Adota-se, neste livro, a teoria da interpretação de GADAMER, pela qual "compreender é sempre aplicar", de modo que "se quisermos compreender adequadamente o texto [...], isto é, compreendê-lo de acordo com as pretensões que o mesmo se apresenta, devemos compreendê-lo a cada instante, ou seja, compreendê-lo em cada situação concreta de uma maneira nova e distinta". GADAMER, Hans Georg. *Verdade e Método I – Traços fundamentais de uma hermenêutica filosófica*. 6ª ed. Petrópolis: Vozes,

utilizada na presente obra, para tanto, será a jurídico-dogmática, com suporte na doutrina nacional e estrangeira, de forma a possibilitar uma análise crítica da jurisprudência dos tribunais brasileiros e dos tribunais internacionais.

Apesar das interessantes questões que a cada dia surgem no entorno do direito de não se autoincriminar – pense-se, por exemplo, na submissão de condutores de veículos a testes de "bafômetros", na coleta compulsória de amostras de DNA para fins de identificação criminal, na utilização em processos penais de documentos exigidos e obtidos pela fiscalização administrativa ou tributária etc. –, o enfoque do presente livro diz respeito à velha, porém ainda não superada, questão de como o silêncio do réu no interrogatório pode concorrer para a fixação dos fatos no âmbito do processo penal. Para tanto, tenciona-se estudar a evolução do direito à não autoincriminação e estruturar sua compreensão atual na teoria dos direitos fundamentais, a fim de que, fixadas as bases para solução dos problemas relativos à aplicação do direito de não se autoincriminar, se possa apurar se, ou sob que limites e condições, a opção do imputado em permanecer calado no interrogatório judicial teria aptidão para influir no convencimento do juiz no âmbito de uma ação penal condenatória.

O primeiro capítulo tem por objeto a alocação das questões relativas ao processo penal na teoria dos direitos fundamentais e a utilização dos critérios da argumentação jusfundamental para o enfrentamento dos problemas processuais penais. Propõe-se, inicialmente, a análise dos direitos fundamentais do imputado na teoria dos princípios; no segundo item do capítulo, busca-se expor o dever de prestar uma proteção penal eficiente como um bem coletivo constitucional; no terceiro, por fim, aponta-se o preceito da proporcionalidade, em suas variantes da proibição do excesso e da proibição da insuficiência, como critério para solução das colisões entre as garantias do acusado e a eficiência persecutória devida pelo Estado. Com a provisão desse instrumental teórico, espera-se poder, nos demais capítulos, equacionar e resolver problemas relativos ao direito à não autoincriminação.

No segundo capítulo, serão enfocados o direito de não se autoincriminar, como direito fundamental, e o modo como se deve dar sua aplicação em casos concretos. No primeiro tópico de tal capítulo, discorrer-se-á sobre os seus antecedentes históricos e sua compreensão atual no direito estrangeiro e brasileiro. A análise crítica sobre a correção do modo como o tema é tratado na legislação e na jurisprudência será possível com a

---

2004, p. 408. Em outro trecho, complementa o autor: "Compreender pela leitura não é repetição de algo passado, mas participação num sentido presente. [...] O que se diz no texto precisa ser despojado de toda a contingência que lhe é inerente e compreendido em sua identidade plena, a única a conferir-lhe seu real valor." Conferir na obra citada, p. 508-10.

fundamentação do caráter jusfundamental do direito à não autoincriminação, procedida no segundo tópico, e com o estudo do âmbito de sua proteção *prima facie* e da justificação de suas barreiras, objeto do terceiro tópico do mesmo capítulo.

Por fim, no terceiro capítulo, será estudada a relação entre a opção pelo silêncio no interrogatório e o convencimento judicial. Para tanto, serão analisadas, nos dois primeiros tópicos, as conexões entre o discurso jurídico racional e o problema da fixação judicial dos fatos em uma perspectiva cognoscitivista. Isso permitirá, no terceiro item do capítulo, o enfrentamento da questão do modo como o exercício ativo ou passivo da autodefesa pode ter consequências no convencimento do juiz a respeito dos enunciados fáticos relevantes para o desfecho correto do caso penal.

1. O processo penal entre eficiência e garantia: alocação do debate na teoria dos direitos fundamentais

Na conhecida lição de Figueiredo Dias, o processo penal tem à base o problema nodal das relações entre Estado e indivíduo, e sua história não é senão o produto flagrante dessas duas forças vetoriais.[8] A articulação entre a autossuficiência do indivíduo e as necessidades, direitos e obrigações que advêm da vida em sociedade constitui o desafio fundamental da convivência humana.[9] A tarefa essencial de qualquer sociedade organizada consiste em conciliar, tanto quanto possível, a liberdade individual com o bem-estar comum.[10]

O reconhecimento da tensão inarredável entre a realização da justiça penal e a proteção dos direitos do acusado exige que os institutos processuais possibilitem sua adequada composição.[11] A finalidade do processo penal, ou, de modo mais abrangente, da atividade punitiva estatal, traduz-se em ordenar reciprocamente relações da vida protegidas pelos direitos de liberdade com outras relações também essenciais à vida comunitária, e de conjugá-las com a conservação de uma ordem na qual umas e outras ganhem realidade e consistência.[12]

Nessa trilha, é função do direito processual penal definir modelos de compreensão[13] que possibilitem a apuração da existência e a determinação das consequências do fato tido como criminoso, pois o controle penal,

---

[8] DIAS, Jorge de Figueiredo. *Direito processual Penal*. Vol. I. Coimbra: Editora Coimbra, 1974, p. 58.

[9] BENDA, Ernst. "Dignidad humana y derechos de la personalidad". Em *Manual de Derecho Constitucional*. Benda, Ernst *et alli*. Madrid: Marcial Pons, 1996, p. 119.

[10] BENDA, Ernst. "Dignidad humana...", p. 119.

[11] DIAS, Jorge de Figueiredo. "Para uma reforma global do processo penal português". *Para uma nova justiça penal*, vários autores. Coimbra: Livraria Almedina, 1996, p. 206. No mesmo sentido: MORENO CATENA, Victor. "Garantía de los derechos fundamentales en la investigación penal". *Cuadernos de doctrina y jurisprudencia penal* n. 8, Buenos Aires: Ad-Hoc, p. 116.

[12] DIAS, Jorge de Figueiredo. "Para uma reforma global...", p. 209.

[13] Sobre modelos de compreensão no processo penal, conferir: HASSEMER, Winfried. *Introdução aos fundamentos do Direito Penal*. Porto Alegre: Sergio Antonio Fabris Editor, 2005, p. 172-92. Para o autor: "[...] o Direito Processual Penal elabora e organiza o cenário que o Direito Penal material necessita

na ausência de procedimentos capazes de regular juridicamente a sua implementação, estaria desprovido de eficácia para atuar como um instrumento de que o Estado dispõe para assegurar as condições elementares a uma coexistência social pacífica.[14] Mas além de *servidor* do direito penal, o direito processual também é o *senhor* da sua aplicação,[15] já que é inerente à função pacificadora do processo o modo como ela é desempenhada. Por isso, é também tarefa do direito processual penal assegurar que os métodos estatais de prevenção, apuração e controle do crime sejam compatíveis com a proteção dos direitos de personalidade do acusado.[16]

A processualização da intervenção penal, portanto, busca dar os instrumentos para a proteção da sociedade e, ao mesmo tempo, assegurar a legitimidade e a moderação desse instrumental. Para Dias Neto, o contínuo esforço de compatibilização desses dois fins do direito processual penal "poderia ser simbolizado como um pêndulo que se move entre duas posições fundamentais: o interesse de investigação (*eficientismo*) e o de proteção da personalidade do acusado (*garantismo*)".[17]

Adota-se a locução *eficientismo*, neste trabalho, para identificar o ideal de maximização, em favor das instâncias persecutórias, dos meios aptos a promover a realização do direito penal. Por *garantismo*, designa-se aqui o ideal de otimização do conjunto de direitos e garantias individuais,[18] oponíveis contra o Estado, que enfeixam a significação do processo como uma limitação da atuação dos poderes públicos.[19]

O direito de não depor no interrogatório judicial, como outras formas de expressão do direito à não autoincriminação, insere-se no espaço de frequente tensão em que se apresentam, no processo penal, eficientismo e garantismo. A necessidade de uma coordenação correta, à luz da

---

para efetivar-se; sem o Processo Penal não há proteção de bens jurídicos e nem realização dos fins da pena [...]" (obra citada, p. 172-3).

[14] DIAS NETO, Theodomiro. "O direito ao silêncio: tratamento nos direitos alemão e norte-americano". *Revista Brasileira de Ciências Criminais*. São Paulo, v. 5, n. 19, jul./set. 1997, p. 179-180.

[15] HASSEMER, Winfried. *Introdução...*, p. 172.

[16] DIAS NETO, Theodomiro. "O direito ao silêncio...", p. 180-1.

[17] DIAS NETO, Theodomiro. "O direito ao silêncio...", p. 182 (grifos em itálico no original). Embora o sufixo "ismo" possa dar a impressão de um tom depreciativo, nessas expressões ele é utilizado apenas para enfatizar a finalidade tendencialmente buscada por dois padrões ideais de exercício da atividade persecutória.

[18] Com base na lição de RUY BARBOSA, leciona MARCELO CARDOZO DA SILVA: "Emprega-se o termo garantia constitucional individual a direitos subjetivos [...] dispostos com o objetivo de realizar as funções de complementação protetiva de um direito fundamental [...], podendo ou não, por sua vez, também ser um direito fundamental". *A prisão em flagrante na constituição*. Porto Alegre: Verbo Jurídico, 2006, p. 39-40.

[19] Para outras acepções do termo *garantismo*, ver: FERNANDES, Antonio Scarance. "O equilíbrio entre a eficiência e o garantismo e o crime organizado", *In Revista Brasileira de Ciências Criminais*, vol. 70, jan./fev. 2008, p. 234.

constituição, desses dois vetores processuais faz com que os princípios do processo, em um Estado de Direito, necessariamente caiam na área de proteção dos direitos fundamentais.[20]

Por isso, o adequado enfrentamento dos problemas relativos à abrangência e ao modo de exercício do direito fundamental a não se autoincriminar exige, primeiramente, o exame de como se formulam e como se resolvem, sob o enfoque da dogmática jurídico-constitucional, as colisões entre os direitos de defesa do imputado e o dever estatal de prestar uma justiça penal eficiente.

1.1. OS DIREITOS FUNDAMENTAIS DO IMPUTADO NA TEORIA DOS PRINCÍPIOS

1.1.1. Direitos fundamentais e a posição jurídica do imputado no processo penal

1.1.1.1. *A estrutura dos direitos fundamentais*

Direitos fundamentais são essencialmente direitos do homem[21] transformados em direitos positivos.[22] Sua significação cada vez maior é um traço importante de nossa época.[23]

---

[20] COSTA ANDRADE, Manuel. *Apud* SANTANA, Selma Pereira. "A tensão dialética entre os ideais de eficiência, garantia e funcionalidade". *Revista Brasileira de Ciências Criminais*, vol. 52, jan.-fev. de 2005, ano 13, p. 273, nota de rodapé n. 59.

[21] Direitos do homem são definidos por cinco características: universalidade, fundamentalidade, abstratividade, moralidade e prioridade. Conferir, a propósito: ALEXY, Robert. "Sobre o desenvolvimento dos direitos do homem e fundamentais na Alemanha". *In Constitucionalismo discursivo*, p. 94

[22] ALEXY, Robert. "Colisão de direitos fundamentais e realização de direitos fundamentais no estado de direito social". *Constitucionalismo discursivo*, p. 63. Conforme doutrina de CARL SCHMITT, a história dos direitos fundamentais, tal como os conhecemos hoje, começa com a Declaração de Direitos do Estado da Virgínia, emitida em 12 de junho de 1776: "Se citan por unos y otros como primera Declaración de Derechos fundamentales la Magna Carta de 1215 [...], el Acta de *Habeas Corpus* de 1679 [...] y el *Bill of Rights* de 1688 [...]. En realidad son regulaciones contractuales o legales de los derechos de los barones o burgueses ingleses, que si bien han tomado, en un proceso insensible, el carácter de los modernos principios, no tuvieron originariamente el sentido de los derechos fundamentales: la historia de los derechos fundamentales comienza propiamente con las declaraciones formuladas por los Estados americanos en el siglo XVIII, al fundar su independencia respecto de Inglaterra. [...] Los más importantes derechos fundamentales e esas declaraciones son: libertad, propiedad privada, seguridad, derecho de resistencia y libertades de conciencia y de religión. Como finalidad del Estado aparece el aseguramientos de tales derechos.". SCHMITT, Carl. *Teoría de la Constitución*. Madrid: Editorial Revista de Derecho Privado, [19-], p. 182.

[23] HESSE, Konrad. "Significado de los derechos fundamentales". *In Manual de Derecho Constitucional*, p. 83.

Apesar das diferenças materiais entre os direitos fundamentais nos diversos sistemas jurídicos que os reconhecem, é possível adotar a abordagem estrutural proposta por Robert Alexy, conceituando-os como as diversas posições jurídicas básicas a que alguém pode ser colocado em face de uma norma de direito fundamental.[24] Em seu conjunto, os direitos fundamentais constituem um feixe de posições definitivas e *prima facie* que podem ser sintetizadas em direitos a algo, liberdades e competências.[25]

Direitos a algo podem ser divididos em direitos a ações positivas do Estado e em direitos a omissões estatais. Os direitos a ações positivas podem ter como objeto tanto uma ação fática como uma ação normativa, conforme haja ou não haja relevância da forma jurídica da realização da ação para a satisfação do direito.[26] Os direitos a ações normativas são direitos a atos estatais de imposição de norma. Se se admite que o nascituro é titular de direitos fundamentais, o direito à proteção por meio do direito penal (criminalização do aborto) seria um direito desse tipo.[27] Os direitos a ações fáticas são direitos prestacionais em sentido estrito,[28] de que são exemplo os direitos a subvenções estatais.

Os direitos a omissões estatais, ou direitos de defesa, podem ser subdivididos em três grupos. O primeiro é constituído por direitos a que o Estado não impeça nem obstaculize determinadas *ações* do titular do direito, como a escolha da profissão, por exemplo; o segundo, por direitos a que o Estado não afete determinadas *propriedades* ou *situações* do titular do direito, tais como a esfera da vida privada do indivíduo; e o terceiro, por direitos a que o Estado não elimine determinadas *posições jurídicas* do titular do direito, de que são exemplo as que decorrem da condição de proprietário.[29]

O segundo tipo de posições jurídicas fundamentais são as liberdades. O objeto da liberdade é uma alternativa de ação. Trata-se daquilo que, na tradição filosófica, se denomina liberdade negativa.[30] A liberdade jurídica pode consistir apenas em uma posição livre pela qual se permite fazer ou não fazer algo. Nesse caso, fala-se em liberdade não protegida,

---

[24] ALEXY, Robert. *Teoria de los derechos fundamentales*, p. 177 e seguintes.

[25] ALEXY, Robert. *Teoría de los derechos...*, p. 244.

[26] ALEXY, Robert. *Teoría de los derechos...*, p. 195.

[27] Conforme ALEXY, o Tribunal Constitucional alemão deixa a questão da titularidade de direitos fundamentais pelo nascituro em aberto. Conferir: ALEXY, Robert. *Teoría de los derechos...*, p. 195. Interessa-nos o exemplo apenas para ilustrar a estrutura do direito a uma ação estatal normativa.

[28] ALEXY, Robert. *Teoría de los derechos...*, p. 195-6.

[29] ALEXY, Robert. *Teoría de los derechos...*, p. 188.

[30] ALEXY, Robert. *Teoría de los derechos...*, p. 214-5.

que pode se fundar tanto em uma norma permissiva explicitamente estatuída como na mera ausência de mandamentos ou proibições. A liberdade jurídica protegida, por sua vez, constitui um feixe de direitos a algo e de normas objetivas que assegura ao titular do direito fundamental a possibilidade de realizar as ações permitidas.[31] Com ajuda da lógica deôntica, as liberdades podem facilmente reconduzir-se à estrutura dos direitos a algo mediante uma reconstrução dessas duas posições jurídicas.[32]

O terceiro tipo de posições jurídicas fundamentais são as competências. O característico das competências é que uma situação jurídica pode ser modificada mediante uma conduta de seu titular.[33] As competências agregam à capacidade de ação do indivíduo algo que ele não possui por natureza, conferindo uma significação jurídica própria à conduta praticada por seu titular.[34] Entre as posições jurídicas de competência e de liberdade estabelecem-se relações diretas, já que a ampliação de competências do indivíduo acarreta um aumento em sua liberdade jurídica.[35] A questão de se também as competências podem se reconduzir às modalidades deônticas de mandamento, proibição ou permissão não é tranquila.[36] De qualquer modo, apesar do seu importante significado no âmbito dos direitos fundamentais, deve-se reconhecer que, por trás das competências, quase sempre aparecem os direitos a algo.[37]

1.1.1.2. Direitos fundamentais do imputado como direitos de defesa

Na tradição da filosofia analítica, uma ação positiva representa uma mudança causal de situações ou processos na realidade. Omissão, por seu turno, significa uma permanência de situações ou processos na realidade, embora fosse possível a mudança.[38]

Uma diferenciação material entre direitos a ações positivas e ações negativas depende da fundamentação do direito.[39] Os direitos de defesa fundamentam pretensões de omissão do Estado, ainda que para a realização desse direito possa surgir uma pretensão a uma eliminação da inter-

---

[31] ALEXY, Robert. *Teoría de los derechos...*, p. 219.

[32] BOROWSKI, Martin. *La estructura de los derechos fundamentales*, p. 25.

[33] BOROWSKI, Martin. *La estructura...*, p. 25.

[34] JELLINEK, *apud* ALEXY, *Teoría de los derechos...*, p. 230-1.

[35] ALEXY, Robert. *Teoría de los derechos...*, p. 238.

[36] BOROWSKI, Martin. *La estructura...*, p. 25.

[37] BOROWSKI, Martin. *La estructura...*, p. 26.

[38] BOROWSKI, *apud* LEIVAS, Paulo Gilberto Cogo. *Teoria dos direitos fundamentais sociais*, p. 83.

[39] LEIVAS, Paulo Gilberto Cogo. *Teoria...*, p. 83.

venção.[40] Se os bens protegidos por ações positivas se referem a direitos de defesa, apenas em um sentido formal essas pretensões podem ser classificadas como direitos a ações positivas.[41]

Em relação às normas jusfundamentais relativas ao processo penal, os direitos a omissões por parte do Estado ocupam papel principal. Eles estão na base de todos os direitos a ações positivas, liberdades e competências passíveis de titularização pelo indivíduo em face da atuação dos agentes persecutórios.

Neste livro, portanto, as diversas posições jusfundamentais das quais se pode valer aquele que estiver na condição de imputado serão tratadas de uma forma geral como direitos de defesa, já que, sob o aspecto material, elas dizem respeito a deveres de não intromissão do Estado na esfera do indivíduo.

Assim, por exemplo, o direito individual de não ser submetido a juízos ou tribunais de exceção, que se extrai do art. 5º, XXXVII, da CF-88, há de ser classificado, quanto à sua função, como direito a uma omissão do Estado. O correlato dever estatal de criar normas e procedimentos que o garantam não o desqualifica como verdadeiro direito de defesa. Em seu catálogo de direitos fundamentais, a CF-88, na tradição do constitucionalismo ocidental, frequentemente lança mão de disposições em que se utilizam locuções como "não haverá...",[42] "ninguém será...",[43] "é livre..."[44] e "é inviolável...".[45] Em todos esses casos, a ideia de omissão estatal avulta em primeiro plano. Mas não é necessário, para o reconhecimento de um direito de defesa, que a disposição jusfundamental esteja necessariamente enunciada mediante uma formulação negativa. Tome-se o caso do art. 5º, XLIX, da CF-88, assim redigido: "é assegurado aos presos o respeito à integridade física e moral". Com auxílio da lógica deôntica, retira-se desse enunciado que o Estado está proibido de intervir na integridade física e moral dos presos, ou seja, o Estado *não pode afetar* a integridade física e moral do indivíduo encarcerado. Os direitos a ações positivas obtidos do mesmo dispositivo alocam-se no entorno do direito de defesa a que corresponde um dever estatal de não intervenção.

Como direitos de defesa, as posições jurídicas individuais que concretizam ou complementam o dever estatal de não intervir em bens jus-

---

[40] MAURER, *apud* LEIVAS, Paulo Gilberto Cogo. *Teoria...*, p. 84.

[41] LEIVAS, Paulo Gilberto Cogo. *Teoria...*, p. 85.

[42] CF-88, art. 5º, XXXVII, XLVII e LXVII.

[43] CF-88, art. 5º, II, III, VIII, LVIII, LIV, LVII, LXI e LXVI.

[44] CF-88, art. 5º, IV, IX, XIII e XV.

[45] CF-88, art. 5º, VI, X, XI e XII.

fundamentalmente protegidos no âmbito da persecução penal são direitos subjetivos em todo o seu alcance. Não se coloca em dúvida, portanto, sua vinculatividade e sua justiciabilidade.[46]

1.1.2. Colisões de direitos fundamentais e teoria dos princípios

O fundamento dos direitos de defesa é a liberdade negativa, de modo que se atribui ao titular do direito fundamental a liberdade de empreender todas as ações possíveis. A liberdade negativa é, na tradição filosófica ocidental, um "valor em si".[47] Porém, como não existe catálogo de direitos fundamentais sem *colisão* de direitos fundamentais,[48] a liberdade do indivíduo, que seria total, deve ser restringida.[49]

Conforme a doutrina de Alexy, colisões de direitos fundamentais em sentido estrito ocorrem quando o exercício ou a realização do direito fundamental de alguém tem repercussões negativas sobre direitos fundamentais de outros titulares, quer se trate de direitos fundamentais idênticos ou distintos. Colisões de direitos fundamentais em sentido amplo, por sua vez, são aquelas que ocorrem entre direitos fundamentais e bens coletivos.[50]

A questão das colisões deixa-se equacionar em uma teoria dos princípios.[51] Partindo da tese da separação forte das duas espécies normativas (regras e princípios), adota-se neste livro, por coerência metodológica, a teoria dos princípios proposta por Alexy.[52] [53]

As regras e os princípios são normas porque dizem o que *deve ser*. Ambos podem ser formulados com a ajuda das expressões deônticas bá-

---

[46] BOROWSKI, Martin. *La estructura de los derechos fundamentales*, p. 119-20. Mesmo em relação aos direitos fundamentais que não se classificam como direitos de defesa, sua função de proteção ao indivíduo faz com que, em caso de dúvida, deva se partir da base de que os direitos fundamentais representam direitos subjetivos. Ibidem, p. 47.

[47] BERLIN, I. "Introduction". *Four essays on liberty*. Oxford/New York: Oxford University Press, 1969, p. XIII. *Apud* BOROWSKI, Martin. *La estructura...*, p. 132-3.

[48] ALEXY, Robert. "Colisão de direitos fundamentais e realização de direitos fundamentais no estado de direito social". *In Constitucionalismo discursivo*, p. 57.

[49] BOROWSKI, Martin. *La estructura...*, p. 132-3.

[50] ALEXY, Robert. "Colisão de direitos fundamentais...". *In Constitucionalismo discursivo*, p. 57-60.

[51] ALEXY, Robert. *El concepto y la validez del derecho*, p. 184.

[52] ALEXY, Robert. *El concepto ...*, p. 185-6.

[53] As posições doutrinárias sobre a diferença entre regras e princípios podem ser reunidas em três correntes básicas: as que negam a possibilidade ou a utilidade de qualquer distinção; as que defendem que a distinção é apenas quantitativa ou de grau (separação fraca); as que entendem possível uma distinção qualitativa (separação forte). Ver, a propósito: HECK, Luís Afonso. "Regras, princípios jurídicos e sua estrutura no pensamento de Robert Alexy". *Dos princípios constitucionais*, George Salomão Leite (org.), p. 55-7.

sicas do mandamento, da permissão e da proibição.[54] O que determina a distinção entre os dois tipos de normas são a forma de colidir e o caráter *prima facie*.[55] No trecho abaixo transcrito Alexy estabelece com singular didatismo a diferença entre regras e princípios:

> Regras são normas que ordenam, proíbem ou permitem algo definitivamente, ou autorizam a algo definitivamente. Elas contêm um dever definitivo. Quando os seus pressupostos estão cumpridos, produz-se a consequência jurídica. Se não se quer aceitar esta, deve ou declarar-se a regra como inválida e, com isso, despedi-la do ordenamento jurídico, ou, então, inserir-se uma exceção na regra e, nesse sentido, criar uma nova regra. A forma de aplicação das regras é a subsunção. Princípios contêm, pelo contrário, um dever ideal. Eles são mandamentos a serem otimizados. Como tais, eles não contêm um dever definitivo, mas somente um dever prima-facie. Eles exigem que algo seja realizado em medida tão alta quanto possível relativamente às possibilidades fáticas e jurídicas. [...] Como mandamentos ideais, princípios exigem mais do que é possível realmente. Eles colidem com outros princípios. A forma de aplicação para eles típica é, por isso, a ponderação. Somente a ponderação leva do dever-prima-facie ideal ao dever real e definitivo.[56]

As diferentes formas de aplicação das espécies normativas conduzem a que os conflitos de regras se resolvam no plano da validade e que as colisões de princípios exijam uma solução no plano do peso.[57]

Nessa trilha, os critérios de solução empregados na colisão de direitos fundamentais estão vinculados à concepção das normas de direitos fundamentais. Se se parte da concepção de que elas são regras, os critérios de solução que se oferecem são aqueles contidos em um modelo das regras. Se, ao contrário, se parte da concepção de que as normas de direito fundamental são princípios, então os critérios de solução disponíveis são aqueles compreendidos num modelo de princípios.[58]

Em um modelo de regras, todas as normas jurídicas constituem mandamentos definitivos. Esse modelo das regras é insatisfatório para conciliar a força normativa dos direitos fundamentais. Como as normas jusfundamentais estão na mesma sede jurídica e sua vigência geralmente remonta à data da promulgação da própria Constituição, não se poderia cogitar do critério hierárquico, nem do cronológico. Também o emprego de uma cláusula de exceção, nos moldes de um ordenamento brando, não teria aptidão para manter uma preservação satisfatória do núcleo de *todos* os direitos considerados.

---

[54] ALEXY, Robert. *Teoría de los derechos...*, p. 83.

[55] HECK, Luís Afonso. "Regras, princípios jurídicos e sua estrutura no pensamento de Robert Alexy". *Dos Princípios Constitucionais*, George Salomão Leite (org.), p. 65.

[56] ALEXY, Robert. "A institucionalização da razão". *Constitucionalismo discursivo*, p. 37.

[57] HECK, Luís Afonso. "O modelo das regras e o modelo dos princípios na colisão dos direitos fundamentais". *Revista dos Tribunais*, ano 89, vol. 781, novembro de 2000. São Paulo: RT, p. 75-6.

[58] HECK, Luís Afonso. "O modelo das regras...", p. 76.

De acordo com o modelo dos princípios, as normas constitucionais são mandamentos *prima facie* (não definitivos). As colisões resolvem-se na dimensão do peso, por meio da ponderação, considerada a situação concreta. Esse modelo é adequado para a solução das colisões de direitos fundamentais, pois permite a concordância prática dos bens jurídicos em jogo, exigindo que eles sejam coordenados de tal modo que nenhum seja desconsiderado.[59]

Deve ser ressaltado que o modelo dos princípios não exclui regras.[60] Primeiro, porque alguns direitos fundamentais podem ter a estrutura de mandamentos definitivos. Segundo, porque o resultado de toda a ponderação de princípios é justamente o estabelecimento de uma regra que prescreve a consequência jurídica do princípio preponderante na situação dada.[61] O fundamental no modelo dos princípios é que por trás e ao lado das regras estão princípios. Por isso se fala, também, em um modelo regra/princípio combinado.[62]

No âmbito do processo penal, tome-se o exemplo das disposições constitucionais do art. 5º, incisos LXII e LXIII, da CF-88:

> LXII – a prisão de qualquer pessoa e o local onde se encontre serão comunicados imediatamente ao juiz competente e à família do preso ou à pessoa por ele indicada;
>
> LXIII – o preso será informado de seus direitos, entre os quais o de permanecer calado, sendo assegurada a assistência da família e de advogado.

Desses enunciados extraem-se vários direitos, mas por ora cumpre dar atenção aos relativos à comunicação da família do preso e à asseguração da assistência familiar, que ilustram de modo muito claro a diferença entre regras e princípios. Esses direitos podem ser assim expressados:

> (1) Se A for preso, A tem o direito a que o Estado comunique a prisão à família de A ou à pessoa indicada por A;
>
> (2) Se A for preso, A tem o direito a que o Estado lhe assegure a assistência da família de A.

O direito (1) está veiculado por uma norma jusfundamental que ordena ao Estado a comunicação da prisão à família do preso ou a uma

---

[59] O ideal de concordância prática, que se conecta com o princípio da unidade da constituição, exige que a ponderação levada a cabo pelo aplicador do direito esteja dirigida a que todos os princípios colidentes possam chegar, no caso concreto, a uma *eficácia ótima*. HESSE, Konrad. *Elementos de Direito Constitucional da República Federal da Alemanha*. Porto Alegre: Sergio Fabris, 1995, p. 66, margem 72. No mesmo sentido: HECK, Luís Afonso. "As garantias jurídico-constitucionais do acusado no ordenamento jurídico alemão". *Curso de Currículo Permanente EMAGIS – Módulo IV*. Porto Alegre, 2005, p. 58.

[60] HECK, Luís Afonso. "O modelo das regras...", p. 78.

[61] ALEXY, Robert. *Teoría de los derechos...*, p. 94.

[62] HECK, Luís Afonso. "O modelo das regras...", p. 78.

pessoa indicada pelo próprio preso. Esta norma tem a estrutura de regra, pois contém um mandamento definitivo, que pode ser aplicado mediante simples subsunção. Uma vez presentes as condições previstas no tipo normativo ("prisão de A"), devem ocorrer as consequências jurídicas de sua incidência ("dever estatal de comunicação").

O direito (2) está veiculado por uma norma jusfundamental que ordena ao Estado a asseguração da assistência da família do preso. Esta norma tem o caráter de princípio, pois contém um mandamento a otimizar. O dever de assegurar a assistência familiar ao preso está estruturado como um mandamento *prima facie*, que deve ser aplicado no grau mais alto possível.

O dever ideal de asseguração da assistência familiar, em uma aplicação otimizada do princípio, abrangeria, por exemplo: disponibilização de tempo ilimitado para contato pessoal, inclusive para visitas íntimas; facilitação do acesso dos familiares ao preso, seja pela remoção deste para estabelecimento próximo ao local de moradia da família, seja pelo oferecimento de transporte da família do preso até o lugar em que ele estiver encarcerado; permissão para recebimento de alimentação preparada ou comprada pela família; e asseguração da possibilidade de manter contato com a família por aparelho de telefone celular, computador ou outro meio de comunicação à distância.

Como os princípios *pedem mais do que é possível realmente,*[63] sua aplicação exige a consideração das condições fáticas e jurídicas existentes. É evidente que a norma que manda *prima facie* propiciar o grau máximo de assistência familiar ao preso pode colidir com outras normas e, com isso, receber uma aplicação menos ampla. Exigências de organização administrativa podem ser relevantes para restringir o tempo de visitação. Problemas de espaço físico podem ser determinantes para que o preso não receba seus familiares no local de sua preferência. A necessidade de manter o encarcerado disponível para interrogatórios e acareações pode impedir, por um certo período, sua remoção para a cidade onde moram os familiares. Limitações orçamentárias podem ter peso na questão de se o Estado deve proporcionar à família do preso, gratuitamente, o traslado intermunicipal ou interestadual até o local onde se situa o estabelecimento prisional. Questões de segurança pública ou relativas ao próprio fundamento da prisão devem ser levadas em conta no exame da possibilidade de o encarcerado utilizar aparelhos de comunicação em sua cela, ainda que eventual proibição acarrete restrições ao contato do preso com sua família.

---

[63] ALEXY, Robert. "A institucionalização da razão". *Constitucionalismo discursivo*, p. 37.

Como todos os outros princípios, portanto, a norma que assegura a assistência da família do preso deve ser aplicada mediante uma ponderação, na qual as razões para sua realização devem ser sopesadas com as razões para sua não realização.[64]

O grande mérito da teoria dos princípios é sua aptidão para "impedir um [...] andar vazio dos direitos fundamentais sem conduzir ao entorpecimento".[65] Ela oferece flexibilidade às normas constitucionais e, com isso, uma resposta satisfatória ao problema da vinculatividade,[66] permitindo que a Constituição seja levada a sério sem exigir o impossível.[67]

Em face da sua necessária relação com a dogmática constitucional, o direito processual penal tem muito do que se beneficiar com a inserção dos institutos processuais na teoria dos princípios, pois esta possibilita a realização da concordância prática dos deveres estatais de proteção da sociedade e de proteção do indivíduo.

1.1.3. Barreiras dos direitos fundamentais

As normas que restringem posições jusfundamentais *prima facie* são chamadas de barreiras.[68] Por isso uma teoria dos princípios constitucionais precisa ser complementada por uma teoria das barreiras.[69]

A teoria externa pressupõe a existência de dois objetos jurídicos diferentes: o direito *prima facie* (direito não restringido) e as barreiras desse direito. Como resultado dessa relação, obtém-se o direito definitivo (direito restringido).[70] A relação entre o direito e a barreira surge apenas

---

[64] Na tarefa de aplicação de princípios colidentes, a medida permitida de não satisfação ou de afetação de um dos princípios depende do grau de importância da satisfação do outro. Como os princípios têm peso relativo (não determináveis por si mesmos), impende concluir, no exemplo dado, que a diminuição dos meios de assistência familiar ao preso deve ser compensada por um correspondente aumento na segurança pública ou em outros bens coletivos em questão, assim como a diminuição da segurança pública ou de outros bens coletivos deve ser justificada mediante um incremento na assistência familiar do encarcerado. Sobre a representação da lei da ponderação por meio de curvas de indiferença, conferir: ALEXY, Robert. *Teoría de los derechos...*, p. 161-9. Neste livro, a lei da ponderação será tratada com mais pormenores no Cap. 1.3, *infra*.

[65] ALEXY, Robert. "Colisão de direitos fundamentais e realização de direitos fundamentais no estado de direito social". *In Constitucionalismo discursivo*, p. 67.

[66] HECK, Luís Afonso. "O modelo das regras...", p. 77.

[67] ALEXY, Robert. "Colisão de direitos fundamentais e realização de direitos fundamentais no estado de direito social". *In Constitucionalismo discursivo*, p. 69.

[68] ALEXY, Robert. *Teoría de los derechos...*, p. 272. Embora nas traduções em língua portuguesa e espanhola a palavra alemã *Schranke* geralmente seja traduzida como *restrição*, esta obra opta pelo vocábulo *barreira*. A barreira é aquilo que forma a restrição, ou seja, esta é a consequência da aplicação daquela.

[69] LEIVAS, Paulo. *Teoria...*, p. 60.

[70] BOROWSKI, Martin. *La estructura...*, p. 66-8.

quando houver a necessidade, externa ao próprio direito, de compatibilizá-lo com os direitos de outros indivíduos ou com bens coletivos.[71]

De acordo com a teoria interna, não existem duas coisas, o direito e suas barreiras, senão apenas uma: o direito com um determinado conteúdo. Não se trata de apurar se o direito deve ser restringido, mas de qual, desde o início, o seu conteúdo efetivo. O conceito de barreira é substituído pelo de limite ou "barreira imanente".[72]

Adota-se, neste livro, a teoria externa das barreiras, pois as soluções das colisões de direitos *prima facie* devem ocorrer por meio de um procedimento argumentativo em que sua justificação ocorra do modo mais honesto, controlável e transparente, em que todas as razões relevantes sejam levadas em conta. Como a teoria interna não diferencia posições *prima facie* e posições definitivas, dispensa-se a tarefa ponderativa[73] e abre-se uma brecha para o decisionismo.[74] O controle intersubjetivo das decisões judiciais relativas à aplicação dos direitos fundamentais ganha, na teoria interna, uma dificuldade a mais.

Nas primeiras decisões do Tribunal Constitucional Federal alemão, foram utilizadas formulações que se enquadram na teoria interna.[75] Sobre o direito de liberdade da pessoa previsto no art. 2, alínea 2,[76] e art. 104, alínea 1,[77] da Lei Fundamental, expressou o Tribunal que ela é garantida desde o princípio apenas com os limites previstos na norma.[78] Atualmente, entretanto, o Tribunal Constitucional deixa clara sua opção pela teoria externa, o que pode ser exemplificado pela decisão em que, apesar de ter feito uso de conceitos da teoria interna, afirmou que o âmbito de proteção do art. 10.1 da Lei Fundamental, do qual se extrai a inviolabilidade do segredo da correspondência, das comunicações postais

---

[71] ALEXY, Robert. *Teoría de los derechos...*, p. 268.

[72] ALEXY, Robert. *Teoría de los derechos...*, p. 268-9.

[73] LEIVAS, Paulo. *Teoria...*, p. 62.

[74] Entende-se por decisionismo, aqui, "decisões ou procedimentos de decisões para as quais é característico que elas não são fundamentadas ou fundamentáveis com referência a padrões de racionalidade gerais" (Metzler-Philosophie-Lexicon: Begriffe und Definitionen/Hrsg. Von Peter Prechtl und Franz-Peter-Burkard. 2. Aufl., Stuttgart; Weimer: Metzler, 1999, S. 106 f. [Artikel Dezison, Dezisionismus.]. *Apud* ALEXY, Robert. "A institucionalização da razão". *Constitucionalismo discursivo*, p. 23-4, nota de rodapé n. 14.

[75] LEIVAS, Paulo. *Teoria...*, p. 63.

[76] "Cada um tem o direito à vida e à integridade e à integridade corporal. A liberdade da pessoa é inviolável. Nesses direitos poderá somente se intervir com base em uma lei."

[77] "A liberdade de uma pessoa somente pode ser restringida com fundamento em uma lei formal e com observância das formalidades prescritas por ela. Nenhuma pessoa presa pode ser maltratada física ou psiquicamente."

[78] BVerfGE 1, 418 (420). *Apud* LEIVAS, Paulo. *Teoria...*, 64.

e das telecomunicações, não engloba, *desde o início*, a interceptação postal e telefônica:[79]

> [...] A proteção dos direitos fundamentais refere-se à conduta do cidadão. Este deve ser livre. Medidas estatais contra condutas do cidadão protegidas jusfundamentalmente são intervenções. No interesse da liberdade individual são submetidas elas a especiais exigências que resultam principalmente da regulamentação de restrições do direito fundamental afetado e do princípio da proporcionalidade [...] Critérios de orientação para intervenções não têm, porém, nenhum lugar junto à definição do âmbito de proteção. Âmbitos de proteção dos direitos fundamentais não se deixam podar [...]. As necessidades das empresas postais e a proteção de outros assinantes telefônicos não são ignoradas deste modo, porém são tratadas no campo da intervenção e da regulamentação das restrições.[80]

Com a adoção da teoria externa das barreiras, a determinação de uma posição jusfundamental definitiva exige o percurso de três etapas. Primeiramente, analisa-se o âmbito de proteção do direito fundamental. Uma vez constatado que uma dada ação ou omissão é conteúdo de um direito *prima facie*, deve-se examinar se existem normas, com a estrutura de regras ou com a estrutura de princípios, que veiculam barreiras a tal direito. Por fim, reconhece-se o direito definitivo se não houver barreiras ou se elas não passarem no teste da proporcionalidade.

1.1.4. Tipo normativo dos direitos fundamentais

O conceito de tipo normativo de direito fundamental refere-se àquilo que é concedido *prima facie* pelas normas jusfundamentais, isto é, sem tomar em conta as barreiras.[81] Para que se produza a proteção de direito fundamental definitiva, o tipo normativo deve estar satisfeito, e a cláusula de barreira não pode estar satisfeita. Por outro lado, para que não se produza a proteção jusfundamental definitiva, ou não está satisfeito o tipo normativo, ou está satisfeita a cláusula de barreira.[82]

Dentro do conceito adotado, há um dilema relacionado às teorias estreita ou ampla do tipo normativo. De acordo com a teoria estreita, deve-se determinar o tipo normativo do direito fundamental desde o início,

---

[79] LEIVAS, Paulo. *Teoria...*, p. 64.

[80] BVerfGE 85, 386 (397) [BVerfGE 32, 54 (72)], apud LEIVAS, Paulo. *Teoria...*, p. 64.

[81] Adota-se, neste estudo, um conceito de tipo normativo de direito fundamental em sentido estrito. Um conceito de tipo normativo de direito fundamental em sentido amplo seria aquele que abarcasse a totalidade das condições de uma consequência jusfundamental definitiva, de modo que haveria de incluir também as barreiras. Ver, a propósito, ALEXY, Robert. *Teoría de los derechos...*, p. 298. Essa questão relativa ao conceito amplo ou estrito não se confunde com a das teorias ampla ou estreita do tipo normativo de direito fundamental, que se referem à compreensão ampla ou estreita dos bens jurídicos protegidos (e, se for o caso das intervenções proibidas) no tipo, conforme será tratado no decorrer do texto.

[82] ALEXY, Robert. *Teoría de los derechos...*, p. 298.

de tal forma que as barreiras sejam necessárias apenas em uma medida mínima. A teoria ampla, por sua vez, estende a proteção *prima facie* amplamente, de modo que são necessárias restrições em larga medida.[83]

A debilidade da teoria estreita está em diminuir o espaço da ponderação. Abre-se uma fresta para que a exclusão da proteção jusfundamental definitiva possa ocorrer mediante critérios supostamente livres, não pela contraposição de razões e contrarrazões.[84] Para reforçar a controlabilidade do dever de ponderação, convém acolher a teoria ampla do tipo normativo do direito fundamental. Por ela caem sob o âmbito protegido tudo aquilo em favor de cuja proteção fala o respectivo direito fundamental,[85] de modo que as barreiras a posições jusfundamentais só podem ser admitidas, definitivamente, se estiverem adequadamente justificadas.

A teoria ampla contém um conjunto de regras que se referem às diversas formas de inclusão no tipo de um direito fundamental. Duas delas têm especial relevância. A primeira é a de se considerar tipificado tudo o que apresenta uma propriedade capaz de, isoladamente, fazer incidir o tipo normativo, quaisquer que sejam suas outras propriedades. A segunda é a de que, dentro das margens semânticas dos conceitos de um tipo normativo, deve se levar a cabo interpretações amplas, tanto dos bens protegidos como das intervenções.[86]

Um exemplo da primeira regra, citado por Alexy, é o da procissão. Não há dúvida de que, em caso de perigo sério de epidemia, pode-se proibir uma procissão. Pela teoria ampla do tipo normativo, mesmo nessa hipótese extrema, não se exclui o direito fundamental *prima facie* de exercer uma religião. Se uma razão fala a favor da proteção jusfundamental, há que afirmar sua tipicidade, por mais fortes que sejam as razões em contrário. No caso, a exclusão da posição jusfundamental definitiva resulta da existência de barrreiras que se justificam constitucionalmente pela força de princípios colidentes, como o direito à vida e à saúde. O grau de seriedade do perigo de uma epidemia se alastrar na hipótese de não se impedir a procissão deve ser considerado no exame da proporcionalidade da barreira.[87]

A segunda regra foi exemplificada pelo mesmo autor com o tipo normativo da liberdade de imprensa. O Tribunal Constitucional alemão afirmou: "O conceito de imprensa deve ser interpretado ampla e formal-

---

[83] LEIVAS, Paulo. *Teoria...*, p. 67-8.

[84] ALEXY, Robert. *Teoría de los derechos...*, p. 311.

[85] ALEXY, Robert. *Teoría de los derechos ...*, p. 311.

[86] ALEXY, Robert. *Teoría de los derechos...*, p. 312-3.

[87] ALEXY, Robert. *Teoría de los derechos...*, p. 312-3.

mente; não pode se fazer depender de uma valoração – qualquer que seja sua amplitude – dos diferentes produtos impressos. A liberdade de imprensa não está limitada à imprensa séria".[88] Isso não significa que a proteção jusfundamental definitiva deve ser a mesma, para cada órgão de imprensa, em qualquer situação e em relação a qualquer conteúdo de manifestação, apenas se reserva a consideração das propriedades especiais da publicação respectiva na atividade de ponderação entre a liberdade de imprensa e outros bens jurídicos constitucionalmente protegidos.[89]

Nos direitos de defesa, o tipo normativo é integrado por dois elementos: o bem protegido e a intervenção. Bens protegidos são condutas, situações ou posições jurídicas que estão no âmbito temático do direito de defesa.[90] Intervenções são as atuações estatais capazes de eliminar, impedir ou afetar um bem jurídico.[91] Os direitos de defesa são, portanto, direitos a que não se realizem intervenções em determinados bens protegidos.

Pode-se exemplificar com o exame do princípio da presunção de inocência, assim enunciado: "ninguém será considerado culpado até o trânsito em julgado da ação penal condenatória" (CF-88, art. 5º, LVII). No caso da posição jusfundamental que se extrai do dispositivo transcrito, o estado de inocência é o bem protegido no qual o Estado não pode intervir. Na condição de inocente, há de se incluir, dentre outras condutas, posições e situações jurídicas, a plena manutenção da liberdade do indivíduo antes de uma condenação final. Os defensores da teoria estreita poderiam argumentar que o direito *prima facie* protege o réu do cumprimento antecipado da própria pena, mas não impede a imposição de medidas de restrição da liberdade que não constituam aplicação da lei penal material. Contudo, se um indivíduo contra quem não pesa nenhuma acusação tem o direito de ir e vir sem qualquer obstáculo estatal, um outro indivíduo, ainda que formalmente acusado de um crime, está nessa mesma posição em face do Estado. Por isso, *qualquer intervenção* à liberdade pessoal do imputado, antes do trânsito em julgado da ação penal condenatória, deve cair sob o tipo do direito fundamental da presunção de inocência.

De acordo com a primeira regra da teoria ampla do tipo normativo, a consideração do imputado como inocente, por força do direito fundamental, faz com que a condição jurídica de não culpado seja *prima facie* suficiente para a manutenção de sua liberdade, ainda que peculiaridades do

---

[88] BVerfGE 34, 269 (283), *apud* ALEXY, R. *Teoria...* p. 312.

[89] ALEXY, Robert. *Teoría de los derechos...*, p. 312-3.

[90] BOROWSKI, Martin. *La estructura...*, p. 121.

[91] BOROWSKI, Martin. *La estructura...*, p. 121-2.

caso possam determinar, por aplicação do preceito da proporcionalidade, a exclusão da proteção jusfundamental definitiva. Barreiras à presunção de inocência, de que é exemplo a decretação da prisão preventiva, podem ser justificadas a título de cautela processual, por exemplo, no caso de haver risco concreto de fuga do réu. Porém, a mensuração dessa possibilidade, tal qual o risco de epidemia no exemplo da procissão, deve ser feita mediante ponderação com outros princípios – no caso, a eficiência na aplicação da lei penal –, não podendo ser levada a cabo na delimitação do próprio tipo normativo do direito à presunção de inocência.

A aplicação da segunda regra da teoria ampla pode ser exemplificada sob o ponto de vista da intervenção[92] que integra o tipo normativo. Quaisquer medidas que afetem, de algum modo, a condição de inocente do indivíduo devem estar abrangidas pelo conceito de intervenção no bem protegido. Dessarte, o encarceramento *ante tempus* do acusado é apenas uma das possíveis intervenções na posição jusfundamental do indivíduo de não ser considerado culpado antes de uma sentença definitiva. A inclusão do nome do réu em cadastros à disposição do público, o afastamento temporário do cargo que ocupa, o arresto e o sequestro de bens para assegurar a aplicação de pena de perdimento e a chamada "apreensão de passaporte" são algumas dentre tantas outras hipóteses de intervenção no estado de inocência. Embora a intervenção, para ser assim considerada, deva ter uma intensidade mínima, não há de se exigir que a atuação estatal interventiva represente necessariamente uma afetação final e imediata ao bem protegido.[93]

Afastar o réu do cargo público que ocupa, no curso da investigação, por exemplo, é uma intervenção muito menos intensa do que decretar sua prisão processual, e não afeta diretamente a condição de inocência do indivíduo, sob o aspecto penal, haja vista que uma medida com iguais efeitos também pode ser determinada no âmbito de um procedimento disciplinar conduzido por uma autoridade administrativa. O conceito amplo de intervenção permite considerar que a ordem de afastamento da função pública emanada pelo juiz penal, no âmbito de uma investigação policial, para o fim de resguardar a instrução probatória e, com isso, a aplicação dã lei penal, seja uma intervenção na condição de inocente. Ao se partir de que uma medida de tal espécie está *prima facie* vedada, a

---

[92] Conforme a doutrina de BOROWSKI, a diferença entre a suma dos bens protegidos (âmbito de proteção em sentido estrito) e as intervenções está no ponto de partida. O âmbito de proteção determina o que se protege; a intervenção, aquilo contra o que se estende a proteção. Por isso todos os problemas que a proteção dos direitos oferecem *prima facie* podem ser formulados como problemas do âmbito de proteção ou de intervenção. *La estructura...*, p. 126.

[93] Sobre o conceito clássico e moderno de intervenção, ver: BOROWSKI, Martin. *La estructura...*, p. 121-2.

posição jurídica do indivíduo fica fortalecida, pois exige que a intervenção esteja justificada pelo preceito da proporcionalidade, e não por uma conceituação previamente restritiva do conteúdo do direito fundamental.

A opção pela teoria ampla ou estreita não decorre necessariamente da opção pela teoria externa ou interna das barreiras, embora um conjunto de argumentos apresentado contra a teoria externa é também apresentado contra a teoria ampla do tipo normativo.[94]

As principais dessas críticas dizem respeito à "falta de honestidade", argumento levantado por Marx, e à "inutilidade", aduzido por Jellinek. Para o primeiro, constitui um ardil "prometer a liberdade plena, estabelecer os mais belos princípios e deixar a sua aplicação, os detalhes, confiada à decisão de leis posteriores".[95] O segundo questiona a utilidade de que "a primeira frase de um artigo sobre direito fundamental confira solenemente um direito se a segunda permite restrições por meio de leis".[96]

Conforme já se afirmou, a alocação dos direitos fundamentais em um modelo que admita a existência de normas com a estrutura de princípios é a melhor forma de assegurar a sua realizabilidade, pois seria pouco viável a adoção de um modelo puro de regras que consolidasse em um diploma normativo as soluções definitivas para todos os problemas relativos à aplicação de direitos fundamentais. Uma codificação com tal intento não haveria de ser inferior ao Código Civil.[97]

Uma teoria ampla do tipo normativo, que torne tão clara quanto possível a distinção entre proteção *prima facie* e proteção definitiva é o passo inicial para que a realização do direito ocorra de forma correta e controlável. Um cidadão considerará mais honesto e convincente – se estiver interessado não só no resultado, mas também em sua construção e fundamentação – que a não outorga de uma proteção jusfundamental seja fundamentada aduzindo-se que a ela se opõem direitos fundamentais de terceiros ou interesses da comunidade que devem ser tomados em conta em virtude da constituição, que quando se lhe diz que o seu comportamento não está abarcado por normas objetivas específicas ou gerais, ou que está excluído da proteção jusfundamental, desde o começo, por não pertencer ao âmbito protegido.[98]

---

[94] LEIVAS, Paulo. *Teoria...*, p. 68.

[95] *Apud* ALEXY, Robert. *Teoría de los derechos...*, p. 314.

[96] *Apud* ALEXY, Robert. *Teoría de los derechos...*, p. 315.

[97] ALEXY, Robert. *Teoría de los derechos...*, p. 315.

[98] ALEXY, Robert. *Teoría de los derechos...*, p. 315.

1.2. OS DIREITOS FUNDAMENTAIS E O DEVER DE PRESTAR UMA JUSTIÇA PENAL EFICIENTE

1.2.1. O caráter duplo dos direitos fundamentais

As diversas posições jurídicas que podem ser garantidas no âmbito dos direitos fundamentais determinam e asseguram um *status* jurídico--constitucional[99] de seus titulares em face do Estado. Mas a função dos direitos fundamentais não se resume a uma dimensão subjetiva, pois eles constituem, também, princípios objetivos da ordem constitucional.[100] Como tais, servem de pauta para o legislador e para todas as outras instâncias que estabelecem, interpretam e põem em prática as normas jurídicas.[101]

A expansão dos direitos fundamentais para além do abstencionismo estatal exige do Estado uma atuação ativa. Como detentor do monopólio da força, ele tem a missão não apenas de respeitar os direitos fundamentais (perspectiva negativa), mas também de protegê-los (perspectiva positiva) contra ataques e ameaças de terceiros. Essa dupla missão acometida ao Estado é decorrência da dupla função que assumiram os direitos fundamentais. Com isso, o Estado deixa de ser visto como o único "inimigo" dos direitos fundamentais e passa a ser, também, "o caminho por meio do qual sua realização se pode maximizar".[102]

Cite-se, a propósito, lição de Alexy:

> Cuando hay un derecho moral, por tanto, un derecho fundamentable frente a todos, como el derecho a la vida por ejemplo, entonces debe haber támbien un derecho fundamentable frente a todos a la creacíon de una instancia común para hacer cumplir aquel derecho. De otro modo, el reconocimiento de derechos morales no sería un reconocimiento serio, lo que sería contrario a su carácter fundamental y prioritario. La instancia común que há de esta-

---

[99] HESSE, Konrad. *Elementos...*, p. 230, margem 280.

[100] Transcreve-se, a propósito: "Ao significado dos direitos fundamentais como direitos de defesa subjetivos do particular corresponde seu significado jurídico-objetivo como *determinações de competências negativas* para os poderes estatais. [...] Ao significado dos direitos fundamentais como direitos subjetivos que, por causa de sua atualização, são garantidos, corresponde seu significado jurídico objetivo como *elementos da ordem jurídica total da coletividade*." HESSE, Konrad. *Elementos...*, p. 239-40, margens 291 e 293 (grifos no original). O significado jurídico-objetivo dos direitos fundamentais é mérito da doutrina das garantias institucionais e de institutos formulada por CARL SCHMITT (HESSE, Konrad. *Elementos...*, p. 229, margem 279, nota de rodapé n. 4): "Mediante la regulación constitucional, puede garantizarse una especial protección a ciertas instituciones. La regulación constitucional tiene entonces la finalidad de hacer imposible una supresión en vía legislativa ordinaria. Con terminología inexacta se suele hablar aquí de derechos fundamentales, si bien la estructura de tales garantías es por completo distinta, lógica y jurídicamente, de un derecho de libertad." SCHMMIT, Carl. *Teoría de la Constitución*, p. 197-8.

[101] HESSE, Konrad. "Significado de los derechos...", p. 93.

[102] FELDENS, Luciano. *Direitos Fundamentais e Direito Penal*, p. 58-9.

blecerse para el cumplimiento de los derechos humanos es el Estado. Por lo tanto, existe um *derecho humano al Estado*.[103]

Para o reconhecimento da irradiação da eficácia dos direitos fundamentais para além da esfera de não intervenção estatal contribuíram basicamente três elementos.

O primeiro deles foi a expressa previsão da Lei Fundamental, editada em 1949, tanto do dever estatal de respeitar e proteger a dignidade humana, como da vinculatividade e aplicabilidade direta e imediata dos direitos fundamentais positivados:[104] "1. A dignidade da pessoa é intangível. Considerá-la e protegê-la é obrigação de todo o poder estatal. [...] 3. Os direitos fundamentais que seguem vinculam dação de leis, poder executivo e jurisdição como direito imediatamente vigente. [...]"

O segundo elemento foi a criação de um tribunal constitucional, administrativamente autônomo e independente, encarregado de velar pela observância da constituição (Lei Fundamental, art. 93) e dotado, para tanto, do poder de nulificar atos estatais incompatíveis com esta.[105]

O terceiro elemento foi a efetiva assunção, pelo Tribunal Constitucional Federal alemão, do papel de fautor do desenvolvimento dos princípios constitucionais,[106] cuja concretização possibilitou não apenas "uma comunicação dialética entre a norma jurídica [...] e a realidade, mas também um entrosamento entre a Constituição e o restante da ordem jurídica".[107]

O *leading case* sobre a dupla função dos direitos fundamentais ficou conhecido como *Caso Lüth*, julgado pelo Tribunal Constitucional em 1958. O julgamento tratou da disputa que envolveu o diretor de filmes antissemitas Veit Harlan, que reaparecia no circuito cinematográfico do pós-guerra, de um lado, e, de outro, o líder do clube de imprensa de Hamburgo, Erich Lüth, que estava engajado no esforço de reconciliação entre alemães e judeus. Lüth incitou os donos de salas de exibição e o público em geral a boicotarem o filme de Harlan, mas este, juntamente com as produtoras da película, obteve no Tribunal de Hamburgo uma medida judicial para impedir que o chamamento ao boicote prosseguisse. Por meio de um recurso constitucional, Lüth levou o caso ao Tribunal Constitucional, invocando violação de seu direito à liberdade de expressão. As companhias

---

[103] *Apud* FELDENS, Luciano. *Direitos Fundamentais...*, p. 71.

[104] FELDENS, Luciano. *Direitos Fundamentais...*, p. 61.

[105] Conferir, a propósito: HECK, Luís Afonso. *O Tribunal Constitucional Federal e o desenvolvimento dos princípios constitucionais*, p. 23.

[106] HECK, Luís Afonso. *O Tribunal...*, p. 19.

[107] HECK, Luís Afonso. *O Tribunal...*, p. 167, nota de rodapé n. 2.

produtoras, em contestação, sustentaram que os direitos fundamentais eram aplicáveis apenas nas relações entre Estado e indivíduo, e não nas relações entre particulares. O Tribunal Constitucional decidiu a favor de Lüth, argumentando que os direitos fundamentais expressavam valores, fundados no livre desenvolvimento da dignidade humana no ambiente, que se projetavam para todos os ramos do ordenamento jurídico, o direito privado inclusive.[108]

Pode-se dizer que o *Caso Lüth* legou, em síntese, três ideias entrelaçadas que permanecem muito úteis para a dogmática constitucional. A primeira é a de que o catálogo de direitos fundamentais não garante apenas direitos de defesa, mas também expressa um sistema de normas de tipo amplo que o tribunal, naquele tempo, designou como *valores* e, posteriormente, num aprimoramento terminológico, como *princípios*.[109] A segunda é a de ubiquidade dos direitos fundamentais, já que esses valores ou princípios têm uma força de *irradiação* em direção a todos os âmbitos do direito. A terceira ideia resulta da capacidade de valores ou princípios colidirem, o que leva à necessidade de uma *ponderação de bens* sujeita ao controle do tribunal constitucional.[110]

A tríade princípio-irradiação-ponderação possibilitou a construção da teoria dos deveres de proteção, indispensável para a compreensão e solução das colisões entre garantia individual e eficiência da tutela penal.

1.2.2. Os direitos fundamentais e a intervenção penal do Estado

A questão da legitimidade da atividade punitiva estatal situa-se, em grande parte, na admissão de que, dentre as tarefas que os direitos fundamentais desempenham, está a de criar e manter as condições elementares para assegurar uma vida em liberdade e a dignidade humana[111]. Em sua

---

[108] FELDENS, Luciano. *Direitos Fundamentais...*, p. 61-2.

[109] Assim a doutrina de ALEXY: "Es fácil reconocer que los principios y los valores están estrechamente vinculados entre sí en un doble sentido: por una parte, de la misma manera que puede hablarse de una colisión de principios y de una ponderación de principios, puede también hablarse de una colisión de valores y de una ponderación de valores; por outra, el cumplimiento gradual de los principios tiene su equivalente en la realización gradual de los valores. [...] A pesar de estas notorias similitudes, existe una diferencia importante. [...] Los principios son mandatos de un determinado tipo, es decir, mandatos de optimización. En tanto mandatos, pertenecen al ámbito deontológico. En cambio, los valores tienen que ser incluidos en el nivel axiológico. [...] Lo que en el modelo de los valores es *prima facie* lo mejor es, en el modelo de los principios, *prima facie* debido; y lo que en el modelo de los valores es definitivamente lo mejor es, no modelo de los principios, definitivamente debido." *Teoría de los derechos...*, p. 138-9, 141 e 147.

[110] ALEXY, Robert. "Direito constitucional e direito ordinário – jurisdição constitucional e jurisdição especializada". *Constitucionalismo discursivo*, p. 72-3.

[111] HESSE, Konrad. "Significado de los derechos fundamentales", *in Manual...*, p. 89-90.

dimensão subjetiva, os direitos fundamentais, como direitos de defesa, fundamentam pretensões de não intervenção penal. Em sua dimensão objetiva, por outro lado, eles fundamentam pretensões de proteção de bens jurídicos, garantidos jurídico-fundamentalmente, contra prejuízos de terceiros.[112] Nisso se coloca a questão sobre o espaço da atividade estatal persecutória em um Estado de Direito.

Observe-se que a estruturação do modelo relacional entre a constituição e o direito penal já estava presente em antigos julgados do Tribunal Constitucional Federal alemão:

> [...] É tarefa do Direito Penal estabelecer os valores elementares da vida comunitária. O que sem dúvida pertence ao núcleo do Direito Penal consegue-se averiguar com base no ordenamento de valores da Lei Fundamental (BVerfGE 5, 85 [204 e seguintes]; 6, 32 [40 e seguintes]; 7, 198 [204 e seguintes]; 21, 362 [372]. Com a mesma determinação pode-se dizer que certos suportes fáticos de menor importância estão fora deste núcleo. Mais difícil é traçar uma linha limítrofe exata entre o núcleo do Direito Penal e o âmbito das meras irregularidades (ilícitos extrapenais), uma vez que nesta área limítrofe, os enfoques (pontos de vista) que dominam na comunidade jurídica acerca da avaliação do conteúdo de injustiça nos modos de conduta particulares estão sujeitos a mudanças especiais.[113]

Propõe o Tribunal Constitucional Federal alemão, como se vê, que as relações entre constituição e intervenção penal poderiam se desdobrar em três níveis: em um primeiro nível ficaria aquilo que está dentro do direito penal (deveres de proteção penal); no segundo nível, aquilo que está fora do direito penal (deveres de não intervenção penal); e no terceiro nível, tudo aquilo que não pertencesse aos âmbitos de proteção penal obrigatória ou proibida (permissões de intervenção penal). Desse modo, seria possível derivar da dupla função dos direitos fundamentais, em síntese, três níveis de interação normativa entre a Constituição e a intervenção penal: o da intervenção penal constitucionalmente *proibida*, o da intervenção penal constitucionalmente *obrigatória* e o da intervenção penal constitucionalmente *possível*.[114]

Deve ser enfatizado, todavia, que os casos de intervenção penal obrigatória, proibida ou possível somente podem ser determinados por meio da ponderação, tarefa para a qual se reclama uma adequada dogmática dos espaços.[115] Por ora, antes mesmo de se adentrar nos critérios que devem ser utilizados para estabelecer a concordância prática entre deveres estatais de intervenção penal e direitos individuais de não intervenção

---

[112] MAURER, Hartmut. "Ideia e realidade...", p. 32.

[113] BVerfGE 27, 18 (29), §§ 36-37, 16/07/1969. *Apud* FELDENS, Luciano. *Direitos Fundamentais...*, p. 31-2.

[114] FELDENS, Luciano. Direitos Fundamentais..., p. 29-32.

[115] Conferir: Cap. 1.3.2, *infra*.

penal, convém colocar a questão sob o aspecto da estruturação *prima facie* das normas constitucionais respectivas e de como estas podem levar a uma proteção definitiva.

1.2.2.1. Caráter subjetivo dos direitos fundamentais e intervenção penal

As proibições de intervenção penal são a expressão dos direitos fundamentais como direitos de defesa, ou seja, como posições jurídicas do indivíduo que reclamam uma abstenção do Estado. Essas posições jurídicas individuais limitam a atuação estatal em todos os momentos da função penal.[116]

No primeiro, relativo à atividade incriminadora do Estado (cominação), o reconhecimento de um direito de liberdade fundamenta proibições *prima facie* de incriminação.[117] Tome-se como exemplo o direito à liberdade religiosa,[118] ao qual corresponde o dever estatal de não intervir no exercício da religião. A tipificação de uma conduta tradicionalmente praticada em um determinado culto constituiria intervenção grave no direito fundamental. Há, portanto, uma proibição *prima facie* de criminalização de atos praticados no âmbito de rituais religiosos.

Essa proibição *prima facie* se converterá em uma proibição definitiva se a intervenção estatal não estiver constitucionalmente justificada A hipótese extrema do sacrifício humano pode ser citada como exemplo de inexistência de proibição definitiva do enquadramento penal de um ato praticado com fins religiosos. Em tal caso, não há maiores dificuldades em constatar a precedência do direito à vida sobre o direito à liberdade de culto, podendo-se dizer que a obtenção dessa relação de precedência sequer precisaria ser fundamentada como um *caso atual* de direito fundamental.[119] Mas nem sempre a solução pode ser encontrada tão facilmente, como na hipótese do sacrifício de animais, por exemplo, em que podem

---

[116] A função estatal de repressão e prevenção da criminalidade é exercida em três momentos fundamentais: o momento da cominação abstrata, o momento do juízo e o momento da execução. Corresponde ao direito penal estudar o primeiro, e, ao direito processual penal, os últimos. Conferir: FLORIAN, Eugenio. *Elementos...*, p. 13-4.

[117] FELDENS, Luciano. *A Constituição Penal*, p. 48.

[118] CF-88, art. 5°: "VI – é inviolável a liberdade de consciência e de crença, sendo assegurado o livre exercício dos cultos religiosos e garantida, na forma da lei, a proteção aos locais de culto e a suas liturgias".

[119] ALEXY chama de *casos potenciais* de direitos fundamentais aqueles em que, como no exemplo, uma argumentação jusfundamental seria totalmente supérflua, por não haver nenhuma dúvida sobre a admissibilidade da solução jurídica ordinária. Nos chamados *casos atuais* de direito fundamental, de seu turno, pode ser posta em dúvida a admissibilidade de uma proteção ou não proteção jusfundamental definitiva, de modo que se faz necessária uma argumentação jusfundamental. Conferir: *Teoría de los derechos...*, p. 316. Essa diferenciação é própria da teoria ampla do tipo normativo, adotada neste livro.

ser aduzidos argumentos tanto em favor do direito à liberdade religiosa quanto em favor de bens coletivos relativos à proteção ambiental e do controle sanitário. Uma norma que criminalizasse a conduta de sacrificar animais em rituais religiosos formaria uma barreira à liberdade de culto e, portanto, sua validade somente poderia ser constitucionalmente justificada se as razões para a não proteção individual definitiva forem maiores que as razões para a proteção individual definitiva.[120]

No segundo momento da função penal, relativo ao modo de apuração dos fatos (persecução), direitos de defesa asseguram proibições *prima facie* de determinados meios investigatórios ou instrutórios. Em face do direito à vida privada,[121] por exemplo, a coleta de provas por parte dos agentes persecutórios não pode ocorrer mediante violação à privacidade do indivíduo. Qualquer medida investigativa que afete a esfera da vida privada é uma intervenção no direito fundamental e também está, portanto, proibida *prima facie*. São barreiras do direito à privacidade, por exemplo, a permissão legal para a adoção de medidas como a busca e a apreensão domiciliar (CPP, art. 240, § 1º),[122] a interceptação telefônica (Lei n. 9.296/96, art. 3º)[123] e a obtenção de dados bancários (Lei Complementar

---

[120] A questão da justificação constitucional das intervenções será tratada neste livro. Conferir: Cap. 1.3.1, *infra*; e Cap. 2.3.3, *infra*.

[121] Conferir: CF-88, art. 5º: "X – são invioláveis a intimidade, a vida privada, a honra e a imagem das pessoas, assegurado o direito a indenização pelo dano material ou moral decorrente de sua violação; XI – a casa é asilo inviolável do indivíduo, ninguém nela podendo penetrar sem consentimento do morador, salvo em caso de flagrante delito ou desastre, ou para prestar socorro, ou, durante o dia, por determinação judicial; XII – é inviolável o sigilo da correspondência e das comunicações telegráficas, de dados e das comunicações telefônicas, salvo, no último caso, por ordem judicial, nas hipóteses e na forma que a lei estabelecer para fins de investigação criminal ou instrução processual penal". O direito à vida privada é muito discutido na doutrina, não havendo uniformidade no entendimento acerca de sua extensão, nem de suas diferenças quanto a outros direitos correlatos, como a intimidade. Sobre o assunto, ver: BALTAZAR JÚNIOR, José Paulo. *Sigilo bancário e privacidade*. Porto Alegre: Livraria do Advogado, 2005. Para os fins desta obra, utiliza-se a expressão direito à vida privada em sentido amplo, abrangendo aspectos da proteção da personalidade que podem ser considerados direitos autônomos, como a inviolabilidade do domicílio, o sigilo das comunicações (enunciados na CF-88 no art. 5º, incisos XI e XII, respectivamente) e o sigilo bancário (cuja proteção se extrai do art. 5º, X, da CF-88).

[122] "Art. 240. [...] § 1º. Proceder-se-á à busca domiciliar, quando fundadas razões a autorizarem, para: a) prender criminosos; b) apreender coisas achadas ou obtidas por meios criminosos; c) apreender instrumentos de falsificação ou de contrafação e objetos falsificados ou contrafeitos; d) apreender armas e munições, instrumentos utilizados na prática de crime ou destinados a fim delituoso; e) descobrir objetos necessários à prova de infração ou à defesa do réu; f) apreender cartas, abertas ou não, destinadas ao acusado ou em seu poder, quando haja suspeita de que o conhecimento do seu conteúdo possa ser útil à elucidação do fato; g) apreender pessoas vítimas de crimes; h) colher qualquer elemento de convicção."

[123] "Art. 3º. A interceptação das comunicações telefônicas poderá ser determinada pelo juiz, de ofício ou a requerimento: I – da autoridade policial, na investigação criminal; II – do representante do Ministério Público, na investigação criminal e na instrução processual penal."

n. 105/2001, art. 1º, § 4º).[124] Contudo, a·cláusula de barreira só pode ser considerada cumprida se a intervenção na vida privada estiver constitucionalmente justificada no caso concreto. É dizer, não basta a previsão legal, é preciso que essa exame de justificação constitucional seja feito a cada vez, à vista dos elementos disponíveis ao juiz.

Por fim, no terceiro momento da função penal, referente à realização da pena (execução), direitos fundamentais de defesa também cumprem papel relevante. O direito do preso à integridade física e moral,[125] por exemplo, acarreta a proibição *prima facie* de que a execução penal promovida pelo Estado afete esses bens protegidos. Embora pareça autoevidente que os agentes estatais possam utilizar a força para coibir uma rebelião, por exemplo, essa permissão de intervenção no direito à integridade corporal dos encarcerados somente se justifica constitucionalmente com base em uma ponderação. Ainda que a segurança pública ou a preservação da integridade física de agentes penitenciários e de outros presos exija uma intervenção na integridade física dos rebelados, essa intervenção, também quanto aos meios e à intensidade, deve afetar na menor medida possível o direito fundamental daqueles em face de quem a força física será empreendida para a contenção da rebelião. O que deve ser ressaltado é que nenhuma intervenção estatal à integridade física ou moral dos presos pode ser admitida, sob o ponto de vista constitucional, se não for para a satisfação de outros princípios constitucionais relevantes, na medida em que essa satisfação é requerida no caso concreto.

1.2.2.2. Caráter objetivo dos direitos fundamentais e intervenção penal

O reconhecimento de que boa parte dos perigos que ameaçam os direitos fundamentais provém, na atualidade, dos poderes privados[126] conduz à viabilidade – e, em alguns casos, à exigência – da intervenção penal do Estado.[127] Obrigações e permissões de intervenção penal fundamentam-se no caráter objetivo dos direitos fundamentais.

---

[124] "Art. 1º. [...] § 4º. A quebra de sigilo poderá ser decretada, quando necessária para apuração de ocorrência de qualquer ilícito, em qualquer fase do inquérito ou do processo judicial, e especialmente nos seguintes crimes: I – de terrorismo; II – de tráfico ilícito de substâncias entorpecentes ou drogas afins; III – de contrabando ou tráfico de armas, munições ou material destinado a sua produção; IV – de extorsão mediante sequestro; V – contra o sistema financeiro nacional; VI – contra a Administração Pública; VII – contra a ordem tributária e a previdência social; VIII – lavagem de dinheiro ou ocultação de bens, direitos e valores; IX – praticado por organização criminosa."

[125] CF-88, art. 5º: "XLIX – é assegurado aos presos o respeito à integridade física e moral".

[126] "Liberdade humana é posta em perigo não só pelo Estado, mas também por poderes não-estatais, que na atualidade podem ficar mais ameaçadores do que as ameaças pelo Estado." HESSE, Konrad. *Elementos...*, p. 278, margem 349.

[127] FELDENS, Luciano. *Direitos Fundamentais...*, p. 75.

A força de irradiação dos direitos fundamentais acarreta, para o Estado, um dever objetivo de proteção mediante ações positivas. A realização da função penal é, seguramente, um dos meios mais graves de que o Estado dispõe para a proteção de direitos fundamentais. Não obstante, essa intervenção intensa em direitos individuais pode ser justificada pela insuficiência e, em alguns casos, pela completa inexistência de outros instrumentos de proteção a bens constitucionais.[128]

A CF-88 abriga, no mesmo título que trata dos direitos e garantias fundamentais, diversos enunciados sobre mandamentos expressos de penalização, tais como os do art. 5º, XLII,[129] XLIII[130] e XIV.[131] A necessidade de uma efetiva proteção das posições jusfundamentais individuais de "não ser discriminado por raça" e de "não ser física ou psiquicamente seviciado" fundamenta a criminalização do racismo e da tortura e a atribuição de um tratamento penal mais gravoso aos que praticarem tais fatos: inafiançabilidade e imprescritibilidade, no caso do racismo; inafiançabilidade e insuscetibilidade de graça e anistia, no caso da tortura. Também a necessidade de conferir uma especial proteção a bens coletivos como a saúde pública e a segurança social e institucional, que dizem respeito às condições indispensáveis ao livre desenvolvimento da personalidade do indivíduo, fundamenta a imposição constitucional da criminalização (e da submissão a um regime jurídico diferenciado) das condutas de tráfico ilícito de entorpecentes, terrorismo e ação de grupos armados contra a ordem constitucional e o Estado democrático.[132]

Em relação à existência de mandamentos de penalização implícitos, não é objeto deste estudo tratar essa questão de modo aprofundado. O que convém ressaltar é que o tema não deve ser estudado apenas à base do que está "expresso" ou "implícito", pois essa abordagem reducionista

---

[128] Sobre a resolução das colisões de deveres de proteção e direitos de defesa, conferir no Cap. 1.3, *infra*.

[129] XLII: "a prática do racismo constitui crime inafiançável e imprescritível, sujeito à pena de reclusão, nos termos da lei".

[130] XLIII: "a lei considerará crimes inafiançáveis e insuscetíveis de graça ou anistia a prática da tortura , o tráfico ilícito de entorpecentes e drogas afins, o terrorismo e os definidos como crimes hediondos, por eles respondendo os mandantes, os executores e os que, podendo evitá-los, se omitirem".

[131] XLIV: "constitui crime inafiançável e imprescritível a ação de grupos armados, civis ou militares, contra a ordem constitucional e o Estado Democrático."

[132] Outros mandamentos de penalização podem ser extraídos de outros enunciados da CF-88, como o art. 5º, XLI (discriminação atentatória dos direitos fundamentais), o art. 7º, X (retenção dolosa do salário do trabalhador), o art. 225, § 3º (condutas lesivas ao meio ambiente) e o art. 227, § 4º (abuso, violência e exploração sexual de crianças e adolescentes). Independentemente da localização topográfica dos respectivos enunciados no texto constitucional, trata-se, também nestes casos, de exigir uma reforçada proteção a posições jurídicas jusfundamentais de indivíduos determináveis ou à preservação de condições necessárias à realização da personalidade de indivíduos indetermináveis. Sobre mandamentos constitucionais de penalização na ordem jurídica brasileira, ver: FELDENS, Luciano. *A Constituição...*, p. 80-4.

poderia fazer olvidar aspectos importantes do tratamento da questão sob o ponto de vista constitucional. A questão central é a de que os direitos fundamentais, em seu aspecto objetivo, fundamentam deveres estatais de proteção que se estruturam como princípios, ou seja, como mandamentos *prima facie*.

Especificamente quanto aos direitos fundamentais de defesa mencionados no tópico anterior, relativos à liberdade religiosa, à vida privada e à integridade corporal e moral, que sua proteção em face de particulares dá-se, embora não exclusivamente, pela previsão de tipos penais. A dimensão objetiva do direito à liberdade religiosa fundamenta a criminalização das condutas que caracterizam ultraje a culto e impedimento ou perturbação de ato a ele relativo (CP, art. 208);[133] a dimensão objetiva do direito à vida privada, por sua vez, fundamenta a criminalização das condutas de violação de domicílio (CP, art. 150),[134] violação de correspondência e de comunicação telegráfica, radioelétrica ou telefônica (CP, art. 151, *caput* e § 1º),[135] divulgação de segredo (CP, art. 153),[136] interceptação irregular de comunicações telefônicas, de informática ou telemática (Lei n. 9.296/96, art. 10),[137] quebra de sigilo bancário não autorizada (Lei Complementar n. 105/2001, art. 10);[138] por fim, a dimensão objetiva do direito à integridade física e moral, titularizado por qualquer pessoa, inclusive pelo preso, fundamenta a criminalização da prática de violência arbitrá-

---

[133] "Art. 208. Escarnecer de alguém publicamente, por motivo de crença ou função religiosa; impedir ou perturbar cerimônia ou prática de culto religioso; vilipendiar publicamente ato ou objeto de culto religioso: Pena – detenção, de um mês a um ano, ou multa. Parágrafo único – Se há emprego de violência, a pena é aumentada de um terço, sem prejuízo da correspondente à violência."

[134] "Art. 150. Entrar ou permanecer, clandestina ou astuciosamente, ou contra a vontade expressa ou tácita de quem de direito, em casa alheia ou em suas dependências: Pena – detenção, de um a três meses, ou multa."

[135] "Art. 151. Devassar indevidamente o conteúdo de correspondência fechada, dirigida a outrem: Pena – detenção, de um a seis meses, ou multa. § 1º. Na mesma pena incorre quem: [...] II – quem indevidamente divulga, transmite a outrem ou utiliza abusivamente comunicação telegráfica ou radioelétrica dirigida a terceiro, ou conversação telefônica entre outras pessoas."

[136] "Art. 153. Divulgar alguém, sem justa causa, conteúdo de documento particular ou de correspondência confidencial, de que é destinatário ou detentor, e cuja divulgação possa produzir dano a outrem: Pena – detenção, de um a seis meses, ou multa. [...] § 1º-A. Divulgar, sem justa causa, informações sigilosas ou reservadas, assim definidas em lei, contidas ou não nos sistemas de informações ou banco de dados da Administração Pública: Pena – detenção, de 1 (um) a 4 (quatro) anos, e multa."

[137] "Art. 10. Constitui crime realizar interceptação de comunicações telefônicas, de informática ou telemática, ou quebrar segredo da Justiça, sem autorização judicial ou com objetivos não autorizados em lei. Pena: reclusão, de dois a quatro anos, e multa."

[138] "Art. 10. A quebra de sigilo, fora das hipóteses autorizadas nesta Lei Complementar, constitui crime e sujeita os responsáveis à pena de reclusão, de um a quatro anos, e multa, aplicando-se, no que couber, o Código Penal, sem prejuízo de outras sanções cabíveis. Parágrafo único. Incorre nas mesmas penas quem omitir, retardar injustificadamente ou prestar falsamente as informações requeridas nos termos desta Lei Complementar."

ria (CP, art. 322),[139] lesão corporal (CP, art. 129),[140] maus-tratos (CP, art. 136),[141] difamação (art. 139)[142] e injúria (art. 140).[143]

Quando as condutas ofensivas à liberdade religiosa, à vida privada e à integridade pessoal são praticadas por agentes públicos, pode-se cogitar, ainda, da aplicação cumulativa[144] dos crimes previstos na Lei de Abuso de Autoridade (Lei n. 4.868/64).[145]

A existência de deveres estatais de intervenção penal enlaça-se com a questão da função do direito penal de servir à proteção de bens jurídicos.[146] Bens jurídicos definem-se, com base na lição de Claus Roxin, como circunstâncias reais dadas ou finalidades necessárias para uma vida segu-

---

[139] "Art. 322. Praticar violência, no exercício de função ou a pretexto de exercê-la: Pena – detenção, de seis meses a três anos, além da pena correspondente à violência."

[140] "Art. 129. Ofender a integridade corporal ou a saúde de outrem: Pena – detenção, de três meses a um ano."

[141] "Art. 136. Expor a perigo a vida ou a saúde de pessoa sob sua autoridade, guarda ou vigilância, para fim de educação, ensino, tratamento ou custódia, quer privando-a de alimentação ou cuidados indispensáveis, quer sujeitando-a a trabalho excessivo ou inadequado, quer abusando de meios de correção ou disciplina: Pena – detenção, de dois meses a um ano, ou multa."

[142] "Art. 139. Difamar alguém, imputando-lhe fato ofensivo à sua reputação: Pena – detenção, de três meses a um ano, e multa."

[143] "Art. 140. Injuriar alguém, ofendendo-lhe a dignidade ou o decoro: Pena – detenção de 1 (um) a 6 (seis) meses, ou multa."

[144] Embora haja controvérsia sobre a existência de concurso aparente de normas ou concurso formal nos casos em que a conduta do agente público se enquadra em um dos tipos da Lei 4.868/64 e em outro tipo penal, a jurisprudência do STJ tende a reconhecer a existência de concurso material: "Saliente-se, por último, que a Lei nº 4.898/65, cuidando da questão referente ao abuso de autoridade, definiu, caso a caso, as sanções administrativa, civil e penal aplicáveis de acordo com a gravidade do abuso cometido. Desta forma, o abuso de autoridade passou a ser punido independentemente de responder o agente, em concurso material, por outros delitos que da sua ação resultar. In casu, a r. sentença se apoia em prova amplamente satisfatória de que o recorrente cometeu abuso de autoridade, de vez que atentou contra a incolumidade física da vítima, assim como praticou lesões corporais, por haver-lhe efetivamente ofendido a integridade corporal, e sendo ambos os crimes dolosos, resultando de desígnios autônomos, aplica-se a regra do concurso material" (STJ, Sexta Turma, AGRESP 1781957, j. 01/07/2008, DJe 12/08/2008, rel. Jane Silva). Trata-se, contudo, de questão complexa, cujo tratamento minucioso refoge ao objeto deste livro.

[145] "Art. 3º. Constitui abuso de autoridade qualquer atentado: [...] b) à inviolabilidade do domicílio; c) ao sigilo da correspondência; d) à liberdade de consciência e de crença; e) ao livre exercício do culto religioso; [...] i) à incolumidade física do indivíduo; [...] Art. 4º. Constitui também abuso de autoridade: [...] b) submeter pessoa sob sua guarda ou custódia a vexame ou a constrangimento não autorizado em lei; [...] h) o ato lesivo da honra ou do patrimônio de pessoa natural ou jurídica, quando praticado com abuso ou desvio de poder ou sem competência legal [...]. Art. 6º. O abuso de autoridade sujeitará o seu autor à sanção administrativa civil e penal. [...] § 3º A sanção penal será aplicada de acordo com as regras dos artigos 42 a 56 do Código Penal e consistirá em: a) multa de cem a cinco mil cruzeiros; b) detenção por dez dias a seis meses; c) perda do cargo e a inabilitação para o exercício de qualquer outra função pública por prazo até três anos."

[146] O conceito de bem jurídico remonta à ideia iluminista de "bem". Ele foi formulado por FEUERBACH, no século XIX, como arma contra concepções moralistas do direito penal então vigentes: "A infração contra uma norma (moral ou ética) não podia ser suficiente para explicar uma conduta como criminosa, senão, primeiramente, a prova de que esta conduta lesiona interesses reais de outros homens, precisamente 'bens jurídicos'. [...] " HASSEMER, Winfried. *Introdução...*, p. 56.

ra e livre, que garanta os direitos fundamentais dos indivíduos na sociedade, ou para o funcionamento estatal que se baseia nesses objetivos.[147]

A teoria do bem jurídico parte do suposto de que o direito penal deve atuar apenas nos casos em que tais metas não possam ser alcançadas por outras medidas político-sociais que afetem em menor medida a liberdade dos cidadãos. Esta concepção reclama que se encontre um equilíbrio entre o poder de intervenção estatal e a liberdade civil, de modo que se possa garantir tanto a proteção social necessária como também a liberdade individual possível.[148]

O conceito de bem jurídico conecta-se, assim, ao conceito de lesividade social, pois "nem toda lesão de um interesse humano (de um bem jurídico) provoca uma reação do direito penal, senão somente algumas que do mesmo modo também têm *caráter socialmente prejudicial*, que, portanto, excedem o conflito entre o autor e a vítima".[149] O estabelecimento de quais condutas prejudicam tão intensamente a sociedade e sob quais circunstâncias elas o fazem exige do legislador penal um *saber empírico* e a utilização correta desse saber na formulação da punibilidade e na estipulação das consequências jurídico-penais.[150] Com isso se agrega racionalidade à tarefa de determinação do espaço do legislador penal em situações concretas, permitindo que a ponderação entre deveres estatais de proteção a bens jurídicos e direitos individuais a omissões de intervenções estatais não se dê com base em meras especulações ou análises superficiais sobre o dimensionamento concreto dos princípios colidentes.

1.2.3. Eficiência do processo penal: fundamentação e aplicação

1.2.3.1. Fundamentação constitucional do dever de prestar uma justiça penal eficiente

Os critérios para aferição da legitimidade do direito penal substantivo, em larga medida, aplicam-se ao direito processual, já que este e aquele guardam, entre si, uma relação de mútua complementaridade

---

[147] Conferir: ROXIN, Claus. *A proteção de bens jurídicos como função do direito penal*. Porto Alegre: Livraria do Advogado, 2006, p. 18-9. "A diferenciação entre realidades e finalidades indica aqui que os bens jurídicos não necessariamente são fixados ao legislador com anterioridade, como é o caso, por exemplo, da vida humana, mas que eles também possam ser criados por ele, como é o caso das pretensões no âmbito do direito tributário." (ROXIN, obra citada, p. 19.)

[148] ROXIN, Claus, *A proteção...*, p. 16-7. Nisso se enlaça a tarefa da ponderação como a busca da concordância prática entre princípios constitucionais, conforme formulação de HESSE (*Elementos...*, p. 66, margem 72). Conferir Cap. 1.1.2, *supra*; e Cap. 1.3.1, *infra*.

[149] HASSEMER, Winfried. *Introdução...*, p. 57. Grifos em itálico no original.

[150] HASSEMER, Winfried. *Introdução...*, p. 57.

funcional.[151] Como o direito penal somente pode ser realizado por meio do processo, o direito processual penal também toma parte na tarefa de proteção dos bens jurídicos. Se a lei penal prevê que o agente de uma certa conduta lesiva a um bem jurídico deve ser punido criminalmente, a realização dessa consequência jurídica é um dever estatal cuja existência, em face da obrigatoriedade do direito e do monopólio do uso legítimo da força, não pode ser posta em dúvida.[152]

O caráter constitucional da obrigação estatal de prestar uma justiça penal eficiente funda-se no dever, próprio de um Estado de Direito, de dar proteção aos direitos fundamentais e às estruturas sociais nas quais eles podem ser exercidos. Assim a doutrina de Luís Afonso Heck:

> O Estado de Direito somente pode ser realizado se está assegurado que os delinquentes, nos limites das leis vigentes, serão sentenciados e que uma pena justa lhes será atribuída. O Princípio do Estado de Direito, a obrigação do Estado de proteger a segurança de seus cidadãos, a sua confiança na aptidão funcional das instituições estatais e o tratamento isonômico de todos os inculpados no procedimento criminal exigem, essencialmente, a efetivação do direito de punibilidade estatal. A obrigação constitucional do Estado de garantir uma jurisdição funcionalmente apta abrange, em conformidade com isso, regularmente também a obrigação de assegurar a instauração e a execução do processo penal.[153]

A vinculatividade dos direitos fundamentais a todos os poderes estatais e a todos os ramos do ordenamento jurídicos exige, portanto, a viabilização de uma eficaz administração da justiça penal. Ao lado da tarefa de proteger o indivíduo contra uma atividade persecutória *excessivamente interventiva* em direitos fundamentais, o processo penal também existe para instrumentalizar uma atividade persecutória *suficientemente idônea* à proteção dos direitos fundamentais que se realiza pelo direito penal. A insuficiência dos meios para que a proteção penal de bens jurídicos possa se realizar ameaçaria os direitos fundamentais tanto quanto a violação direta de posições jurídicas das vítimas pelo próprio Estado.

No direito constitucional brasileiro, o reconhecimento da necessidade de uma persecução penal eficaz ainda ganha o reforço da norma que

---

[151] DIAS, Jorge de Figueiredo. *Direito Processual...*, p. 28. HASSEMER, Winfried. *Introdução...*, p. 172-3. Sobre o tema, em sentido mais abrangente, não limitado à aplicação da lei penal, conferir: MAURER, Hartmut. "Direito processual estatal-jurídico". *Contributos...*, p. 176.

[152] Conforme a doutrina de FIGUEIREDO DIAS, "é seguro não poder o Estado demitir-se do seu dever de perseguir e punir o crime e o criminoso, ou sequer negligenciá-lo, sob pena de minar os fundamentos em que assenta a sua legitimidade" (*Direito Processual...*, p. 24). Adiante, complementa: "[C]om o princípio da perseguição oficiosa das infrações, visa o Estado corresponder ao seu dever de administração e realização da justiça penal, por meio da qual deve obter, ao menos idealmente, a condenação judicial de *todos* os culpados e *somente* dos culpados da prática de uma infração penal" (*idem*, p. 125-6).

[153] HECK, Luís Afonso. *O Tribunal Constitucional...*, p. 196.

se extrai do artigo 5º, LIX, da CF-88,[154] que assegura a possibilidade de as vítimas de crimes de ação pública postularem perante o Poder Judiciário, mediante ação penal privada subsidiária, a proteção penal devida pelo Estado. Muito além de veicular um direito subjetivo do ofendido, contudo, essa norma possui um significado objetivo que corresponde à asseguração da realização da justiça penal como um elemento da ordem jurídica constitucional vigente. A "ressubjetivação" do direito à proteção penal nada mais é que uma forma de otimizar, mediante o controle da inércia dos órgãos acusadores, a consecução do dever estatal de promover a persecução relativa a crimes de ação pública.

A concessão de uma legitimidade processual subsidiária para promover a ação penal pública não torna a efetividade da persecução penal um bem divisível entre particulares.[155] O dever de prestar uma justiça penal efetiva será sempre um bem coletivo.[156] Ainda que a sentença penal possa ter consequências quanto a eventuais pretensões indenizatórias da vítima, sua função não é a de resolver o eventual litígio entre ofensor e ofendido, e sim a de conhecer do caso penal para aplicar ou não aplicar uma sanção criminal ao réu.

O fato de o exercício eficiente do dever estatal de prestar uma justiça penal contribuir para a afirmação e concretização de direitos de defesa da vítima é, antes de tudo, um exemplo do caráter ambivalente dos bens coletivos, já que estes, além de obstáculo ao exercício de direitos individuais, também podem ser meio para cumprimento ou fomento de direitos individuais.[157] Deveras, a persecução penal relativa a um fato lesivo a um determinado bem jurídico favorece a realizabilidade de direitos individuais objeto de especial proteção pela norma penal, como, *v.g.*, a liberdade pessoal no exemplo do crime de cárcere privado (CP, art. 148). Impende

---

[154] "LIX – será admitida ação privada nos crimes de ação pública, se esta não for intentada no prazo legal".

[155] "El ofendido o perjudicado por el delito no es titular, ni puede afirmar que lo sea, de un derecho subsetivo a que el autor del mismo se le imponga una pena, por cuanto tal negado derecho subjetivo supondría la titularidad del *jus puniendi*. Este corresponde sólo al Estado; al ofendido o perjudicado únicamente puede reconocerse la facultad o, si se quiere, el derecho de promover el ejercicio por el Esatdo de ese derecho de castigar." MONTEIRO AROCA, Juan. "Proceso acusatório...", p. 31, nota de rodapé n. 16.

[156] Sob o aspecto deontológico, bens coletivos são normas que ordenam algo cuja realização não pode ser, fática ou juridicamente, dividido entre indivíduos determinados. Conforme a lição de ALEXY: "El concepto de bien colectivo puede ser [...] definido de la siguiente manera: X es un bien colectivo si X es no distributivo y la creación o conservación de X está ordenada *prima facie* o definitivamente. Esta definición vale para cualquier sistema normativo." *El Concepto...*, p. 188 (grifos em itálico na versão espanhola).

[157] ALEXY, ROBERT. "Colisões...", *in Constitucionalismo discursivo*, p. 60.

reconhecer, por outro lado, que sob o ponto de vista do acusado[158] ou mesmo de terceiros,[159] o exercício eficiente do dever persecutório pode colidir com algumas posições jurídicas individuais. Por isso o bem coletivo da eficiência persecutória estrutura-se como uma norma da espécie princípio cuja aplicação exige a consideração de seu peso, apurado em cada situação concreta, de acordo com os critérios próprios do modelo de princípios.

1.2.3.2. O princípio da busca da verdade como expressão do dever de prestar uma justiça penal eficaz

Não há univocidade na doutrina do que seja eficiência no processo penal.[160] Adota-se, neste livro, a doutrina de Jean Pradel, para quem o princípio da eficiência contém os deveres celeridade persecutória e de efetiva busca da verdade.[161] Esses deveres estão estruturados como princípios, de modo que seu conteúdo definitivo, em cada caso em que eles se aplicam, é determinado por meio da ponderação.

Pelo princípio da celeridade, a persecução deve utilizar todo o aparato disponível para, em tempo hábil, atingir seu fim. Não obstante a importância de tal aspecto da eficiência persecutória,[162] para os fins desta obra interessa estudar, sobretudo, o dever de busca da verdade, pois em relação a este ocorrem as mais frequentes colisões com o direito fundamental à não autoincriminação.

---

[158] O dever estatal de aplicar eficientemente o direito penal pode colidir com direitos do acusado, não somente na possibilidade de intervenção na liberdade individual de ir e vir, mas pela própria sujeição do imputado, em maior ou menor grau, à condição de objeto da investigação, o que fica bem claro nas hipóteses de coleta de provas por meios que afetam a privacidade e a outros direitos individuais. Sobre a dupla posição do acusado, como sujeito processual e objeto da persecução, ver: Cap. 2.2.2, *infra*.

[159] O dever de realização da justiça penal pode colidir com direitos das testemunhas, por exemplo, já que estas não podem ser escusar de depor, salvo em hipóteses específicas, e têm o dever de dizer a verdade (CPP, arts. 206 e 210). Também alguns direitos das vítimas podem sofrer intervenções fundadas no dever de realização da justiça penal, a fim de que se apure a ocorrência de um crime de ação penal pública incondicionada: no caso de um furto (CP, art. 155) praticado na residência do ofendido, este têm que franquear seu domicílio para a coleta de provas; em um caso de lesão corporal grave (CP, art. 129, § 1º), a vítima deve se submeter a exame médico sobre a eventual debilidade permanente de membro sentido ou função, e assim por diante. Em todos esses casos, embora a medida estatal investigativa possa parecer trivial, sua adoção se justifica constitucionalmente como o resultado de uma ponderação correta.

[160] FERNANDES, Antonio Scarance. "O equilíbrio...", p. 233.

[161] *Apud* FERNANDES, Antonio Scarance. "O equilíbrio...", p. 233.

[162] Esse dever estatal é reconhecido pela jurisprudência da Corte Interamericana de Direitos Humanos, que já teve a oportunidade de afirmar que "o Estado deve garantir que, *em um prazo razoável*, o processo interno destinado a investigar e sancionar os responsáveis" por crimes cuja prática viola as normas de proteção da Convenção Americana. Conferir: CIDH – Caso Ximenes Lopes, 04/07/2006. Sobre esse julgado, ver item 3.4, *infra*.

Pelo princípio da busca da verdade,[163] o Estado-persecutor deve empreender todos os meios disponíveis para uma correta solução do caso penal. Por um lado, estão ordenados ou permitidos *prima facie* todos os meios que favoreçam a que a afirmação judicial relativa à pretensão de validez do enunciado fático objeto do processo (imputação de um crime a alguém) e de outros possíveis enunciados conexos seja justificável sob o maior grau possível de aceitabilidade intersubjetiva; por outro lado, simultaneamente, estão proibidas *prima facie* todas as ações e omissões estatais ou individuais cuja realização impeça ou embarace a afirmação judicial sobre a pretensão de validez dos enunciados fáticos de que trata o processo ou a obtenção dos meios para que a justificação dessa afirmação judicial seja tão aceitável quanto possível.

A sentença penal é um ato estatal que "sempre incide sobre bens jurídicos sumamente sensíveis",[164] daí a necessidade de que ela, tanto para afirmar o dever de punir do Estado quanto para reafirmar o direito de liberdade do réu, esteja baseada em premissas corretas. A aptidão dos instrumentos persecutórios destinados a propiciar uma justificação, tão boa quanto possível, do juízo relativo às questões fáticas tratadas no processo penal diz respeito à própria realização do Estado de Direito. Se o Estado, para a proteção dos direitos fundamentais e promoção de bens coletivos, irrogou a si próprio o monopólio do uso legítimo da força, declarando-se inimigo da arbitrariedade, não pode se despedir da tarefa de prestar uma jurisdição eficiente, tanto sob o aspecto normativo (plano da correção jurídica), quanto sob o aspecto fático (plano da correção epistêmica). Com efeito, a jurisprudência do Tribunal Constitucional alemão há muito tempo acentua que o esclarecimento dos delitos é um "encargo essencial de uma coletividade estatal-jurídica"[165] e que uma investigação completa da

---

[163] Para os fins desta obra, adota-se a teoria da consensual (discursiva) da verdade proposta por JÜRGEN HABERMAS. A verdade é uma pretensão de validez que vinculamos aos enunciados ao afirmá-los. Essa pretensão de validez não se refere, portanto, a estados de coisas ou eventos, mas aos enunciados em que tais objetos de experiência podem ser expressados. Chamamos de verdadeiros os enunciados que podemos fundamentar. A condição para a verdade dos enunciados é o potencial assentimento de todas as pessoas, não no sentido da suposição de alcançar um consenso empírico, mas no de promover a justificação, baseada na força do melhor argumento, de um consenso que poderia ser obtido idealmente por quem tomasse parte no discurso. Di-lo HABERMAS: "[L]a verdad no consiste en la circunstancia de que se alcance un consenso, sino que en todo o momento e en todas partes, con tal que entremos en un discurso, pueda llegarse a un consenso en condiciones que permitan calificar ese con consenso de consenso fundado". HABERMAS, Jürgen. *Teoría de la acción comunicativa: complementos e estudios previos*. 3ª ed. Madrid: Cátedra, 1984, p. 121. Ver também: ALEXY. *Teoría de la argumentación..*, .p. 112-3 e 116.

[164] IBAÑEZ, Perfecto Andrés. *Valoração da prova e sentença penal*. Rio de Janeiro: Lumen Juris, 2006, p. 120.

[165] BVerfGE 77, 65 (76); dentre outros. *Apud* HECK, Luís Afonso. *O Tribunal Constitucional...*, p. 195-6.

verdade é uma irrefutável necessidade "tanto para provar a culpabilidade dos delinquentes como para absolver os inocentes.[166]

Quanto mais relevante a relação jurídica de direito material objeto do processo, tanto mais amplos, *ceteris paribus*, devem ser os meios disponíveis para uma prestação jurisdicional correta. Considerando que a sentença penal se refere à proteção de bens jurídicos socialmente relevantes, e que a concretização dessa proteção traz consigo uma intervenção gravíssima no direito individual em torno do qual se ergueu a ideia ocidental de Estado de Direito nos padrões ocidentais – a liberdade humana –, impende reconhecer a especial importância que ocupa no processo penal a tarefa judicial de estabelecer adequadamente os fatos relevantes à decisão. Em um caso penal, o juízo equivocado sobre a matéria de fato tem consequências *ceteris paribus* mais gravosas que em um caso não penal, tanto para a sociedade como para o indivíduo.

Reconhecer que a solução do caso penal deve ser obtida para, na maior medida possível, evitar juízos equivocados sobre a matéria de fato significa reconhecer que o princípio da busca da verdade tem aplicação em várias fases processuais.

Tal princípio diz respeito, primeiramente, à seleção de quais fatos são relevantes para a solução do caso penal. Que a conduta descrita na denúncia tenha essa relevância parece trivial. Mas importa enfatizar que o objeto da busca da verdade não é o acontecimento ou estado de coisas que a peça acusatória descreve, e sim o próprio enunciado fático[167] sob o qual se assenta o requerimento condenatório do titular da ação penal. Além do fato principal, fixado do órgão acusador, todas as circunstâncias cuja afirmação possa fundamentar a refutação e a confirmação do juízo sobre a responsabilidade do acusado ou sobre o grau de sua reprovação devem ser consideradas relevantes para o juízo. O princípio da busca da verdade repele *prima facie* qualquer limitação do objeto da atividade probatória que não se justifique sob o aspecto epistêmico.

Em segundo lugar, o princípio da busca da verdade diz respeito ao modo de comprovação dos enunciados fáticos. Todas as fontes e meios de prova cuja utilização possa contribuir para comprovar uma afirmação relevante para a solução do caso penal devem ser *prima facie* admitidos. Isso exige do juiz a maximização do dever de cautela ao indeferir a produção

---

[166] BVerfGE 34, 238 (248 f). *Apud* SCHWABE, Jürgen (compilador). *Cincuenta Años de Jurisprudencia del Tribunal Constitucional Federal Alemán*. Traducción Marcela Anzola Gil. Bogotá: Ediciones Jurídicas Gustavo Ibañez, 2003, p. 23-4.

[167] Conforme a teoria consensual (discursiva) da verdade, um fato é aquilo que expressa uma proposição que pode ser fundamentada discursivamente, pois não é a justificação que depende da verdade, mas a verdade que depende da justificação. Sobre os enunciados fáticos como objeto do convencimento judicial, ver Cap. 3.1.2, *infra*.

de provas à base de argumentos relativos à antecipação do resultado que se espera obter com uma determinada medida probatória.[168] Se a verdade processual é inevitavelmente uma questão de probabilidade,[169] sempre se poderá granjear o incremento do grau de confirmação de um enunciado fático e, em consequência, sempre se poderá cogitar de uma decisão dotada de uma maior grau de aceitabilidade intersubjetiva. Por isso, o dever de eficiência da justiça penal autoriza a formulação de um princípio epistêmico pelo qual qualquer prova relevante é "necessária"[170] e, portanto, deve ser *prima facie* admitida.

Em terceiro lugar, o princípio da busca da verdade também atua na valoração da prova. De nada adiantaria o exercício da atividade probatória desenvolvida no curso do processo se, ao final, a sentença judicial pudesse solucionar o caso sem valorar adequadamente as provas colhidas. Esse aspecto da busca da verdade pode se decompor em dois elementos: por um lado, exige que as provas admitidas e produzidas sejam consideradas na *justificação* da decisão que se adote; por outro, exige que essa consideração das provas seja *racional*.[171]

O princípio da busca da verdade pode colidir com diversos outros princípios, dentre eles o princípio da celeridade, que também é uma expressão do bem coletivo que ordena a prestação de uma justiça penal eficiente. Contudo, para os objetivos deste livro, interessam particularmente as colisões que não se manifestam (apenas) no âmbito do dever de eficiência, e sim, mais precisamente, aquelas que se produzem sob a tensão entre eficientismo e garantismo. No tópico seguinte, serão enfocados os critérios para solução dessas colisões.

---

[168] A formação do convencimento judicial não se dá em um instante determinado, como se ela pudesse ocorrer à guisa de uma "revelação". A teoria do círculo hermenêutico põe de manifesto que a atividade de compreensão depende da elaboração de um projeto prévio que deve ser constantemente revisado conforme se avança na penetração do sentido (GADAMER, Hans-Georg. *Verdade e método I – Traços fundamentais de uma hermenêutica filosófica*. Petrópolis: Vozes, 2004, p. 356). No curso do procedimento, o juiz vai formando expectativas de sentido cuja correção não pode ser afirmada, em definitivo, antes de exauridas as oportunidades para as partes introduzirem provas e argumentos. Daí a exigência de o julgador, na decisão sobre a admissibilidade das provas, ter em mente a necessidade de constantemente corrigir a autocompreensão que se exerce na compreensão, livrando-a de adaptações inadequadas e de juízos arbitrários ou repentinos (GADAMER, Hans-Georg. *Verdade e método I*, p. 354-5). No mesmo sentido: HESSE, Konrad. *Elementos...*, p. 62, margem 63.

[169] Conferir, sobre o caráter probabilístico da verdade, Cap. 3.2, *infra*.

[170] GASCÓN ABELLÁN, Marina. *Los hechos...*, p. 183. No mesmo sentido: FERRER BELTRÁN, Jordí. "¿Cómo se valora una prueba?". *Iter Criminis Revista de Ciencias Penales*, n. 10, Segunda época, Instituto Nacional de Ciencias Penales, p. 81 (tradução livre).

[171] FERRER BELTRÁN, Jordí. "¿Cómo se valora una prueba?". *Iter Criminis Revista de Ciencias Penales*, n. 10, Segunda época, Instituto Nacional de Ciencias Penales, p. 77-96, p. 82. Sobre valoração da prova e fundamentação das decisões judiciais, ver especialmente Capítulos 3.1.2 e 3.2.3, *infra*.

1.3. SOLUÇÃO DAS COLISÕES ENTRE EFICIENTISMO E GARANTISMO

1.3.1. O teste da proporcionalidade

De acordo com o exposto até o momento, a tensão entre eficientismo e garantismo expressa diferentes possibilidades de colisão de princípios constitucionais. Disso resulta que a solução das colisões entre direitos de defesa do imputado e o dever estatal de prestar uma justiça penal eficiente deve ocorrer pelo critério oferecido pela teoria dos princípios: o teste de proporcionalidade.

Embora explicitamente consagrado em documentos importantes, como a Carta de Direitos Fundamentais da União Europeia (art. 52, 1), o preceito da proporcionalidade independe de previsão constitucional ou legal expressa, pois conforme acentuou o Tribunal Constitucional alemão, ele deriva do próprio Estado de Direito e resulta da essência dos direitos fundamentais.[172]

Conceitualmente, o preceito da proporcionalidade pode ser definido como o conjunto de regras[173] utilizadas para a verificação da constitucionalidade de restrições estabelecidas sobre um direito fundamental em favor de outro direito fundamental ou de um bem coletivo, sempre que se tratar de colisão de princípios constitucionais.

Os direitos fundamentais, como direitos subjetivos, formam *proibições de intervenção* pelas quais o Estado fica obrigado a omitir-se de intervir em bens jurídicos do indivíduo. No âmbito do processo penal, diversas medidas persecutórias podem afetar direitos individuais do imputado, tais como a liberdade de locomoção, que pode ser restringida com a decretação de uma prisão preventiva, ou a privacidade, que pode ser restringida com uma ordem de busca e apreensão, a título de exemplos. Por isso, o teste de proporcionalidade atua, aqui, na perspectiva de impedir que as intervenções em posições jurídicas individuais sejam excessivas.

Por outro lado, como princípios objetivos da ordem jurídica, os direitos fundamentais formam *deveres de proteção* por meio dos quais o Estado fica obrigado a adotar ações positivas para proteger bens jurídicos de intervenções fáticas por parte de terceiros. Essa proteção pode – e em

---

[172] HECK, Luis A. *O Tribunal Constitucional Federal e o Desenvolvimento dos Princípios Constitucionais.* Porto Alegre: Sergio Fabris, 1995, p. 176.

[173] Sobre a denominação "proporcionalidade" há grande controvérsia na doutrina. Embora seja usualmente chamada de "princípio", sua aplicação dá-se nos moldes das regras (subsunção). Sobre o tema, ver: ALEXY, *Teoría de los derechos...*, p. 112, nota de rodapé 84. No mesmo sentido: SILVA, Luís Virgílio Afonso da, "O proporcional e o razoável", *Revista dos Tribunais*, Ano 91, nº 798, São Paulo: RT, abril de 2002, p. 23-50.

alguns casos deve – se fazer presente por meio de uma intervenção penal. O teste de proporcionalidade atua, então, para que os meios estatais de controle da criminalidade sejam minimamente eficazes.

O equacionamento das colisões entre eficiência e garantismo exige, portanto, a análise dessas duas variantes da proporcionalidade: proibição do excesso e proibição da insuficiência.

1.3.1.1. Proporcionalidade como proibição do excesso

A aplicação dos direitos de defesa, tais como os direitos fundamentais individuais do imputado no processo penal, desenvolve-se em três passos. Primeiramente, analisa-se o âmbito de proteção do direito; depois, passa-se ao exame da intervenção,[174] e por fim, apura-se a justificação constitucional da intervenção. Se a intervenção não puder ser constitucionalmente justificada, então se está em presença de uma vulneração do direito fundamental.[175]

É necessário, para o reconhecimento da existência de sua justificação constitucional, que a intervenção seja realizada no exercício de uma competência para intervir no direito, de uma cláusula de barreira ou de uma reserva de lei. Em outros termos, deve existir uma norma que estabeleça que as intervenções podem se justificar eventualmente. Sob o ponto de vista material, as intervenções em direitos fundamentais somente podem ser constitucionalmente justificadas se passarem no teste da proporcionalidade.[176]

A proporcionalidade, bem entendida, não pode ser reduzida a um mero recurso retórico. Seu emprego correto exige não apenas a observância estrita das regras que a compõem, mas também a observância da ordem, determinada por relações de subsidiariedade, em que elas logicamente se apresentam. Essas regras consistem nos subpreceitos da adequação, da necessidade e da proporcionalidade em sentido estrito. [177]

O subpreceito da adequação constitui um critério de caráter empírico que faz referência, de uma perspectiva objetiva e subjetiva, à causalidade das medidas em relação a seus fins, exigindo que as ingerências adotadas facilitem o êxito perseguido em virtude de sua adequação qua-

---

[174] Sobre a relação entre âmbito de proteção e intervenção, ver Cap. 1.1.4, *supra*. Em profundidade, conferir: BOROWSKI, Martin. *La estructura...*, p. 126.

[175] BOROWSKI, Martin. *La estructura...*, p. 120-3.

[176] BOROWSKI, Martin. *La estructura...*, p. 123-4.

[177] AFONSO DA SILVA, L. V. "O proporcional...", p. 32 e p. 34.

litativa, quantitativa e de seu âmbito de aplicação.[178] Uma medida estatal é adequada, portanto, se sua utilização conduz a que se alcance ou favoreça um *fim legítimo* perseguido pelo Estado, assim entendido aquele cuja consecução está ordenada ou em todo caso permitida constitucionalmente.[179]

No processo penal, a verificação da conformidade entre meios e fins dá-se pela resposta à pergunta: "O meio escolhido contribui para a obtenção da eficácia persecutória?".[180] Tome-se o exemplo da prisão preventiva, cuja decretação restringe o direito à presunção de inocência e deve, portanto, estar constitucionalmente justificada. Não seria adequada, por exemplo, a manutenção da encarceramento *ante tempus*, com fundamento na conveniência da instrução criminal (CPP, art. 312), nos casos em que a fase probatória já se tenha exaurido.

Verificada a aptidão do meio, passa-se à aplicação do subpreceito da necessidade ou da intervenção mínima, que exige outra avaliação de caráter empírico. Esta regra determina que a medida escolhida seja, dentre as adequadas para realização ou fomento do fim, aquela que acarretar a menor restrição do direito fundamental. Uma medida estatal não é necessária, portanto, se sua finalidade puder ser alcançada por outro meio, igualmente eficaz, que não restrinja o direito fundamental ou o restrinja menos intensamente. Não se poderão considerar meios alternativos aqueles que, apesar de atingirem em menor grau o direito fundamental em exame, afetem em maior medida outras posições constitucionais.[181]

A constatação da necessidade de uma medida processual penal interventiva dá-se pela resposta à seguinte pergunta: "Há um meio menos gravoso de se obter a eficácia na tutela penal?".[182] A título de exemplo, não se defere uma busca domiciliar, que representa uma barreira à inviolabilidade do domicílio, se o mesmo elemento probatório pode ser obtido por simples requisição a órgãos públicos. No caso, a medida não seria necessária para a apuração do fato objeto do processo.

O exame da idoneidade e da necessidade contém a ideia de *otimidade-Pareto*: uma posição pode ser melhorada sem que nasçam desvantagens

---

[178] GONZÁLES-CUELLAR SERRANO, Nicolás. *El principio de proporcionalidad en el proceso penal*. Madrid: Editorial Colex, 1990, p. 199.

[179] BOROWSKI, Martin. *La estructura...*, p. 130.

[180] FERNANDES, Antonio Scarance. *Processo penal constitucional*. 2. ed. São Paulo: Revista dos Tribunais, 2000, p. 54.

[181] BOROWSKI, Martin. *La estructura...*, p. 130.

[182] FERNANDES, Antonio Scarance. *Processo penal...*, p. 56.

para outras.[183] Mas se os custos ou sacrifícios não podem ser evitados, ainda que a medida restritiva seja idônea e necessária, torna-se imprescindível uma ponderação.[184] A ponderação dá-se no terceiro passo da proporcionalidade, o exame da proporcionalidade em sentido estrito.

Diversamente das duas primeiras etapas, que dizem respeito às possibilidades fáticas, o subpreceito da proporcionalidade em sentido estrito insere-se no campo das possibilidades jurídicas. Ele exige a verificação de se a restrição, adequada e necessária, é também justificável considerando a importância, concretamente aferida, da realização dos fins colimados com a medida. Trata-se, com efeito, de levar a cabo uma ponderação de bens entre a gravidade da intensidade da intervenção no direito fundamental, por uma parte, e, por outra, o peso das razões que a justificam.[185]

De acordo com Alexy, o subpreceito da proporcionalidade em sentido estrito pode ser sintetizado na chamada *lei da ponderação*, assim formulada: "Quanto maior é o grau de não satisfação ou de afetação de um princípio, tanto maior tem que ser a importância da satisfação do outro princípio".[186] No que se refere às intervenções em direitos fundamentais ela pode se enunciar da seguinte forma: "Quanto mais intensiva é uma intervenção em um direito fundamental, tantos mais graves devem pesar os fundamentos que a justificam.[187] Contudo, a intensidade da intervenção em um direito fundamental e a importância da realização do dever constitucional com ele colidente reclamam a consideração do *grau de segurança empírica*[188] com que se toma o prejuízo de um e a satisfação de outro. A lei da ponderação, em uma formulação mais precisa, complementa-se pela seguinte lei epistêmica: "Quanto mais grave uma intervenção em um direito fundamental pesa, tanto maior deve ser a certeza das premissas apoiadoras da intervenção".[189]

Na proporcionalidade em sentido estrito reside o maior risco de erro na aplicação dos princípios, sobretudo pela possibilidade de contaminação pela subjetividade do intérprete. Por isso, Alexy vincula a propor-

---

[183] ALEXY, Robert. "Direitos fundamentais, ponderação e racionalidade". *In Constitucionalismo discursivo*, p. 110.

[184] ALEXY, Robert. "Direitos fundamentais, ponderação...". *In Constitucionalismo discursivo*, p. 111.

[185] BOROWSKI, Martin. *La estructura...*, p. 131.

[186] ALEXY, *Teoría de los derechos...*, p. 161.

[187] ALEXY, Robert. "Colisões de direitos fundamentais...". *In Constitucionalismo discursivo*, p. 67-8.

[188] ALEXY, Robert. "A fórmula peso". *In Constitucionalismo discursivo*, p. 150.

[189] ALEXY, Robert. "A fórmula peso". *In Constitucionalismo discursivo*, p. 150.

cionalidade em sentido estrito a uma teoria da argumentação, capaz de agregar racionalidade na determinação da solução concreta.[190]

Para reforçar a sindicabilidade da tarefa ponderativa, Alexy sugere a adoção de um modelo de escalação triádica no qual a proporcionalidade em sentido estrito se subdivide em três outros momentos: no primeiro, verifica-se o grau de prejuízo a um princípio que a medida cogitada provoca, ou seja, se a intervenção é leve, média ou grave; no segundo, demonstra-se a importância da realização do princípio em sentido contrário, quer dizer, se tal importância é alta, média ou baixa; no terceiro, deve-se comprovar, com os elementos obtidos nos passos anteriores, se a realização do princípio inspirador da medida justifica o prejuízo ao princípio afetado.[191] Sendo necessário, pode-se cogitar de escalações mais finas, como em um modelo triádico duplo.[192]

Os passos que o aplicador do direito deve observar na tarefa ponderativa podem ser apresentados sob a forma de uma equação que Alexy denomina de *fórmula peso*. A solução da colisão de princípios leva em conta três pares de fatores.[193] As razões em favor da não intervenção levam em conta o peso abstrato do direito fundamental, a intensidade da intervenção cogitada e o grau de suposição empírica com que se espera que ela ocorra. As razões em favor da intervenção levam em conta, de seu turno, o peso abstrato do princípio para cuja realização ela contribui, a intensidade do prejuízo para a realização de tal princípio, em caso de a intervenção não ser adotada, e o grau de certeza com que a medida interventiva deverá contribuir para essa realização ou para evitar não realização.[194]

---

[190] Reconhece ALEXY:"[...] ciertamente, la ley de ponderación en cuanto tal no formula ninguna pauta con cuya ayuda pudieran ser decididos definitivamente los casos. Pero, el modelo de ponderación como un todo proporciona un criterio al vincular la ley de la ponderación con la teoría de la argumentación jurídica racional". In *Teoría de los derechos...*, p. 167.

[191] ALEXY, Robert. "Direito Constitucional...". In *Constitucionalismo discursivo*, p. 83.

[192] Um modelo triádico duplo, conforme cogitado por ALEXY, que levaria à escalação em nove graus (simbolizados pelas letras: *ll, lm, ls, ml, mm, ms, sl, sm e ss*), dos quais *ll* seria o menor ou mais leve, e *ss*, o maior ou mais grave. Conferir: ALEXY, Robert. "A fórmula peso". In *Constitucionalismo discursivo*, p. 147.

[193] ALEXY, Robert. "A fórmula peso". In *Constitucionalismo discursivo*, p. 146.

[194] A fórmula peso pode ser assim apresentada: $Gi,j = Ii.Gi.Si / Ij.Gj.Sj$. Nessa fórmula, "$Gi,j$" é o peso concreto relativo, ou direito definitivo, que se apura da colisão entre o princípio "i" e o princípio "j"; "G" é o peso abstrato de um princípio; "I" é o grau da intervenção da medida em um princípio ou o grau de prejuízo da não adoção da medida em um princípio; "S" é o grau de suposição empírica da intervenção, em caso de adoção da medida, ou do prejuízo, em caso de não adoção da medida. Os fatores "G", "I" e "S" podem ser graduados em um modelo triádico (grau leve, grau médio e grau severo, que poderiam ser simbolizados pelas letras *l, m e s*, e aos quais se atribuiriam os valores 1, 2 e 4), como adotado neste trabalho, ou triádico duplo, conforme cogitado por ALEXY, que levaria à escalação em nove graus (em símbolos: *ll, lm, ls, ml, mm, ms, sl, sm e ss*), aos quais se atribuiriam os valores 1, 2, 4, 8, 16, 32, 64, 128 e 256). Conferir em: ALEXY, Robert. "A fórmula peso". In *Constitucionalismo discursivo*, p. 131-53.

No âmbito do processo penal, para a avaliação da proporcionalidade em sentido estrito de uma medida interventiva, deve-se responder à seguinte pergunta: "A medida cogitada, adequada e necessária, é também constitucionalmente justificável, considerando, de um lado, o peso abstrato da garantia individual sobre a qual se dará a intervenção, a intensidade da própria intervenção e o grau de certeza empírica com que ela ocorrerá e, de outro, o peso abstrato do dever estatal de proteção penal, o grau de prejuízo para a realização de uma persecução penal eficiente, em caso de omissão da medida, e o grau de certeza empírica de que esse objetivo não será atingido sem a adoção da medida interventiva?". Segue-se, para tanto, um procedimento cognitivo e argumentativo que, depois de reconhecer o peso abstrato de cada princípio (leve, médio ou grave), comprovar o grau da intervenção ou do prejuízo esperado com a adoção ou não adoção da medida (leve, médio ou grave) e estimar a probabilidade com que essa intervenção ou prejuízo pode ocorrer (certo ou seguro, sustentável ou plausível ou apenas meramente possível), permitirá um juízo, intersubjetivamente controlável, sobre a proporcionalidade da intervenção cogitada.

Assim, pode-se dizer, por exemplo, que não seria justificável permitir uma interceptação de comunicações telefônicas, que acarreta, em um grau muito seguro, uma intervenção grave em um direito de defesa dotado de elevado peso abstrato (o direito à privacidade), se o delito apurado for de médio potencial ofensivo, cuja relevância persecutória, como a própria classificação sugere, deve ser considerada de média importância, máxime se a expectativa de obtenção de provas relevantes com o monitoramento telefônico, pelas circunstâncias concretas, não for consideravelmente elevada.[195]

1.3.1.2. *A proporcionalidade como proibição da insuficiência*

O preceito da proporcionalidade surgiu para possibilitar que as barreiras aos direitos fundamentais de defesa sejam admitidas apenas por meio de uma justificação constitucional correta. Nesses casos ele se aplica no sentido da proibição do excesso, pois sua função é impedir que intervenções nos direitos a omissões estatais sejam excessivas.

---

[195] Ainda que a descrição das circunstâncias do exemplo não permita uma comprovação livre de brechas da graduação dos fatores considerados na ponderação, a não adoção da medida interventiva, por prevalência concreta do direito à privacidade (i) em relação ao dever de eficiência persecutória (j), pode ser justificada, com auxílio da fórmula peso (Gi,j = Ii.Gi.Si / Ij.Gj.Sj) mediante a seguinte formulação: Gi,j = 4.4.4 / 2.2.2, de modo que Gi,j = 8. Sobre a fórmula peso, conferir nota de rodapé anterior.

Contudo, os direitos fundamentais não são passíveis de violação apenas por uma intervenção estatal. A eficácia de irradiação dos direitos fundamentais conduz à necessidade de que eles sejam protegidos também contra agressões de terceiros, de modo que o Estado assume, ao lado do dever de abstenção, um dever de proteção que há de se realizar por meio de ações positivas. A existência desses deveres estatais, reconstruídos sob a estrutura dos princípios, exigiu a formulação de um critério que pudesse otimizar sua aplicação no grau mais alto possível. Por isso o desenvolvimento da dogmática alemã levou ao desenvolvimento de uma nova variante do conceito de proporcionalidade: a da proibição de proteção insuficiente.

A estruturação principiológica de um dever estatal conduz a que o Estado esteja *prima facie* obrigado a levar a cabo todas as condutas e aplicar todos os meios que favoreçam à realização de seu objeto de otimização.[196] A proporcionalidade no sentido da proibição da insuficiência, dessarte, tem a função de promover a melhor realização possível do objeto da otimização dos princípios jusfundamentais prestacionais prescritos na Constituição.[197]

A proibição da insuficiência exige que o Estado, quando obrigado a uma ação, não deixe de alcançar limites mínimos.[198] Isso significa que se a atuação estatal, por um lado, deve observar os limites superiores da proibição do excesso, por outro ela está vinculada aos limites inferiores da proibição da insuficiência.[199] Assim como um dever de prestação somente pode restringir um direito de defesa contrário se cumprir as exigências da proporcionalidade, a recíproca também é verdadeira. Exemplifique-se com a afirmação do Tribunal Constitucional Federal alemão, em sua segunda sentença sobre o aborto, de que "a proteção da vida não está ordenada no sentido absoluto de que desfrute sem exceções de prioridade frente a todos os outros bens jurídicos"[200] e que o alcance do dever de prestação deve se determinar "em razão do significado e da necessidade de proteção que tenha o bem jurídico protegido [...], por uma parte, e, por outra, em razão de bens jurídicos que jogam em sentido contrário".[201] Independentemente do mérito da decisão ao final adotada, que dificilmente estaria livre de polêmicas, qualquer que fosse o resultado alcançado, dados os reflexos religiosos, culturais e até polícos que o tema tradicio-

---

[196] BOROWSKI, Martin. *La estructura...*, p. 158-9.

[197] LEIVAS, Paulo. *Teoria...*, p. 76-7.

[198] LEIVAS, Paulo. *Teoria...*, p. 76.

[199] MAURER, Hartmut, *apud* LEIVAS, Paulo. *Teoria...*, p. 76.

[200] BVerfGE 88, 203 (253 e seguintes), *apud* BOROWSKI, M. *La estructura...*, p. 155.

[201] BVerfGE 88, 203 (254), *apud* BOROWSKI, M. *La estructura...*, p. 155

nalmente suscita, aqui interessa, apenas, a estrutura de argumentação utilizada pelo Tribunal: a sentença fundamenta-se mediante uma contraposição das razões para a adoção de medidas estatais positivas para proteção da vida do nascituro com as razões, exigidas por outros princípios, para a não adoção de tais medidas.

A realização insuficiente de um dever de proteção poderia ser compreendida como uma "intervenção" no princípio respectivo,[202] e nesse caso se aplicaria o esquema de argumentação da proibição do excesso. Contudo, não há vantagens metodológicas na ampliação do conceito de intervenção. Uma correta ponderação da proteção deficiente reclama a utilização de uma estrutura argumentativa própria. [203]

Nos direitos de defesa, está-se diante de proibições de atuação, pelas quais todas as intervenções no bem jurídico ficam *prima facie* vedadas, ou seja, nenhuma intervenção no bem jurídico está *prima facie* permitida, de modo que a proporcionalidade atua como critério para examinar a justificação constitucional de uma determinada ação interventiva (proibição do excesso). Nos deveres de tutela, contudo, está-se diante de mandamentos de atuação, pelos quais a realização de todos os meios aptos à otimização do objeto do princípio fica *prima facie* obrigada. A proporcionalidade, então, atua como critério para examinar a justificação constitucional de uma determinada atuação omissa ou deficitária (proibição de insuficiência).

Considerando que diferentes ações estatais promovem a realização do objeto da otimização jusfundamental em diferentes medidas e, frequentemente, eliminam diferentes posições jurídicas constitucionais contrárias, é preciso que se indague, para cada meio de promoção individual, se e em que medida sua aplicação é ordenada pela constituição. A apreciação de um meio de promoção individual resulta da aplicação do preceito da proporcionalidade em sentido amplo, que, também aqui, pode ser dividida em preceitos parciais da adequação, da necessidade e da proporcionalidade em sentido estrito.[204]

---

[202] ALEXY, Robert. "A fórmula peso." *In Constitucionalismo discursivo*, p. 138.

[203] Nesse sentido, Michael Lothar: "Sem dúvida, existem numerosos pontos de contato com a proibição: assim, pode o estado, para a proteção de direitos fundamentais, ser coagido a intervenções em direitos de terceiros. Déficits de proteção não se deixam, porém, compreender como intervenções mediatas que, por sua vez, estão sujeitas à proibição de excesso. Isso iria nivelar o caráter de exceção e as particularidades dos deveres de proteção e dissolver mais o conceito de intervenção. A proibição de deficiência não é idêntica com a ponderação em colisões de direitos fundamentais e a proibição de excesso [...], mas segue uma estrutura de argumentação própria. Para isso deixa formular-se em um esquema de argumentação.". LOTHAR, Michael. "As três estruturas de argumentação do princípio da proporcionalidade – para a dogmática da proibição do excesso e de insuficiência e dos princípios de igualdade", tradução de Luís Afonso Heck, p. 189-206. Em HECK, Luís Afonso (org.) *et alli. Direito natural, direito positivo, direito discursivo*. Porto Alegre: Livraria do Advogado, 2010, p. 196-7.

[204] LEIVAS, Paulo. *Teoria...*, p. 77.

No exame da adequação, avalia-se a aptidão da medida estatal para alcançar ou promover o objetivo exigido pelo princípio que obriga o Estado a agir. Se o meio cogitado não for apto a no mínimo fomentar a realização da obrigação de proteção, ele está proibido. Impõe-se, então, sejam buscados outros meios adequados à realização do princípio.[205]

A adequação da proibição de insuficiência pode se identificar com a adequação da proibição do excesso quando a proteção for simultaneamente a finalidade de uma intervenção em um direito de defesa. Nos outros passos da proporcionalidade como proibição de proteção deficiente, entretanto, essa congruência não acontece.[206]

No exame da necessidade, por exemplo, em vez de se indagar sobre a existência de alternativas "mais moderadas e igualmente efetivas", tal como ocorre na proibição do excesso, a pergunta que se coloca na proibição de deficiência é se existem alternativas "mais efetivas e igualmente moderadas". A constatação de que o meio estatal avaliado é mais interventivo que outro não implica que ele esteja proibido, pois na proibição de proteção deficiente o exame da necessidade é, antes de tudo, um exame do grau de efetividade da medida.[207]

O preceito da proporcionalidade em sentido estrito, que corresponde à lei da ponderação,[208] ordena indagar, na proibição de insuficiência, se a proteção dada pelo meio escolhido é suficiente e justificável no caso concreto, ou se os déficits de proteção, sob ponderação contra finalidades particulares, é que são exigíveis.[209]

Aplicados os três níveis da proporcionalidade no sentido da proibição da insuficiência, podem surgir três constatações: a) nenhum meio é exigido definitivamente; b) somente um meio satisfaz os requisitos e é, então, exigido definitivamente; c) vários meios satisfazem os requisitos exigidos.[210]

Aqui se coloca, com particular nitidez, a questão da densidade do controle constitucional. Deveres de proteção jurídico-fundamentais apenas excepcionalmente levam à ordenação definitiva de um meio determinado. Em regra, o exame da proporcionalidade comprova se um dever de proteção está violado, não *como* ele deveria se cumprido. Somente quando todos os outros meios disponíveis violam a proibição de deficiência é

---

[205] LEIVAS, Paulo. *Teoria...*, p. 77.

[206] MICHAEL, Lothar. *As três estruturas...*, p. 197.

[207] MICHAEL, Lothar. *As três estruturas...*, p. 197.

[208] ALEXY, *Teoría de los derechos...*, p. 161. Neste livro, conferir Cap. 1.3.1.2, *supra*.

[209] MICHAEL, Lothar. *As três estruturas...*, p. 198.

[210] LEIVAS, Paulo. *Teoria...*, p. 79.

que se pode dizer que uma certa medida está ordenada, sem espaço para a atuação legislativa.[211]

1.3.2. O espaço das leis na ponderação de princípios

O problema da justificação constitucional das intervenções nos direitos de defesa e das omissões na realização de deveres protetivos remete à questão da primazia da legislação na concretização da constituição. Ao legislador está encarregada a configuração jurídica das condições de vida em primeiro lugar, e essa atuação tem em seu favor uma presunção de constitucionalidade.[212] Se a atividade legislativa pudesse ser considerada uma mera execução das normas constitucionais, a Constituição seria o *ovo do mundo jurídico*, e o processo democrático perderia todo o seu significado.[213] O exame da justificação constitucional das ações e omissões estatais deve ter em conta, a par dos princípios materiais em colisão, um princípio adicional, que ordena *prima facie* seguir as decisões do legislador democraticamente legitimado.[214]

A vinculação do legislador à constituição, portanto, não pode ser demasiadamente forte, que olvide o princípio formal[215] da primazia do parlamento, nem demasiadamente débil, que enfraqueça os princípios materiais que veiculam direitos fundamentais. Esse compromisso entre a liberdade e a sujeição do legislador é próprio do moderno Estado Constitucional.[216] A relação entre princípios formais e materiais, e a consequente delimitação do espaço do legislador, insere-se na concepção da constituição como ordenação-quadro e como ordenação-fundamental.[217]

---

[211] MICHAEL, Lothar. *As três estruturas...*, p. 198.

[212] HESSE, Konrad. *Elementos...*, p. 73.

[213] A expressão grifada é de FORSTHOFF, citado por BOROWSKI, Martin. *La estructura...*, p. 59.

[214] BOROWSKI, Martin. *La estructura...*, p. 60.

[215] Princípios formais são de natureza procedimental. Eles estatuem fundamentos para o cumprimento de uma norma independentemente do conteúdo dela, de modo que não tratam de normas de conduta, mas de normas de validez. Enquanto os direitos fundamentais, em especial os direitos de defesa, são fundamentos para *não competência*, os princípios formais são fundamentos para *competência*. (SILVA, V. A., *apud* HECK, Luís. Afonso. "Prefácio". *In Teoria dos direitos fundamentais sociais*. Paulo Leivas, nota de rodapé n. 17)

[216] BOROWSKI, Martin. *La estructura...*, p. 60.

[217] A constituição fixa um quadro para o legislador quando ela lhe proíbe, ordena e libera alguma coisa. O proibido pode designar-se juridicamente como impossível; o ordenado, como necessário; e o liberado, como possível. Sob o aspecto formal, o espaço de ação do legislador consiste naquilo que for liberado ou possível. A concepção da constituição como ordenação fundamental, de seu turno, pode ser formulada em sentido quantitativo e qualitativo. Uma constituição é uma ordenação fundamental no sentido quantitativo quando ela não libera nada, ou seja, quanto ela contiver uma ordem ou uma proibição para tudo. Uma constituição é uma ordenação fundamental qualitativa quando ela decide apenas questões fundamentais da comunidade. Este conceito quantitativo de ordenação fundamental é compatível com aquele de ordenação-quadro. Uma constituição pode decidir questões funda-

O equilíbrio correto entre ordenação-quadro e ordenação-fundamental pode ser alcançado por meio da solução adequada do problema dos espaços.[218] Os espaços podem ser estruturais ou epistêmicos. O espaço estrutural abrange tudo o que a constituição libera ou deixa livre definitivamente, ou seja, ele inicia onde termina a normatividade material definitiva da constituição. Já o espaço epistêmico ou de conhecimento nasce dos limites da capacidade de reconhecer que a constituição, por um lado, ordena e proíbe e, por outro, libera. Ele surge quando é incerta a cognição sobre o que está ordenado, proibido ou liberado constitucionalmente.[219]

Existem três espaços estruturais. O primeiro é o espaço de determinação da finalidade. Ele surge quando a norma de direito fundamental contém uma autorização de intervenção, seja deixando abertos os fundamentos para a intervenção, seja mencionando os fundamentos possíveis para essa intervenção. A determinação da finalidade diz respeito não só com a seleção das finalidades, mas também com a determinação da medida de sua realização. Como os limites do espaço de determinação da finalidade dependem, essencialmente, do preceito da proporcionalidade, ele se conecta a todos os espaços aos quais a estrutura do exame da proporcionalidade leva.[220]

O segundo espaço estrutural é o espaço de escolha médio, que resulta da estrutura de deveres positivos. Ele aparece nos casos em que os direitos fundamentais não só proíbem intervenções, mas também ordenam ações positivas, sobretudo na dimensão da proteção. Se, para a perseguição de um objetivo, estão disponíveis vários meios idôneos e igualmente bons, então o legislador tem a liberdade de escolher um deles. Problemas surgem, todavia, quando os meios disponíveis afetam em graus diversos outros objetivos ou princípios, ou quando há incerteza sobre se e em que medida tais meios podem fomentar ou prejudicar algum objetivo ou princípios. Nesses casos, o espaço de escolha médio enlaça-se com os espaços de ponderação e de conhecimento.[221]

O terceiro espaço estrutural, o espaço de ponderação, é a parte nuclear da dogmática-quadro. No exame da proporcionalidade indagam-se a gravidade da intervenção e o peso dos fundamentos que a justificam. Se as razões para a intervenção forem mais fortes que as razões para a não

---

mentais e, sob esse aspecto, ser uma ordenação-fundamental e, não obstante, deixar muitas coisas em aberto e, sob esse aspecto, ser uma ordenação-quadro. Conferir, a propósito: ALEXY, Robert. "Direito Constitucional...", *in Constitucionalismo discursivo*, p. 77-8.

[218] ALEXY, Robert. "Direito Constitucional...", *in Constitucionalismo discursivo*, p. 79.

[219] ALEXY, Robert. "Direito Constitucional...", *in Constitucionalismo discursivo*, p. 79.

[220] ALEXY, Robert. "Direito Constitucional...", *in Constitucionalismo discursivo*, p. 80.

[221] ALEXY, Robert. "Direito Constitucional...", *in Constitucionalismo discursivo*, p. 80.

intervenção, haverá uma ordem para tanto; se forem menos fortes, haverá uma proibição da medida interventiva. Nesses casos a constituição decide e, portanto, não há liberdade para intervir ou não intervir. O espaço de ponderação surge quando deste jogo de razões e contrarrazões resulta um empate, ou seja, quando os fundamentos para a intervenção forem tão bons quanto os fundamentos para a não intervenção. É certo que os espaços de ponderação devem sua existência à escalação rude, e não seria de todo inviável a utilização de uma escalação mais fina que a proporcionada pelo modelo triádico adotado neste livro. Quanto mais fina a escala, menos empates surgiriam. Contudo uma refinação exagerada poderia levar a uma concepção de constituição como o ovo do mundo de que falava Forsthoff. A matéria constitucional, cumpre então reconhecer, não está estruturada tão finamente que exclua autênticos empates e, com isso, espaços de ponderação estruturais. Ponderação e ordenação-quadro mostram-se, assim, compatíveis.[222]

Um exemplo citado por Alexy de empate de ponderação é o do chamado *Caso Donativo-Flick*.[223] O § 353d, número 3, do Código Penal da Alemanha tipifica o ato de publicar a acusação ou outras peças essenciais de um processo antes da realização da audiência pública ou da conclusão do procedimento.[224] Um tribunal de primeira instância considerou que a norma penal era inconstitucional porque esta não seria idônea para alcançar as finalidades perseguidas com a criminalização da conduta. O Tribunal Constitucional reconheceu que a mera proibição de reprodução de peças do procedimento protegia em medida reduzida – e insuficientemente – tanto a personalidade do acusado como a imparcialidade dos participantes no procedimento, mas considerou que a restrição à liberdade de opinião e de imprensa ocorria em dimensão igualmente reduzida. Defronte uma intervenção leve estava uma razão de intervenção de peso leve, o que abria um espaço de ação: o legislador poderia intervir, como o fez, embora não estivesse obrigado a isso.[225]

Os espaços epistêmicos, por sua vez, apresentam-se quando é incerto o conhecimento daquilo que, em virtude da constituição, está ordenado, proibido ou liberado. A incerteza pode ser de premissas empíricas ou normativas.[226]

---

[222] ALEXY, Robert. "Direito Constitucional...", *in Constitucionalismo discursivo*, p. 81-2, 85 e 87-8.

[223] BVerfGE 71, 206, 220, *apud* ALEXY, Robert. "Direito Constitucional...", *in Constitucionalismo discursivo*, p. 86-7.

[224] HECK, Luís Afonso (Nota do tradutor) *in* ALEXY, Robert. "Direito Constitucional...", *in Constitucionalismo discursivo*, p. 86, np. 97.

[225] ALEXY, Robert. "Direito Constitucional...", *in Constitucionalismo discursivo*, p. 87.

[226] ALEXY, Robert. "Direito Constitucional...", *in Constitucionalismo discursivo*, p. 89.

As incertezas empíricas remetem ao problema do controle da prognose do legislador. Quando se edita uma lei restritiva de direitos fundamentais, em muitos casos não se pode prever com certeza se as medidas por ela adotas serão idôneas e necessárias para atingir o fim colimado. A primazia da prognose do legislador tem em conta os princípios formais da democracia e da divisão dos poderes. Deveras, exigir que o legislador pudesse intervir somente quando apoiado em uma *certeza* quanto às premissas empíricas levaria a um expressivo esvaziamento da atuação do parlamento. Mas nenhum espaço é ilimitado. Ao lado da lei de ponderação material, deve ser considerada uma lei de ponderação epistêmica, a que já se fez referência,[227] pela qual "quanto mais grave pesa a intervenção em um direito fundamental, tanto mais alta deve ser a certeza das premissas apoiadoras da intervenção".[228]

As incertezas normativas inserem-se no problema da relação entre a jurisdição constitucional e a jurisdição ordinária. A concessão de um espaço de conhecimento normativo significa uma anulação, correspondente à sua extensão, do controle judicial-constitucional da vinculação à constituição. O espaço de conhecimento normativo há de ser diminuído pelo reconhecimento adequado do espaço de ponderação estrutural e pela lei de ponderação epistêmica. Ademais, o enlace da primazia da constituição com a jurisdição constitucional faz com que a determinação do alcance do espaço de conhecimento normativo possa ser, ela própria, objeto controle pelos órgãos encarregados da jurisdição constitucional.[229]

1.3.3. Medidas processuais interventivas e proibição do excesso na jurisprudência constitucional

O processo penal é um dos setores do ordenamento jurídico em que podem ocorrer as mais graves intervenções nos direitos fundamentais. Por isso, a racionalidade da justificação constitucional de medidas processuais penais ganha um significado especial na realização do Estado de Direito.

Os ordenamentos jurídicos da Europa, desde décadas atrás, reconhecem a possibilidade de ponderação das garantias processuais, o que significa inseri-las em um modelo de princípios, no qual se permite não somente o reconhecimento de barreiras aos direitos individuais, mas também uma aplicação otimizada de tais direitos, capaz de, conforme as condições concretas, expandir sua força normativa.

---

[227] Conferir Cap. 1.3.1.1, *supra*.

[228] ALEXY, Robert. "Direito Constitucional...", *in Constitucionalismo discursivo*, p. 89-91.

[229] ALEXY, Robert. "Direito Constitucional...", *in Constitucionalismo discursivo*, p. 91-2.

Na Alemanha, por exemplo, o Tribunal Constitucional Federal, ao tratar de um caso em que o juiz penal determinara, para verificação da imputabilidade do réu, a realização de um exame que poderia causar sérias complicações à saúde do examinando, considerou inconstitucional a medida judicial apreciada porque a intervenção corporal cogitada era desproporcional à gravidade, menos intensa, dos fatos em apuração.[230] Em outro caso paradigmático, por outro lado, o critério da proporcionalidade utilizado pelo mesmo tribunal determinou o reconhecimento da possibilidade de valoração judicial de uma gravação clandestina de conversa privada realizada em uma investigação contra um suspeito de sonegação de impostos, fraude e falsificação de documentos, porquanto a intervenção do direito de personalidade do réu, na hipótese tratada, estava justificada pela funcionalidade persecutória que as circunstâncias concretas exigiam.[231] Também a questão relativa às hipóteses cabíveis de prisão preventiva são tratadas, desde muito, à luz do preceito da proporcionalidade.[232]

---

[230] BVerfGE 16, 194. Transcreve-se trecho relevante: "Para el caso sobre una decisión sobre la extracción de líquido cefalorraquídeo el juez, [...] como en todas las intervenciones estatales en la esfera de la libertad, tiene también que respetar el principio de proporcionalidad entre los medios y la finalidad. Aún quando el interés público por aclarar delitos, que encuentra sus raíces en el principio de legalidad (§ 152 inc. 2 StPO), de especial importancia para el Estado de Derecho, justifica en general sus propias intervenciones en la libertad de los inculpados, este interés general no es suficiente para que se puedan llevar a cabo serias intervenciones en la esfera de la libertad. Para la evaluación de la proporcionalidad entre la finalidad y las medidas se debe tener en cuenta también, por tanto, la importancia que tienen los fatos recriminados". *Apud* SCHWABE, Jürgen (compilador). *Cincuenta Años de Jurisprudencia del Tribunal Constitucional Federal Alemán*. Traducción Marcela Anzola Gil. Bogotá: Ediciones Jurídicas Gustavo Ibañez, 2003, p. 85-6.

[231] BVerfGE 34, 238. Confira-se o seguinte trecho: "La ley fundamental le asigna al derecho al libre desarrollo de la personalidad un rango superior. Las medidas estatales que lo afectan, en caso que fueran admisibles, se encuentran bajo la estricta garantía del mandato de proporcionalidad. De otra parte, la ley fundamental le atribuye un especial significado también a los requisitos para el logro e una administración de justicia efectiva. El tribunal constitucional federal ha reiterado, por consiguiente, la irrefutable necesidad de un procedimiento penal y de lucha en contra de la criminalidad efectivos [...], de tal manera que enfatiza el interés público a una investigación de la verdad lo más completa posible en el proceso penal – tanto para probar la culpabilidad de los delincuentes como para sobreseer a los inocentes [...]. La garantía constitucional del derecho al libre desarrollo de la personalidad y los requisitos de una administración de justicia efectiva pueden ser contradictorios en múltiples formas. Un adecuado equilibrio de esas tensiones se puede alcanzar en la medida que se ofrezca permanentemente como corretivo, a la indispensable intervención que se exige desde la perspectiva de una administración de justicia efectiva, el mandato de protección del art. 2, inc. I en concordancia con el art. 1, inc. I LF [...]". *Apud* SCHWABE, J, *Cincuenta Años...*, p. 23-4.

[232] BVerfGE 19, 342. Cite-se o seguinte trecho: "En el instituto legal de la detención preventiva es evidente la tensión entre el derecho del individuo a la libertad personal, garantizado en el art. 2 num. 2 y el art. 104 LF, y la necesidad irrenunciable de una persecución penal efectiva. [...] La orden y ejecución de la detención preventiva con fines investigativos, debe estar dominada por el principio de la proporcionalidad; la intervención en la libertad es aceptada siempre y cuando existan de una parte dudas fundadas sobre la inocencia del sospechoso, debido a la imposibilidad de poder asegurar sin detener provisionalmente el sospechoso, el derecho legítimo de la comunidad a aclarar plenamente los hechos y a la rápida penalización del autor del delito". *Apud* SCHWAB, J, *Cincuenta Años...*, p. 94.

Essas balizas permanecem aplicáveis até hoje e influenciaram a jurisprudência de vários países europeus, notadamente na Espanha.[233]

No Brasil, de modo geral, o Supremo Tribunal Federal repudia a aplicação do preceito da proporcionalidade para solução de colisões entre a funcionalidade da justiça penal e a proteção da personalidade do imputado.[234] Um dos raros casos em que o tribunal tratou de ponderação de princípios no âmbito do processo penal foi na Reclamação n° 2040-DF,[235] que versava sobre a possibilidade de realização de exame de DNA com a finalidade de instruir inquérito policial instaurado para a investigação dos fatos correlacionados com a origem da gravidez da cantora mexicana Glória Trevi, que na época estava custodiada na carceragem da Polícia Federal, por decisão do STF, para fins de extradição. A extraditanda alegara que a concepção decorrera de violência sexual praticada por um servidor (que preferia não identificar) encarregado por zelar por sua custódia. O tribunal deferiu a realização do exame de DNA com a utilização do material biológico da placenta retirada da parturiente. Fazendo a ponderação dos princípios constitucionais em colisão – o direito à intimidade e à vida privada da extraditanda e o direito à honra e à imagem dos policiais atingidos pela declaração, amplamente divulgada pelos meios de comunicação, de que ocorrera estupro carcerário –, o Tribunal afirmou a prevalência do esclarecimento da verdade quanto à participação dos policiais federais na alegada violência sexual, levando em conta, ainda, que o exame de DNA aconteceria sem invasão da integridade física da extraditanda ou de seu filho.

---

[233] Citem-se, a propósito, trechos de duas sentenças paradigmáticas do Tribunal Constitucional espanhol. STC 207/96: "[...] una exigencia común y constante para la constitucionalidad de [...] las medidas restrictivas de derechos fundamentales adoptadas en el curso del proceso penal (por todas, SSTC 37/1989, 85/1994 y 54/1996) viene determinada por la estricta observancia del principio de proporcionalidad. En este sentido, hemos destacado (SSTC 66/1995 y 55/1996) que, para comprobar si una medida restrictiva de un derecho fundamental supera el juicio de proporcionalidad, es necesario constatar si cumple los tres siguientes requisitos o condiciones: si tal medida es susceptible de conseguir el objetivo propuesto (juicio de idoneidad); si, además, es necesaria, en el sentido de que no exista outra medida más demorada para la consecución de tal propósito, con igual eficácia (juicio de necesidad); y, finalmente, si la misma es ponderada o equilibrada, por derivar-se de ella más beneficios o ventajas para el interés general que perjuicios sobre otros bienes o valores en conflicto (juicio de proporcionalidad en sentido estricto". No mesmo sentido, STC 239/2006: "Este Tribunal ha declarado reiteradamente que el juicio sobre la legitimidad constitucional de una medida de intervención de comunicaciones telefónicas exige verificar si la misma se acordó por un órgano judicial, en el curso de un proceso, a través de una resolución suficientemente motivada y con observancia de las exigencias dimanantes del principio de proporcionalidad, esto es, que su adopción responda a un fin constitucionalmente legítimo, como es la investigación de un delito grave, y sea idónea e imprescindible para la consecución de tal fin, debiendo comprobarse la proporcionalidad de la medida a partir del análisis de las circunstancias concurrentes en el momento de su adopción (por todas, SSTC 49/1999, de 5 de abril, FFJJ 6 y 7; 167/2002, de 18 de septiembre, FJ 4; 184/2003, de 23 de octubre, FJ 9, dictadas por el Pleno de este Tribunal)".

[234] TROIS NETO, Paulo M. C. "O processo penal na teoria dos princípios" *Revista Doutrina* n° 20, 29/10/2007. Disponível em www.revistadoutrina.trf4.gov.br.

[235] STF, Plenário, Reclamação n. 2.040-DF, rel. Min. Néri da Silveira, 21/2/2002.

A hipótese contém diversas particularidades que a tornam bastante singular. De qualquer modo, vê-se, pela fundamentação prevalente no acórdão, que a finalidade de utilização do resultado do exame como *prova de defesa* relativa à investigação que se iniciara contra os policiais ocupou papel decisivo na justificação da medida interventiva. O STF ainda não enfrentou a hipótese de um exame genético referir-se ao próprio investigado, sem que este dê seu consentimento. Não obstante, o precedente sinaliza a tendência de que o órgão encarregado de dar a última palavra sobre a interpretação constitucional no Brasil possa abandonar ou atenuar sua posição conhecidamente refratária à ponderação de princípios no processo penal.[236]

1.3.4. Controle da insuficiência da proteção penal estatal: proibição da insuficiência na jurisprudência dos tribunais internacionais

Apesar de o critério da proporcionalidade, na variante da proibição da insuficiência, ter sido utilizado pelo Tribunal Constitucional Federal da Alemanha no julgamento em que se afirmou que a descriminalização da conduta de interromper a gravidez acarretaria uma proteção insuficiente

---

[236] Cite-se, a título de exemplo, o precedente relativo ao RE 25.145-GO, rel. Min. Celso de Mello, DJ 03/08/2000 (in Informativo STF n. 197): "A norma inscrita no art. 5°, LVI, da Lei Fundamental promulgada em 1988 consagrou, entre nós, com fundamento em autorizado magistério doutrinário [...], o postulado de que a prova obtida por meios ilícitos deve ser repudiada – e repudiada, sempre – pelos juízes e Tribunais, 'por mais relevantes que sejam os fatos por ela apurados, uma vez que se subsume ela ao conceito de inconstitucionalidade...' [...]. A absoluta invalidade da prova ilícita infirma-lhe, de modo radical, a eficácia demonstrativa dos fatos e eventos cuja realidade material ela pretende evidenciar. Trata-se de consequência que deriva, necessariamente, da garantia constitucional que tutela a situação jurídica dos acusados em juízo penal e que exclui, de modo peremptório, a possibilidade de uso, em sede processual, da prova – de qualquer prova – cuja ilicitude venha a ser reconhecida pelo Poder Judiciário. [...] Por isso mesmo, assume inegável relevo, na repulsa à 'crescente predisposição para flexibilização dos comandos constitucionais aplicáveis na matéria', a advertência de LUIS ROBERTO BARROSO, que [...] rejeita qualquer tipo de prova obtida por meio ilícito, demonstrando, ainda, o gravíssimo risco de se admitir essa espécie de evidência com apoio no princípio da proporcionalidade: 'O entendimento flexibilizador dos dispositivos constitucionais citados, além de violar a dicção claríssima da Carta Constitucional, é de todo inconveniente em se considerando a realidade político-institucional do País. [...] Embora a ideia da proporcionalidade possa parecer atraente, deve-se ter em linha de conta os antecedentes do País, onde as exceções viram regra desde sua criação (vejam-se, por exemplo, as medidas provisórias). À vista da trajetória inconsistente do respeito aos direitos individuais e da ausência de um sentimento constitucional consolidado, não é nem conveniente nem oportuno, sequer de lege ferenda, enveredar por flexibilizações arriscadas'." No mesmo sentido, o julgamento proferido no HC 80.949, rel. Min. Sepúlveda Pertence, DJ 14/12/2001, p. 26 (in RTJ n. 180-03, p. 1001): "[...] II. Provas ilícitas: sua inadmissibilidade no processo (CF-88, art. 5°, LVI): considerações gerais. 2. Da explícita proscrição da prova ilícita, sem distinções quanto ao crime objeto do processo (CF-88, art. 5°, LVI), resulta a prevalência da garantia nela estabelecida sobre o interesse na busca, a qualquer custo, da verdade real no processo: consequente impertinência de apelar-se ao princípio da proporcionalidade – à luz de teorias estrangeiras inadequadas à ordem constitucional brasileira – para sobrepor, à vedação constitucional da admissão da prova ilícita, considerações sobre a gravidade da infração penal objeto da investigação ou da imputação. [...]"

do direito à vida do nascituro,[237] pode-se dizer que são bastante raros os casos em que os tribunais nacionais enfrentam o problema da justificação constitucional de omissões estatais na realização do dever de prestar uma proteção penal. Isso se deve, em parte, à resistência de muitos operadores jurídicos em reconhecer a eficiência da justiça penal como um bem de hierarquia constitucional, mas também ao fato de o desenvolvimento da doutrina da proteção da insuficiência ser mais recente, e, principalmente, à impossibilidade de, na maior parte dos casos, a proporcionalidade como proibição da insuficiência levar à adoção de uma medida específica pelos tribunais constitucionais.

No âmbito de tribunais internacionais de proteção dos direitos humanos, contudo, embora não se faça uso de uma terminologia uniforme, têm sido frequentes as condenações dos Estados-Partes por violação decisões fundamentadas na violação do dever estatal de aplicar de forma eficiente o direito penal.[238]

No *Caso Velásquez Rodriguez*, que tratou da omissão do Estado de Honduras na investigação da tortura e do desaparecimento de um cidadão hondurenho pelas forças militares do país, a CIDH afirmou que o Estado tem o "dever jurídico de [...] investigar seriamente com os meios a seu alcance as violações [aos direitos humanos] que tenham sido cometidas no âmbito de sua jurisdição a fim de identificar os responsáveis, de impor-lhes as sanções pertinentes e de assegurar à vítima uma adequada reparação".[239]

---

[237] BVerfGE 39, 1 (41). Conferir: ALEXY. *Teoría de los derechos...*, p. 448.

[238] Sobre a aplicação da proporcionalidade como proibição de insuficência em relação aos deveres de proteção penal no âmbito do Tribunal Europeu de Direitos Humanos e da Corte Interamericana de Direitos Humanos, com transcrição e comentários a vários julgados, conferir: FELDENS, Luciano. *Direitos fundamentais...*, p. 102-10.

[239] CIDH n° 7.920 – 29/07/1988. O caso iniciou-se a partir de uma denúncia proposta perante a Comissão Interamericana contra o Estado de Honduras, acusado de violar os artigos 4° (direito à vida), 5° (direito à integridade pessoal) e 7° (direito à liberdade pessoal) em prejuízo do cidadão Manfredo Velásquez Rodriguez. Estudante da Universidade Autônoma de Honduras, Velásquez Rodriguez fora arrestado em Tegucigalpa pelas Forças Armadas de Honduras, e posteriormente torturado e desaparecido, fato peremptoriamente negado pelo governo hondurenho, que não investigou o episódio devidamente. Paralelamente, foi constatada a morte, em plena via pública e por homens armados identificados com um grupo guerrilheiro local, de uma testemunha convocada para depor sobre o caso. Duas outras testemunhas também foram assassinadas após prestarem depoimento a respeito do desaparecimento de Velásquez Rodriguez. A Corte assentou que em face do dever de proteção enunciado no art. 1.1 da Convenção, todo menoscabo aos direitos humanos que decorra da ação ou da omissão de qualquer autoridade pública constitui um fato imputável ao Estado". Acrescentou que da mesma disposição se extrai que a obrigação estatal de "organizar todo o aparato governamental e, em geral, todas as estruturas através das quais se manifesta o exercício do poder público, de maneira tal que sejam capazes de assegurar juridicamente o livre e pleno exercício dos direitos humanos". Em razão desses deveres, "os Estados devem prevenir, investigar e sancionar toda violação de direitos humanos reconhecidos pela Constituição", além de buscar o restabelecimento, se possível, do direito afetado e, eventualmente, propiciar a reparação dos danos produzidos pela violação dos direitos humanos.

Em outro caso importante, conhecido como *Caso Damião Ximenes Lopes*, a CIDH gizou que a persecução penal relativa a condutas que afetam gravemente os direitos à vida e à integridade pessoal é condição para o reconhecimento de uma proteção estatal efetiva desses bens jurídicos. Afirmou que os Estados-Partes têm a obrigação de que um crime dessa natureza "seja *efetivamente investigado* pelas autoridades estatais", de que "se inicie um processo contra os supostos responsáveis", e, se for o caso, de que "lhes *sejam impostas as sanções pertinentes*". Indo além, a Corte afirmou que a efetiva proteção dos direitos fundamentais abrangia o dever de prestar a tutela jurisdicional em um "prazo razoável".[240]

Também o TEDH já reconheceu a responsabilidade estatal por insuficiência de proteção penal. No *Caso X e Y versus Holanda*, após apontar que o objetivo de proteção do art. 8º da CEDH não se destina apenas a evitar interferências arbitrárias praticadas pelo Estado, senão que eventualmente determina a adoção, por parte do próprio Estado, de *obrigações positivas* tendentes ao efetivo respeito à vida privada no âmbito das relações entre particulares, o TEDH reconheceu que a legislação local relativa à iniciativa processual da vítima era insuficiente à proteção efetiva da vítima, condenou a Holanda a pagar uma indenização a "Y".[241] A necessidade da adoção, pelos Estados-Partes, de medidas processuais penais efetivas à proteção dos direitos consagrados na CEDH, inclusive no que

---

[240] Damião Ximenes Lopes, portador de deficiência mental, foi torturado até a morte em estabelecimento para tratamento psiquiátrico onde fora internado no município de Sobral, Estado do Ceará. Instada a examinar a atuação das instâncias persecutórias na apuração do fato, a Comissão Interamericana constatou omissão das autoridades brasileiras a elucidar adequadamente as circunstâncias em que ocorreu a morte da vítima. Disso resultou, em 04/07/2006, outra condenação do Brasil por violação de direitos humanos. Ao constatar que "transcorridos mais de seis anos dos fatos os autores dos tratamentos cruéis, desumanos e degradantes, bem como da morte de Damião Ximenes Lopes, não foram responsabilizados, prevalecendo a impunidade", a CIDH concluiu que o Brasil "falhou em seus deveres de respeito, prevenção e proteção" do direito à vida à integridade pessoal da vítima. Em sua decisão final, a Corte condenou o Brasil por violar, em detrimento do cidadão brasileiro Damião Ximenes Lopes, os artigos 4º (direito à vida), 5º (direito à integridade pessoal), 8º (garantias judiciais) e 25 (proteção judicial) da Convenção Americana, tudo com base no dever estabelecido no artigo 1.1 (obrigação de respeitar e garantir os direitos).

[241] *Case X and Y vs. The Netherlands*, application nº 8.978/80, Strasbourg, 23/03/1985. A situação de fato apontava que "Y", portadora de deficiência mental, no dia seguinte à data em que completara seu décimo-sexto aniversário, fora sexualmente violada pelo genro da diretora do estabelecimento psiquiátrico em que a vítima estava internada. A legislação holandesa estabelecia, para vítimas com idade igual ou superior a 16 anos, que a iniciativa processual (equivalente à representação do ofendido, no exemplo do direito brasileiro) para persecução do delito deveria partir da própria ofendida, mas o cumprimento dessa exigência era inviável no caso concreto, já que "Y", em face de seu déficit cognitivo, tinha a idade mental de uma criança. Diante da incapacidade da ofendida, seu pai, "X", apresentou a denúncia (representação) perante a polícia e o promotor locais. Os tribunais holandeses consideraram, ao final, que o silêncio do legislador não poderia ser suprido por uma interpretação analógica *in malam partem*, de sorte que, à míngua de previsão legal expressa, consideraram inválida a iniciativa de "X". O autor da agressão sexual resultou, então, absolvido. "X" recorreu dessa decisão ao TEDH, que reconheceu a responsabilidade do Estado holandês.

toca às regras de convencimento judicial, foi reafirmada pelo Tribunal no *Caso M.C. versus Bulgária*[242] e no *Caso A. versus Reino Unido.*[243]

1.3.5. O modelo dos princípios para o processo penal e a necessidade de um sistema de primazias *prima facie*

A conciliação do respeito às garantias individuais com a consecução dos bens coletivos só pode ser estruturada em um modelo de princípios, aqui entendido como um modelo brando que, ao lado das regras, também admita a existência de princípios. No caso das normas constitucionais sobre o processo penal, sua adoção permite não só a otimização das garantias processuais, estendendo-as até onde permitirem as condições fáticas e jurídicas, como também afasta ou minimiza os riscos de uma

---

[242] *Case M. C. vs. Bulgaria*, application n° 39272/98, Strasbourg, 04/03/2004. "M.C.", por meio da Comissão Europeia de Direitos Humanos, demandou a República da Bulgária por alegada violação aos direitos inscritos nos artigos 3°, 8°, 13 e 14 do CEDH. A recorrente, que à época dos fatos era virgem e possuía apenas 14 anos de idade, fora vítima de estupro. Os dois agressores haviam sido absolvidos pela Suprema Corte da Bulgária, ao argumento de que o episódio não fora suficientemente provado, uma vez que aparentemente a vítima não teria mostrado sinais de resistência física. A polêmica instaurou-se a partir da interpretação restritiva que os tribunais locais vinham atribuindo à prova do crime de violação sexual, em regra exigindo firme comprovação da reação da vítima, salvo quando evidenciada sua incapacidade física de exercer defesa devido à debilidade física, idade avançada, doença, efeito de álcool, medicamentos ou drogas. Ocorre que peritos búlgaros (um psiquiatra e um psicólogo) haviam levantado a hipótese, aparentemente não tomada em consideração na decisão, de que a menor passara por um "congelamento traumático" (*frozen fright*, também conhecido como *traumatic psychological infantilism syndrome*), o que lhe retirara a capacidade de oferecer qualquer resistência física à agressão. Diante desse contexto, o TEDH decidiu a "prova da resistência" exigida pelo tribunal local não poderia ser considerada requisito necessário à punição do delito, porquanto alguns fatores psicológicos, inclusive o medo de reações autônomas de violência por parte dos agressores, têm o poder de inibir as vítimas a esboçar alguma reação verbal ou física. Anotou que, de acordo com os padrões e tendências atuais, os Estados têm a obrigação, à luz dos artigos 3° e 8° da Convenção, de adotar medidas penais de modo a punir efetivamente o estupro, aplicando-as a partir de uma investigação e uma ação criminal eficazes. Em conclusão, assentando que interpretações restritivas do que seja prova de resistência deixaria impunes certos tipos de estupros e comprometeriam a efetiva proteção do direito à autonomia sexual, o TEDH considerou que a Bulgária violou o direito de "M.C." a não sofrer tratos desumanos e degradantes (art. 3° do CEDH).

[243] *Case A. vs. The United Kingdom* (100/1997/884/1096), Strasbourg, 23/09/1988. O presente caso envolve a criança "A", então com 6 anos idade, que costumava ser gravemente espancada por seu padrasto. Os fatos praticados contra "A" enquadravam-se no crime de maus-tratos previstos no *Children and Young People Persons Act 1933*, punível com até 10 anos de prisão. A perícia médica contatou que a vítima sofrera reiteradas agressões que provocaram diversas lesões nas coxas, panturrilhas e nádegas. Entretanto, levado a julgamento no Reino Unido, o padrasto foi absolvido, sendo acatada sua tese de que os castigos infligidos eram "razoáveis", de modo que não constituíam uma penalidade injusta ou ilícita (*lawful punishment*). "A" apelou à Comissão Europeia de Direitos Humanos alegando que o Estado britânico falhou em protegê-lo contra tratos desumanos e degradantes (arts. 3 e 8 do CEDH). O TEDH admitiu a demanda, reconhecendo, preliminarmente, que castigos impostos sem um nível mínimo de severidade não poderiam ser considerados crimes. No mérito, considerou que, ao acolher a tese defensiva sob o argumento de que o órgão acusador não havia se desincumbido do ônus de comprovar que os castigos eram irrazoáveis, a Justiça inglesa não proveu adequadamente o direito de "A" de não ser submetido e tratamento desumanos de degradantes. Dessa forma, reconheceu ter havido violação ao art. 3° do CEDH, e condenou o Reino Unido ao pagamento de uma significativa indenização à vítima. Paralelamente, o Estado adotou medidas no sentido de alterar a legislação doméstica.

DIREITO À NÃO AUTOINCRIMINAÇÃO E DIREITO AO SILÊNCIO

proteção social deficiente em razão de uma eventual hipertrofia dos direitos processuais.

Não está a salvo de objeções a adoção do modelo de princípios para resolver colisões entre direitos individuais, dentre os quais estão os direitos processuais do imputado, com bens coletivos, nos quais se enquadra o dever estatal de administração de uma justiça penal funcionalmente eficaz. Habermas obtempera que a possibilidade de se sacrificar direitos individuais, de caso em caso, em face de objetivos coletivos faz com que os primeiros percam seu caráter de *trunfos dworkinianos* e, com isso, sua força de justificação maior.[244] Esse sacrifício é evitado, primeiramente, com ponderações corretas, que permita uma proteção tão grande dos direitos fundamentais quanto mais intensa for a intervenção, de modo que a teoria dos princípios, adequadamente concebida, não põe em perigo os direitos fundamentais. Contudo, reconhece-se que a teoria dos princípios, como teoria formal, realmente não basta: ela precisa ser acrescida de uma teoria substancial dos direitos fundamentais na qual se reconheça uma primazia *prima facie* dos direitos individuais em face de bens coletivos.[245] Em uma ordem normativa que *leve o indivíduo a sério*,[246] não haverá justificação suficiente para eliminação ou restrição de posições jurídicas individuais nos casos em que subsistirem dúvidas sobre as melhores razões ou se houver uma certeza de razões igualmente boas em prol de direitos individuais e de bens coletivos,[247] pois é mais provável que a dignidade humana seja mais bem garantida sob condições de maior liberdade que em condições de maior segurança.[248]

Não há com isso nenhuma concessão a um individualismo exacerbado. A assunção de um *pressuposto de partida* em favor do indivíduo[249] não impede o reconhecimento de deveres estatais de proteção, não libera do dever de buscar a concordância prática entre os princípios colidentes, nem afasta a possibilidade de autênticos espaços de ação para o legislador e para o juiz. A fórmula *in dubio pro libertate* expressa nada mais que uma *carga de argumentação* em benefício dos direitos individuais, que não pode ser confundida com uma precedência definitiva, nem mesmo com uma precedência "regular". Seu reconhecimento, portanto, não exclui a alteração de direitos individuais por parte de bens coletivos, apenas exi-

---

[244] *Apud* HECK, Luís A. "Regras e princípios...", p. 97.

[245] HECK, Luís A. "Regras e princípios...", p. 100.

[246] ALEXY, Robert. *El concepto...*, p. 207.

[247] ALEXY, Robert. *El concepto...*, p. 207.

[248] MAIHOFER, *apud* BENDA, Ernesto. "Dignidad humana y derechos de personalidad" *in Manual...*, p. 120.

[249] BENDA, Ernest. "Dignidad humana y derechos de personalidad" *in Manual...*, p. 119.

ge que, para uma solução em prol destes, existam razões mais fortes que para a precedência daqueles.[250]

Nessa linha, no modelo de princípios que se defende para o processo penal, há de se atribuir uma precedência *prima facie* aos direitos processuais individuais em relação ao dever de eficiência da justiça penal. Repele-se, com isso, que as garantias processuais sejam concretamente esvaziadas por medidas interventivas apoiadas em meros artifícios retóricos de manutenção da ordem, sem que, contudo, fique inviabilizada a adoção de instrumentos persecutórios justificáveis mediante procedimentos argumentativos racionais desenvolvidos no âmbito de uma teoria dos direitos fundamentais que reconheça o elevado peso abstrato da liberdade individual.

A primazia *prima facie* das garantias individuais no processo penal pode ser neutralizada, atenuada ou reforçada pela criação jurisprudencial de um sistema de relações abstratas de princípios. A existência de uma carga de argumentação em favor dos direitos de liberdade constitui nada mais que uma *premissa normativa débil* fundada na consideração da liberdade negativa como um "valor em si mesmo".[251] Adicionalmente, é possível introduzir premissas fortes.[252]

Cogite-se, a título de exemplo, a colisão entre o direito de o imputado de não se submeter a um exame de identificação genética (direito de defesa) e o dever estatal de colher as provas de autoria de um crime sexual cometido contra um menor de idade (bem coletivo). A possibilidade de se proceder à colheita compulsória de material genético do acusado deve ser apurada mediante o teste da proporcionalidade da medida. Na verificação da proporcionalidade em sentido estrito, especificamente, o aplicador do direito haverá de concluir se a restrição ao direito individual do imputado de se opor à investigação corporal é justificável em face da importância concreta da realização da perícia biológica para a apuração daquele crime. O especial dever de proteção a crianças e adolescentes estatuído na Constituição Brasileira e em tratados internacionais de que o país é signatário[253] pode constituir uma premissa normativa forte em fa-

---

[250] ALEXY, Robert. *El concepto...*, p. 207-8.

[251] BERLIN, I. *Apud* BOROWSKI, Martin. *La estructura...*, p. 63-4 e 132-3.

[252] BOROWSKI, Martin. *La estructura...*, p. 63-4.

[253] A CF-88 enuncia: "Art. 227. É dever da família, da sociedade e do Estado assegurar à criança e ao adolescente, com absoluta prioridade, o direito à vida, à saúde, à alimentação, à educação, ao lazer, à profissionalização, à cultura, à dignidade, ao respeito, à liberdade e à convivência familiar e comunitária, além de colocá-los a salvo de toda forma de negligência, discriminação, exploração, violência, crueldade e opressão. [...] § 4° – A lei punirá severamente o abuso, a violência e a exploração sexual da criança e do adolescente." Dentre os tratados que impõem obrigações de tutela a crianças e adolescentes, citem-se a Convenção Americana sobre Direitos Humanos de 1969 e Convenção Internacional sobre Direitos da Criança de 1989.

vor da funcionalidade da justiça penal. A exigência de asseguração, *com absoluta prioridade,* da dignidade e do respeito a crianças e adolescentes e o dever expresso de uma atuação estatal que puna *severamente* o abuso, a violência e a exploração sexuais praticados em face de menores de idade são mandamentos capazes de interferir na estrutura das cargas argumentativas próprias do exame da proporcionalidade em sentido estrito. Os princípios que enfeixam a proteção prioritária e integral a crianças e adolescentes concedem uma primazia *prima facie* à realização do bem coletivo consistente na apuração plena dos fatos criminosos.

Sob a fiscalização da doutrina e da comunidade jurídica, os órgãos encarregados da jurisdição constitucional podem desenvolver novas determinações de precedência, redimensionando o peso das cargas discursivas necessárias para o teste de proporcionalidade de medidas restritivas.

A fundamentação jurídica deve se apoiar em um sistema, tão coerente quanto possível, cuja formação, explorada institucionalmente como dogmática jurídica, permita reunir, examinar e evoluir as visões de várias gerações. As ponderações de princípios ficam, em um tal sistema, submetidas a um controle muito mais intensivo do que seria possível em fundamentações que começam novamente a cada vez.[254]

Além de levar a novas visões, às quais não se poderia chegar por meio de fundamentações *ad-hoc,* o sistema também pode, mais além, aliviar os órgãos encarregados da aplicação do direito, permitindo que eles se apoiem em declarações multiplamente revisadas, sem precisar fundamentar tudo novamente.[255] Com efeito, uma vez satisfeitas determinadas condições já examinadas em casos anteriores, o caminho argumentativo percorrido pode ser retomado sempre que inexistirem boas razões para a escolha de novos argumentos ou a abertura de outros espaços de fundamentação, o que contribui para que as colisões entre direitos individuais e bens coletivos sejam equacionadas em um ambiente de segurança jurídica.[256]

---

[254] ALEXY, Robert. "Fundamentação jurídica, sistema e coerência", *in Constitucionalismo discursivo,* p. 129.

[255] ALEXY, Robert. "Fundamentação jurídica, sistema e coerência", *in Constitucionalismo discursivo,* p. 129.

[256] Nesse sentido é a lição de BOROWSKI: "Mas allá de la ganancia analítica en cada caso individual, es posible construir un sistema coherente de relaciones de precedencia a partir de la multiplicidad de las decisiones ponderativas. La coherencia del sistema normativo es una exigencia científica elemental. Con toda decisión tomada por el aplicador del derecho, se establecen nuevas determinaciones que pueden ser, de manera cada vez más clara, desarrolladas hasta conformar un sistema de relaciones abstractas de precedencia. Cuando se quiere introducir una decisión divergente al sistema, se tiene la carga de la argumentación. De esta forma, se estructura una teoría de la formación de precedentes. Si la jurisprudencia del Tribunal Constitucional se entiende como un sistema con estas características, se genera seguridad jurídica."BOROWSKI, Martin. "La restriccion de los derechos fundamentales". *Revista Española de Derecho Constitucional*, año 20. n. 59. Mayo/Ago. 2000, Madrid: Centro de Estudios Constitucionales, p. 47.

2. O direito à não autoincriminação: origem, evolução e sua atual conformação constitucional

Fixadas as bases teórico-constitucionais sob as quais devem ser resolvidos os problemas entre eficientismo e garantismo, cumpre agora tratar do direito fundamental em torno do qual se apresentam as questões cujo exame propõe esta obra: o direito de não se autoincriminar.

Primeiramente, será tratado como a proteção contra a autoincriminação evoluiu historicamente. Ainda que a conformação atual do direito contra a autoincriminação decorra de uma escolha relativamente recente,[257] importantes elementos para a sua compreensão presente podem ser encontrados no estudo do seu passado.[258] O direito de não autoincriminação nasce estreitamente unido a questões religiosas e desenvolve-se, na tradição ocidental, sobretudo como uma liberdade de declaração verbal. Contudo, essa liberdade sempre foi objeto de barreiras mais ou menos intensas, e sua história é marcada por avanços e retrocessos frequentes. Um breve estudo dessas peculiaridades históricas e da recepção do direito de não se autoincriminar no Brasil e em outros países é o objeto do primeiro item deste capítulo.

Em prosseguimento, será estudada a fundamentação constitucional do direito à não autoincriminação. Que a proteção contra a autoincriminação seja um direito fundamental vinculante e justiciável constitui uma ideia central deste livro. A isso corresponde o desafio de estabelecer a base normativa em que essa afirmação se justifica, tema que receberá tratamento no segundo item do presente capítulo.

Por fim, no terceiro tópico deste segundo capítulo, será analisada a forma de aplicação do direito à não autoincriminação. O êxito nesse intento depende de um adequado tratamento do problema da posição do acusado no procedimento, da correta identificação do contéudo do

---

[257] HELMHOLTZ, R. H. "Introduction". *The privilege against self-incrimination: Its origins and development*. Chigago: Chicago University Press, 1997, p. 6.

[258] HELMHOLTZ, R. H. "Introduction". *The privilege...*, p. 5.

tipo normativo do direito fundamental e de uma apropriada tomada de posição sobre se e como intervenções no direito à não autoincriminação podem ser constitucionalmente justificadas.

2.1. ORIGEM HISTÓRICA E DESENVOLVIMENTO

2.1.1. Antecedentes históricos do direito a não se autoincriminar

Os autores não são concordes na determinação da origem do direito à não autoincriminação, e nem há facilidade de identificar sua razão de existência – e sobrevivência – ao longo da história.

Defende-se que um antecedente remoto do direito a não se autoincriminar era conhecido no direito hebraico já por volta do século III a.C.[259] Fundando na regra talmúdica de que a ninguém é dado tirar a própria vida, entendia-se que o acusado não podia ser levado a depor contra si mesmo,[260] pois sua confissão em relação a um crime punível com a sanção capital permitiria uma forma indireta de suicídio.[261] Não havia distinção entre autoincriminação voluntária ou induzida: a lei proibia a qualquer pessoa confessar ou testemunhar contra si própria.

No direito romano pré-clássico (das origens de Roma até 149 a.C.), o interrogatório constituía o ponto central do procedimento, e nenhum acusado podia se negar a responder ao magistrado, sob pena de flagelo, prisão ou multa. Já no período clássico (149 a.C. a 305 d.C.), o silêncio do réu tinha por consequência a confissão, salvo se se tratasse de crime capital, hipótese em que ela não valia como prova plena. Sob os Antoninos (86 a 192), a tortura foi regulada pela divisão das pessoas em duas classes: quem pertencia à classe inferior estava sujeito a tormentos mesmo

---

[259] COUCEIRO, João. *A garantia constitucional do direito ao silêncio*, p. 30 e 31-2, nota de rodapé nº 4.

[260] "O Talmud é uma compilação enciclopédica da 'tradição', os antigos ensinamentos orais baseados nos cinco livros de Moisés. [...] Entrelaçada a esse procedimento criminal das antigas Cortes rabínicas estava a máxima *ein Adam meissim atsmo rasha*. [...] Literalmente traduzido, isso significa que um homem não pode apresentar-se como culpado, ou como trangressor. [...] A lei talmúdica proibia a admissão, como prova, de qualquer testemunho autoincriminatório, ainda que dado voluntariamente. A regra era de que a ninguém seria permitido confessar ou ser testemunha contra si mesmo criminalmente." LEVY, Leonard W. *Origins of the Fifth Emendment – The right against self-incrimination*. Chicago: Ivan R. Dee, 1999, p. 433-5. Na literatura brasileira, conferir: ZAINAGUI, Diana Helena de Cássia Guedes Mármora. "O direito ao silêncio: evolução histórica – Do Talmud aos Pactos e Declarações Internacionais". *Revista de Direito Constitucional e Internacional* nº 48, jul./set. 2004, p. 134.

[261] A razão para a regra talmúdica contra a autoincriminação seria a de que, se uma pessoa não tinha o direito de se matar, pois sua vida não pertenceria a ela própria, mas a Deus, ela também não teria o direito de confessar que cometera uma ofensa pela qual se sujeitasse à pena de morte. LEVY, Leonard. *Origins...*, p. 439. Na doutrina brasileira, conferir: ZAINAGUI, "O direito ao silêncio...", p. 135; COUCEIRO, João. *A garantia...*, p. 30-1, especialmente nota de rodapé nº 4.

nos crimes de menor gravidade; aqueles que pertenciam à classe superior, apenas nos crimes de lesa-majestade, magia ou falsidade. Contudo, em qualquer caso, ninguém era obrigado a apresentar documentos ou indicar testemunhas contra si próprio. Na fase pós-clássica (305 a 565), já presente a decadência da classe dirigente, os imperadores abrandaram os rigores processuais contra os acusados, e passou-se à Igreja, por iniciativa do Imperador Justiniano, a fiscalização da regularidade dos procedimentos e do tratamento dado aos acusados.[262]

Em 850, aproximadamente, uma compilação de textos canônicos reconhece proteção dos réus, sobretudo contra os abusos dos senhores feudais.[263] Outra compilação, levada a cabo por Graciano por volta de 1151,[264] tomando por base comentário de São João Crisóstomo[265] a trecho da Carta de São Paulo aos Hebreus, repudia expressamente a prática da tortura e proscreve a obrigatoriedade do juramento dos acusados.[266]

Contudo, em 1215, no IV Concílio de Latrão, com a introdução do *jusjurandum de veritate dicenda* (juramento inquisitivo), pelo qual o acusado estava obrigado a dizer a verdade, a Igreja modifica o entendimento de que a confissão só poderia ser voluntária.[267] Em 1252, Inocêncio IV autoriza o emprego de torturas para a obtenção da confissão e do arrependimento do acusado em casos de heresia cátara.[268] Argumentou o Papa que, se a violência contra os réus era comumente aplicada no direito comum em relação a ladrões assassinos, seria injustificável conceder tratamento privilegiado aos hereges, que não passariam de "ladrões e assassinos da alma".[269]

A partir do século XV, em grande parte por influência das regras canônicas na jurisdição laica, o sistema acusatório foi definitivamente

---

[262] COUCEIRO, João. *A garantia...*, p. 34, 36, 38-9 e 40.

[263] COUCEIRO, João. *A garantia...*, p. 41.

[264] TEDESCO, Ignácio. "El privilégio contra la autoincriminación: un estudio compativo". *Cuadernos de doctina y jurisprudencia penal*, v. 6, p. 265.

[265] Eis o comentário atribuído a São João Crisóstomo, sintetizado na máxima *nemo tenetur prodere seipsum*:"Eu não te digo que deva te trair em público, nem te acusar em público, mas que obedeça ao profeta, quando este diz: 'Entrega o teu caminho a Iahweh'" (*apud* Couceiro, *A garantia...*, p. 43) Afirma HELMHOLZ: Comentaristas medievais leram essas palavras como estabelecendo um argumento jurídico: homens e mulheres devem confessar seus pecados a Deus, mas eles não devem ser compelidos a revelar seus crimes a mais ninguém. [...] Se os cristãos estavam sendo obrigados a revelar seus pecados a Deus, como conclusão contrária eles estavam sendo obrigados a não revelar seus pecados a outros homens." ("The privilege and the ius commune: The middle ages to the Seventeenth Century". In: HELMHOLTZ, R. H. (org.). *The privilege against self-incrimination: Its origins and development*, p. 26).

[266] COUCEIRO, João. *A garantia...*, p. 43.

[267] O dever de dizer a verdade vigoraria no direito eclesiástico até 1725, quando foi abolido pelo Concílio de Roma. Conferir: COUCEIRO, João. *A garantia...*, p. 45.

[268] COUCEIRO, João. *A garantia...*, p. 47.

[269] COUCEIRO, João. *A garantia...*, p. 47.

abandonado em todos os países da Europa continental.[270] O sistema inquisitório foi adotado em seu lugar, tendo sido um dos instrumentos de formação e consolidação do absolutismo dinástico europeu até o final do século XVIII.[271]

O retorno do direito à não autoincriminação, sob o aspecto da liberdade de declaração verbal do acusado, tardou nos países de direito codificado.[272] As críticas de Hobbes, no *De Cive* (1642), de Voltaire, no *Traité sur la tolérance* (1762), de Beccaria, em seu *Dei delitti e delle pene* (1764) e de Pietro Verri, no *Osservazioni sulla tortura* (1770),[273] influenciariam o direito continental, porém não na época em que tais obras foram publicadas.[274]

A Itália pré-unificada reconheceria o direito de o imputado permanecer silente em alguns diplomas, notadamente no Código de Processo Penal para o Reino da Itália, de 1807.[275] Na França, apenas em 1897 o direito de o acusado permanecer calado restou estabelecido na legislação processual penal.[276] A Alemanha também conheceu o instituto no século XIX,[277] e na Espanha e em Portugal não há registros de sua adoção antes do século XX.[278]

Diversa foi a evolução do direito contra a autoincriminação nos países de *common law*. Na Inglaterra, onde os tribunais eclesiásticos não se estabeleceram com a mesma força,[279] desde muito cedo teve lugar um procedimento probatório de feição acusatória, permitindo o desenvolvimento do direito de não contribuir para a própria condenação sem a solução de continuidade observada nos países de tradição romano-germânica, os quais haviam sido largamente influenciados pelo pensamento inquisitorial do medievo. O direito a não produzir provas em seu próprio desfavor

---

[270] ZAINAGHI, Diana Helena C. G. M. "O direito ao silêncio...", p. 137.

[271] MARQUES, Frederico, *apud* ZAINAGHI, Diana Helena C. G. M. "O direito ao silêncio...", p. 137.

[272] ZAINAGHI, Diana Helena C. G. M. "O direito ao silêncio...", p. 137.

[273] Convém destacar, nas edições brasileiras das obras desses autores, os trechos em que há críticas à utlização da tortura para obtenção de uma confissão penal: HOBBES, Thomas. *Do Cidadão*. São Paulo, Martins Fontes, 2002, p. 49-50; VOLTAIRE. *Tratado sobre a tolerância: a propósito da morte de Jean Calas*. São Paulo: Martins Fontes, 2000, p. 63-8; BECCARIA, Cesare. *Dos delitos e das penas*. São Paulo: Martins Fontes, 2005, p. 69-78; VERRI, Pietro. *Observações sobre a tortura*. São Paulo: Martins Fontes, 2000, p. 87-91.

[274] COUCEIRO, João. *A garantia...*, p. 50 e ss.

[275] COUCEIRO, João. *A garantia...*, p. 59 e ss; ZAINAGHI, Diana Helena C. G. M. "O direito ao silêncio...", p. 147.

[276] ZAINAGHI, Diana Helena C. G. M. "O direito ao silêncio...", p. 146.

[277] QUEIJO, Maria Elisabeth. *O direito de não produzir prova contra si mesmo*, p. 142.

[278] RISTORI, Adriana Dias Paes. *Sobre o silêncio do argüido...*, p. 58.

[279] COUCEIRO, João. *A garantia...*, p. 63

foi invocado perante cortes eclesiásticas e laicas nos séculos XVI e XVII e ganhou comentários de juristas como Edward Coke, William Lambarde e William Blackstone.[280] Esteve presente, por meio da garantia do direito ao silêncio, em boa parte das constituições dos Estados americanos e na própria Constituição dos Estados Unidos, mas não provocou grande impacto no procedimento criminal dos países de *common law* até fins do século XVIII. Apenas no século XIX, quando se adotou a dispensa de juramento por parte do réu e a trivialização da defesa técnica por advogados, o chamado *privilege against self-incrimination* passou a ser largamente empregado.[281] O direito inglês é hoje considerado o berço do moderno direito a não se autoincriminar,[282] embora os autores de língua inglesa reconheçam a importância da influência do *nemo tenetur prodere seipsum* do *ius commune* continental.[283]

2.1.2. Feição atual do direito à não autoincriminação no direito comparado

O direito à não autoincriminação é atualmente reconhecido em muitos países.[284] O amplo consenso sobre a sua importância, contudo, não impede um dissenso, em amplitude possivelmente muito maior, sobre qual deve ser a sua configuração. Que condutas merecem proteção no âmbito do direito de não se autoincriminar, e que barreiras podem ser admitidas, são questões cujo tratamento tem sido muito variável na legislação processual e na jurisprudência constitucional dos diversos países que o asseguram.

Nos subtópicos que seguem, será estudada a compreensão do direito à não autoincriminação nos principais ordenamentos jurídicos do mundo.

---

[280] HELMHOLTZ, R. H. "Introdction". *The privilege against self-incrimination: Its origins and development*. Chicago: University os Chicago Press, 1997, p. 15.

[281] HELMHOLTZ, R. H. "Introduction". *The privilege...*, p. 13-5.

[282] ZAINAGHI, Diana Helena C. G. M. "O direito ao silêncio...", p. 138.

[283] Sobre essa influência, ver HELMHOLTZ, R. H. "Introduction". *The privilege...*, p. 16.

[284] De acordo com TRAINOR, mais de 50 países atualmente asseguram o direito individual de não se autoincriminar (TRAINOR, Scott A. "Un análisis comparativo del derecho de una corporación contra la auto incriminación". *Revista de Derecho Penal y Procesal Penal*, vol. 1/2007, p. 5-34, Buenos Aires, enero 2007, p. 5). Além de Alemanha, Espanha, Itália, Portugal, EUA e Inglaterra (países cuja compreensão do direito à não autoincriminação será tratada nos itens 2.1.2.1 a 2.1.2.6, *infra*), e do Brasil (item 2.2, *infra*), também asseguram tal direito, mediante diversas formulações, as constituições de diversos países latinoamericanos, tais como as do México (art. 20, II), da Colômbia (art. 25), do Paraguai (art. 62), do Uruguai (art. 20), da Costa Rica (art. 36), de Honduras (art. 63), da Nicarágua (art. 52) e da Argentina (art. 18). Conferir: TEDESCO, Ignácio F. "La libertad de la declaración del imputado: un análisis histórico-comparado". In Edmundo S. Hendler (comp.). *Las garantias penales e procesales: enfoque histórico-comparado*. Buenos Aires: Editores del Puerto, 2001, p. 29-63.

2.1.2.1. Alemanha

Apesar de a Lei Fundamental de 1949 não dispor expressamente sobre o direito à não autoincriminação, há consenso na doutrina alemã em relação à base constitucional do instituto, cuja força jurídica seria extraída do princípio do Estado de Direito,[285] da intangibilidade da dignidade humana (artigo 1, I) e do direito ao livre desenvolvimento da personalidade (artigo 2, I).[286]

A legislação processual penal alemã protege a liberdade de declaração, assegurando ao acusado o direito de não responder às perguntas da autoridade e prevendo a proibição de certos métodos de interrogatório (StPO, parágrafo 36a). Não são admitidas confissões obtidas mediante influência corporal (maus-tratos, fadiga, ataques corporais, etc.), influência psíquica direta (engano, hipnose, ameaça, promessa de sentenças ilegais, tortura), coação ilegítima segundo o ordenamento ou qualquer medida que afete a memória ou a capacidade de compreensão.[287] Admite-se a valoração do silêncio do réu se este, após aceitar responder ao interrogatório, decide deixar sem resposta perguntas específicas (silêncio parcial),[288] mas não se permite a extração de qualquer inferência judicial se o réu recusa por completo a oportunidade de dar declarações (silêncio total).[289]

Quanto a formas não verbais de autoincriminação, a compreensão do acusado não apenas como sujeito do processo, mas *também* como fonte de prova,[290] torna possível a realização coercitiva de medidas investigativas tais como, *v.g.*, sujeição a reconhecimento por vítimas ou testemunhas, coleta de sangue, impressões digitais e fluidos corporais, submissão a exames físicos ou psíquicos diversos, registro de imagem em fotografia etc (parágrafo 81a do StPO).[291] Contudo, qualquer coerção estatal contra

---

[285] ROXIN, Claus. *Derecho procesal...*, p. 108.

[286] DIAS NETO, Theodomiro. "O direito ao silêncio: tratamento nos direitos alemão e norte-americano". *Revista Brasileira de Ciências Criminais*. São Paulo, v. 5, n. 19, p. 186. No mesmo sentido, citando doutrina de DINGELDEY e RÜPING: ANDRADE, Manuel da Costa. *Sobre as proibições...*, p. 124-5.

[287] ROXIN, Claus. *Derecho procesal...*, p. 214. Sobre esses e outros métodos proibidos de interrogatório, conferir, no presente livro: Cap. 2.3.2.2, *infra*.

[288] Quanto à possibilidade de valoração do silêncio parcial, apesar de admitida na jurisprudência do Tribunal Supremo (BGHSt 20, 300), sofre críticas de autores importantes como ROGALL, KÜHL e SCHNEIDER. *Apud* ROXIN, Claus. *Derecho procesal...*, p. 109.

[289] BGHSt 34, 326.

[290] "El imputado es *objeto* de la coacción estatal *en tanto* debe soportar el procedimiento penal y, dado el caso, también debe tolerar intervenciones enérgicas, contra su voluntad, en su libertad personal o en su integridad personal [...] En este sentido él es también medio de prueba." ROXIN, Claus. *Derecho procesal...*, p. 124.

[291] Em amostras sanguíneas legitimamente colhidas, permite-se inclusive a realização de análise genética (exame de DNA) para fins de comparação com determinado material obtido na investigação do crime (StPO, parágrafo 81e).

seu direito de liberdade somente pode ser determinada à luz do preceito da proporcionalidade, proibindo-se utilização para fins estranhos ao processo.[292]

Apesar de possibilitar a submissão compulsória a medidas de investigação, o direito alemão mantém coerência com a concepção do acusado como sujeito dotado de liberdade de declaração ao dele não exigir *participação ativa* na produção de provas,[293] de modo que o acusado não é obrigado, por exemplo, a fornecer documentos ou apresentar testemunhas desfavoráveis à sua situação processual.[294]

2.1.2.2. Espanha

A Constituição espanhola prescreve, no artigo 17.3, primeira parte, que "toda persona detenida debe ser informada de forma inmediata, y de modo que le sea comprensible, de sus derechos y de las razones de su detención, no pudiendo ser obligada a declarar". Também em seu art. 24.2 enuncia-se que "todos tienen derecho [...] a no declarar contra si mismos, a no confesarse culpables y a la presunción de inocência".

Na legislação ordinária, a LECrim confere à pessoa detida o direito de permanecer calada, o que compreende a faculdade de não responder a algumas ou a todas as perguntas formuladas pelas autoridades (art. 520). O Tribunal Constitucional afirma que a liberdade de declaração é uma garantia do direito de defesa,[295] mas entende que é possível extrair inferências do silêncio do acusado quando este se recusar a responder a algumas perguntas (silêncio parcial), ou quando as respostas contiverem ou conformarem evasivas.[296]

---

[292] BVerfGE 16, 194; BVerfGE 17, 108. Conferir, sobre o tema: DIAS NETO, Theodomiro. "O direito ao silêncio...", p. 185. ROXIN, Claus. *Derecho procesal...*, p. 127.

[293] Conforme a doutrina de ROXIN, o imputado "está obligado unicamente a tolerar las medidas coercitivas y nunca colaborar activamente para su realización". ROXIN, Claus. *Derecho procesal...*, p. 127.

[294] DIAS NETO, Theodomiro. Obra citada, p. 185.

[295]Ver, por todas, STC 161/1997: "Por una parte, el silencio constituye una posible estrategia defensiva del imputado o de quien pueda serlo, o puede garantizar la futura elección de dicha estrategia. [...] [Su] declaración, a la vez que medio de prueba el acto de investigación, es y ha de ser asumida esencialmente como una manifestación o un medio idóneo de defesa. En cuanto tal, ha de reconocérse (al imputado) la necesaria libertad en las declaraciones que ofrezca y emita, tanto en lo relativo a su decisión de proporcionar la misma declaración, como en lo referido al contenido de sus manifestaciones. Así pues, los derechos a no declarar contra sí mismo y a no confesarse culpable [...] son garantías o derechos instrumentales del genérico derecho de defensa, al que prestan cobertira en su manisfestación pasiva, esto es, la que se ejerce precisamente con la inactividad del sujeto sobre el que recae o puede recaer una imputación, quien, en consecuencia, puede optar por defenderse en el proceso en la forma que estime más conveniente para sus intereses, sim que en ningún caso pueda ser forzado o inducido, bajo constricción o compulsión alguna, a declarar contra sí o a confesarse culpable."

[296] MONAÑÉS PARDO, *La presunción...*, p. 136.

Não recebem proteção constitucional condutas do acusado que, embora possivelmente autoincriminatórias, não sejam "equiparáveis a uma declaração",[297] como a submissão ao controle de alcoolemia[298] e a colaboração do contribuinte à realização da fiscalização tributária.[299] Quanto ao problema das investigações corporais, entende-se que a proteção da não submissão do acusado a determinados exames se situa no direito à intimidade e à inviolabilidade corporal, e não em um direito geral à não autoincriminação.[300]

2.1.2.3. Itália

Na Itália, a Constituição não faz referência expressa a um direito de não se autoincriminar, mas a doutrina entende que ele se insere no direito à autodefesa tutelado no art. 24.2 do texto constitucional, na perspectiva de não colaboração e ainda na presunção de não culpabilidade.[301]

A legislação ordinária admite a condução coercitiva para interrogatório e para acareação, mas o acusado não é obrigado a responder às perguntas que lhe forem dirigidas. Na ausência de resposta, a pergunta é consignada no termo, e o silêncio poderá ser valorado pelo juiz em desfavor do réu.[302]

O direito de não depor diz respeito apenas a fatos próprios, e não a fatos de terceiros. De acordo com a Lei 63, introduzida em 2001, o imputado pode ser chamado a depor como testemunha, com a consequente obrigação de dizer a verdade, para responder sobre fatos aos quais se referiu em um depoimento precedente e que incriminam apenas terceiros. Esse novo depoimento, que deve ser colhido com a participação do terceiro incriminado, não pode ser utilizado em prejuízo do depoente, nem em processos pendentes, nem em processos sujeitos à revisão. Com essa configuração, pretendeu-se conciliar a busca da verdade com o direito de

---

[297] MONAÑÉS PARDO, *La presunción...*, p. 136.

[298] STC 161/1997 e STC 234/1997.

[299] STC 76/1990.

[300] Na STC 37/1989, por exemplo, o Tribunal Constitucional considerou que feriam o direito à intimidade as intervenções corporais sobre partes do corpo que afetassem o pudor e o recato, mas que o juiz poderia, observada a proporcionalidade, determinar restrições à inviolabilidade corporal do acusado. Atualmente, as intervenções corporais estão reguladas no plano infraconstitucional pelas Leis Orgânicas 15/2003 e 10/2007. Sobre a legislação espanhola relativa às investigações corporais, conferir: MARTÍN PASTOR, José. "Controversia jurisprudencial y avances legislativos sobre la pruba pericial de ADN en el proceso penal". *La Ley Penal – Revista de Derecho Penal, Procesal y Penitenciario*, n. 46, año V, febrero 2008, p. 42-73.

[301] QUEIJO, Maria Elisabeth. *O direito de não produzir...*, p. 127.

[302] QUEIJO, Maria Elisabeth. *O direito de não produzir...*, p. 131-2.

defesa do corréu delatado e com o direito do correú delator de não produzir prova contra si.[303]

Quanto a outras provas autoincriminatórias, a Corte Constitucional italiana, embora tenha consignado que a coleta de sangue não caracterizava intervenção comprometedora da integridade física ou psíquica da pessoa, decidiu, na Sentença 238/96, pela inadmissibilidade da submissão compulsória do acusado a exame de identificação por análise de DNA, por falta de regulamentação legal das hipóteses em que a diligência seria cabível.[304] Essa lacuna foi suprida em julho de 2005, com a edição do chamado Decreto Pisani, posteriormente convertido em lei, que estabeleceu a possibilidade de coleta coercitiva de material biológico do acusado para fins de investigação de terrorismo e delitos conexos.[305]

2.1.2.4. Portugal

Em Portugal, tal qual na Alemanha e na Itália, a falta de enunciação expressa do direito à não autoincriminação não impede o reconhecimento da dignidade constitucional do instituto. Os princípios da dignidade humana, da liberdade de ação e da presunção de incocência são referenciados pela doutrina como a matriz jurídico-constitucional do direito à não autoincriminação.[306]

A lei processual penal portuguesa confere ampla proteção à liberdade de declaração no interrogatório (CPP, art. 61°, n. 1, alínea c), proibindo a valoração contra o arguido tanto do silêncio total (CPP, art. 343°, n. 1) como do silêncio parcial (CPP, art. 345°, n. 1). Embora esses dispositivos digam respeito apenas ao interrogatório judicial, sua aplicabilidade tem sido estendida às acareações,[307] aos interrogatórios policiais e "informais", além daqueles praticados em instâncias administrativas ou disciplinares.[308] Não podem influir no convencimento judicial as declarações prestadas sem a formal cientificação do direito de permanecer calado (CPP, art. 58°, n. 3), bem como quaisquer elementos de prova obtidos

---

[303] Essa opção do legislador italiano mereceu críticas severas da doutrina. Citem-se, por todos. ILLUMINATI, Giulio. "L´imputato che diventa testimone". *L´indice penale,* n. 2, mai./ago. 2002, p. 387-406; SANNA, Alessandra. "L´esame dell´imputato sul fatto altrui. Tra diritto al silenzio e dovere di collaborazione". *Rivista italiana di diritto e procedura penale.* Ano XLIV, n. 2, abr./jun. 2001, p. 462-502.

[304] QUEIJO, Maria Elisabeth. *O direito de não produzir...,* p. 132 e seguintes.

[305] HADDAD, Carlos Henrique Borlido. "A constitucionalidade do exame de DNA compulsório em processos criminais e propostas de sua regulamentação". *Revistas da EMERJ,* v. 10, n. 39, 2007, p. 220-1.

[306] ANDRADE, Manuel da Costa. *Sobre as proibições de prova...,* p. 125.

[307] QUEIJO, Maria Elisabeth. *O direito de não produzir...,* p. 293.

[308] RISTORI, Adriana Paes. *Sobre o silêncio...",* p. 110-2.

à custa de tortura, ameaça, coação, perturbações da memória ou da capacidade de avaliação, ou por meios enganosos (CPP, art. 126°).[309] De acordo com a legislação, o direito ao silêncio estaria assegurado apenas quanto ao interrogatório de mérito (sobre os fatos imputados), e não quanto ao interrogatório de qualificação (sobre a pessoa do arguido), mas certos aspectos dessa restrição, sobretudo quanto ao dever de o réu informar seus antecedentes criminais (CPP, art. 342°, n. 2), têm sido contestados pela doutrina.[310]

Sobre outras formas de autoincriminação, está previsto o dever genérico do acusado de "sujeitar-se a diligências de prova e a medidas de coação e patrimonial especificadas na lei e ordenadas e efetuadas por autoridade competente" (CPP, art. 61, n. 3). Especificamente quanto às investigações corporais, o Decreto-Lei n. 11/98 estabelece a possibilidade de o juiz determinar a realização coercitiva de qualquer exame médico-legal necessário para a instrução do processo (art. 43°, n. 1), de modo que o arguido não poderia se subtrair à realização de perícias em seu próprio corpo.[311] Contudo, a exigência de respeito à dignidade e ao pudor das pessoas submetidas à perícia (CPP, art. 172°, n. 2), inserida no feixe de proteção individual que se extrai do arcabouço jurídico-constitucional português, remete à indispensabilidade de a determinação judicial da diligência observar o preceito da proporcionalidade.

2.1.2.5. Inglaterra

Na Inglaterra, país que é considerado o berço do moderno direito à não autoincriminação, há hoje uma interpretação bastante restrita da abrangência do instituto. O *Criminal Justice on Public Order Act*, de 1994, resguarda o direito do detido ou acusado de não responder às perguntas das autoridades, mas ressalva a possibilidade de os Tribunais extraírem inferências adversas do silêncio do acusado em relação a questões referentes a objetos ou substâncias que estavam em seu poder e sobre sua presença no local em que foi preso, salvo se houver uma justificativa convincente.[312]

A questão sobre se existe uma proteção contra provas autoincriminatórias que não se reduzam a uma declaração ou confissão é objeto de

---

[309] ANDRADE, Manuel da Costa. *Sobre as proibições de prova...*, p. 125-6.

[310] Conferir: PALMA, Maria Fernanda. "A constitucionalidade do artigo 342° do Código de Processo Penal (o direito ao silêncio do arguido)". *Revista do Ministério Público*, ano 15°, out./dez. 1994, n. 60, p. 101-10.

[311] QUEIJO, Maria Elisabeth. *O direito de não produzir...*, p. 292.

[312] QUEIJO, Maria Elisabeth. *O direito de não produzir...*, p. 182 e seguintes.

controvérsia jurisprudencial.[313] Em relação às investigações corporais, contudo, o *Criminal Justice on Public Order Act* prevê a obrigatoriedade de o acusado submeter-se à coleta de amostras biológicas não íntimas, assim entendidas aquelas que se procedem superficialmente, ou na cavidade oral.[314]

2.1.2.6. EUA

A Constituição norte-americana estabelece, em sua Quinta Emenda, que "ninguém pode ser compelido em casos criminais a ser uma testemunha contra si mesmo". Em 1966, no famoso precedente *Miranda vs. Arizona*,[315] a Suprema Corte dos EUA reconheceu que o acusado tem o direito de permanecer calado em todas as fases do processo e estabeleceu, dentre outras determinações, o dever das autoridades policiais de cientificar o detido de seu direito ao silêncio e da possibilidade de utilização, em seu desfavor, do que dissesse espontaneamente.[316] É da tradição norte-americana que o uso do silêncio não pode ser interpretado desfavoravelmente ao acusado, embora se trate de assunto bastante controvertido na doutrina.[317] Conforme estabelecido no julgamento do antigo caso *Counselman vs. Hitchcock,* a proteção contra a obrigatoriedade de prestar depoimentos autoincriminatórios estende-se também às testemunhas.[318]

Contudo, nos EUA o *privilege against self-incrimination* abrange apenas formas orais de autoincriminação, não se estendendo a outros atos de colaboração ativa ou passiva do acusado. A Suprema Corte americana tem afirmado a possibilidade de o acusado ser obrigado, até mediante co-

---

[313] "Enquanto Lord Diplock, no caso Sang [1980] AC 402, considerou que [a proteção contra a autoincriminação] também abrangia *non-confessional evidence*, Lord Mustill, no caso Regina *vs.* Director of Seroius Fraud Office – ex parte Smith [1993] AC 1, restringiu-o apenas aos interrogatórios." COUCEIRO, João. *A garantia...*, p. 142, nota de rodapé n. 9.

[314] HADDAD, Carlos Henrique Borlido. "A constitucionalidade do exame de DNA compulsório em processos criminais e propostas de sua regulamentação". *Revistas da EMERJ*, v. 10, n. 39, 2007, p. 223.

[315] *Miranda vs. Arizona*, 384 US 436 (1966).

[316] Sobre o conteúdo da decisão tomada no precedente, conferir: WARREN, Earl. "Homem prevenido: os direitos de Miranda". *Sub Judice: justiça e sociedade*. Coimbra, n. 12, jan./jun. 1998, p. 111. Na literatura brasileira, ver: QUEIJO, Maria Elisabeth. *O direito de não produzir...*, p. 173.

[317] Sobre essas controvérsias, ver HELMHOLTZ, R. H. "Introduction". *The privilege...*, p. 16.

[318] *Counselman vs. Hitchcock*, 142 US 547 (1892). Nessa decisão afirmou-se: "É impossível que o significado da previsão constitucional seja apenas de que uma pessoa não deva ser compelida a testemunhar contra si própria em um processo criminal contra ela mesma. Ela, sem dúvida, ampararia tais casos, mas não é limitada a eles. A finalidade dessa previsão era assegurar que a pessoa não poderia ser compelida, quando atuando como testemunha em qualquer investigação, a dar testemunho que possa mostrar que ela própria tenha cometido um crime." *Apud* AMBOS, Kai. "O direito à não autoincriminação de testemunhas perante o Tribunal Penal Internacional". *Revista de Estudos Criminais*, n. 08, Porto Alegre, p. 71.

ação física,[319] a colaborar para a realização de provas incriminatórias, seja pelo fornecimento de impressões digitais[320] e de amostras sanguíneas,[321] caligráficas[322] ou fonéticas,[323] seja pela submissão a diligências de reconhecimento pessoal ou fotográfico.[324] Quanto à apresentação de documentos autoincriminatórios, a jurisprudência também já admitiu que o réu fosse intimado para apresentação compulsória de documentos negociais[325] e de cópias dos memorandos investigativos da defesa,[326] mas introduziu, recentemente, a atenuação de que esses mandados coercitivos somente poderiam ser emitidos se a acusação pudesse afirmar a existência dos documentos pretendidos, estabelecer o que pretende demonstrar com eles e comprovar a relevância de sua introdução no processo.[327]

2.1.2.7. Tratados internacionais

Atualmente, algumas importantes expressões do direito à não autoincriminação estão asseguradas em diversos tratados internacionais. O PIDCP, de 1966, prescreve: "Toda pessoa acusada de um crime terá direito, em plena igualdade, pelo menos, às seguintes garantias: [...] g) a não ser obrigada a depor contra si mesma, nem a confessar-se culpada" (art. 14.3, *g*). Por sua vez, a CADH, de 1969, dispõe: "Durante o processo, toda pessoa tem direito, em plena igualdade, às seguintes garantias mínimas: [...] g) direito de não ser obrigada a depor contra si mesma, nem a declarar-se culpada" (art. 8°, II, *g*).

Também se previu o direito ao silêncio nos estatutos de tribunais penais internacionais, como no Estatuto do Tribunal Militar Internacional

---

[319] "Nos casos em que o desforço físico seja impossível ou vicie a própria obtenção da prova [...], o imputado reclacitrante poderá condenado por crime de desobediência (*contempt of court*)." RAMOS, João Gualberto Garcez. *Curso de Processo Penal norte-americano*. São Paulo: Revista dos Tribunais, 2006, p. 139.

[320] *USA vs. Wade,* 388 US 218 (1967).

[321] *Schmerber vs. California,* 384 US 757 (1966).

[322] *Gilbert vs. California,* 388 US 263 (1967); USA vs. Mara, 410 US 19 (1973).

[323] *USA vs. Dionisio,* 410 US 1 (1973).

[324] *USA vs. Wade,* 388 US 218 (1967).

[325] *USA vs. Doe,* 465 US 605 (1984).

[326] *Fischer vs. USA,* 425 US 391 (1976).

[327] *USA vs. Hubbel,* 530 US 27 (2000). Sobre a concepção do direito contra a autoincriminação nos EUA, conferir: RAMOS, João Gualberto Garcez. *Curso de Processo Penal...*, p 142; MORO, Sérgio Fernando. "Colheita compulsória de material biológico para exame genético em casos criminais". *Revista dos Tribunais,* vol. 853, novembro de 2006, 95° ano, p. 429-441; TROISI-PATTON, Kimberly (org.) *et al. The right against self-incrimination.* San Diego: Thomson Gale, 2006, p. 132-9; ALSCHULER, Albert. "A peculiar privilege in historical perspective", p. 181-204. Em *The privilege...* HELMHOLTZ, R. H. *et alli.* p. 183.

de Nuremberg, de 8/8/1945 (art. 16, *b*), no Estatuto do Tribunal Penal Internacional para a ex-Iugoslávia (art. 24.1, *g*), estabelecido em 25/5/1993 pela Resolução 827 do Conselho de Segurança da ONU, no Estatuto do Tribunal Internacional Penal para Ruanda (art. 20.4, *g*), estabelecido em 8/11/1994 pela Resolução 955 do Conselho de Segurança da ONU) e no Estatuto do Tribunal Penal Internacional (arts. 55 e 67), estabelecido em 17/7/1998 pela Conferência de Roma.[328]

Apesar de não estar previsto expressamente na CEDH, o direito à não autoincriminação tem sido garantido no âmbito do TEDH sob o argumento de que integra o conceito de procedimento correto (*fair trial*) previsto no art. 6º da Convenção. No *Caso Funke vs. França*,[329] assinalou-se que é direito de toda pessoa acusada de um crime permanecer em silêncio e não contribuir para uma condenação penal mediante condutas não verbais, como a entrega de documentos incriminatórios para autoridades aduaneiras. Esse entendimento foi reafirmado e expandido no julgamento do *Caso Saunders vs. Reino Unido*,[330] no qual se decretou a invalidade de interrogatórios compulsivos em casos de fraudes fiscais de certa transcendência.[331] O julgamento mais conhecido, e que despertou muitas críticas da doutrina por conta da compreensão restritiva do direito ao silêncio, foi o chamado *Caso Murray vs. Reino Unido*,[332] no que se estabeleceu que, embora fosse incompatível com a garantia contra a autoincriminação basear o convencimento judicial só ou principalmente no silêncio do acusado, admitiu-se que esse comportamento poderia ser utilizado contra o réu nas situações em que claramente se demandasse uma explicação de sua parte.[333]

---

[328] Para uma visão sobre o tratamento do tema nesses estatutos, ver: COUCEIRO, João. *A Garantia...*, p. 96-8.

[329] *Application* 10.828-84, j. 25/2/1993.

[330] *Application* 19.187-91, j. 17/12/1996.

[331] O entendimento adotado no *Caso Funke vs. França* e no *Caso Saunders vs. Reino Unido* foi mantido, mais recentemente, no julgamento do *Caso J.B. vs. Suíça* (j. 3/5/2001). Contudo, no *Caso Weh vs. Áustria* (j. 18/3/2004), o Tribunal afirmou que, não havendo uma "ligação suficientemente concreta entre o procedimento administrativo em causa e um potencial procedimento criminal contra o apelante, [...] o uso de poderes coativos para obtenção de informações não levantava qualquer questão relativa ao direito ao silêncio e à prerrogativa contra a autoincriminação".

[332] *Application* 18.731-91, j. 8/2/1996. A fundamentação utilizada nesse julgamento será tratada no Cap. 3. 3.3.2, *infra*.

[333] Uma análise detalhada dos julgados do Tribunal Europeu de Direitos Humanos acerca do direito à não autoincriminação pode ser obtida nos seguintes artigos: TEDESCO, Ignácio F. "El privilegio contra la autoincriminación: un estudio comparativo". *Cuadernos de Doctrina y Jurisprudencia Penal*. Buenos Aires, v. 3, n. 6. ago. 1997, p. 258-283. RAMOS, Vânia Costa. "*Corpus Juris 2000* – Imposição ao arguido de entrega de documentos para prova e *nemo tenetur se ipsum accusare*". Parte I. *Revista no Ministério Público* n. 108, ano 27, out./dez. 2006, p. 125-49.

2.1.3. O direito à não autoincriminação no Brasil

2.1.3.1. Evolução legislativa

Formalmente, o Brasil conhece um direito a permanecer calado, em favor do acusado, desde as Ordenações Manuelinas, de 1514, das quais se extrai que "no feito crime não é a parte obrigada a depor aos artigos que contra ela forem dados" (Livro III, Título XL). Contudo, tal direito tinha pouca aplicação prática, já que podia o acusado ser submetido a tormentos (Livro V, Título LXIV),[334] ou sofrer imposição de multa (Livro III, Título XXI), conforme a gravidade do caso, para que prestasse a declaração. Apenas com a Constituição de 1824, fortemente influenciada pelo liberalismo inglês, a tortura foi juridicamente proscrita (artigo 79, parágrafo 19).[335]

O Código de Processo Criminal de Primeira Instância de 1832, inspirado em ideais iluministas,[336] tratou o interrogatório como *ato de defesa*.[337] Embora não previsse expressamente a possibilidade de o réu permanecer em silêncio, a doutrina entendia que ele não deveria prestar juramento[338] nem estava obrigado a responder às perguntas da autoridade.[339]

---

[334] Os tormentos eram definidos como "perguntas judiciais feitas ao réu de crimes graves, a fim de compeli-lo a dizer a verdade por meio de tratos do corpo". ALMEIDA JÚNIOR, João Mendes. *O processo criminal brasileiro*. São Paulo: Freitas Bastos, 1959, p. 136. *Apud* RISTORI, Adriana Paes. *Sobre o silêncio...*, p. 56.

[335] COUCEIRO, João. *A garantia...*, p. 100-3.

[336] Um suposto excesso de garantias ao acusado no Código de 1832 chegou a ser apontado por parte da doutrina: "[P]or ser liberal demais, concedia ao acusado todas as garantias, ao passo que, quanto à autoridade do poder público, não o armava de meios necessários para a descoberta e perseguição dos delinquentes." CARPENTER, L. F. S. "O direito processual no Império". Em: *O livro do centenário dos cursos jurídicos*, p. 198. *Apud* PIERANGELLI, José Henrique. *Processo penal: evolução histórica e fontes legislativas*. 2ª ed. São Paulo: IOB Thompson, 2004, p. 92.

[337] ALMEIDA JÚNIOR, João Mendes. *O processo criminal brasileiro*. 2ª ed. Rio de Janeiro: Francisco Alves, 1911, v. 1, p. 190-2. *Apud* QUEIJO, Maria Elisabeth. *O direito de não produzir...*, p. 100. COUCEIRO, João. *A garantia...*, p. 100-3.

[338] RAMALHO, Joaquim Ignácio. *Elementos do processo cirminal para uso das Faculdades de Direito do Império*. São Paulo: Tipografia Dous de Dezembro, 1856, p. 64-5. *Apud* COUCEIRO, João. *A garantia...*, p. 107, nota de rodapé n. 163.

[339] "[N]osso Código não estabelece expressamente regras para o caso de contumácia, isto é, de não querer o acusado responder às perguntas do juiz ou responder sem conexão [...]. Temos, contudo, disposições aplicáveis tanto na prática antiga como por induções de outras do nosso Código. Se ele não quiser responder ou o fizer sem conexão com as perguntas, o juiz, depois de adverti-lo e aconselhá-lo a que não persista em sua obstinação, que lhe rouba um meio de defesa, e que pode gerar no espítito do júri prevenções contra sua causa, se nada puder conseguir, deverá continuar nos termos do processo à sua revelia quanto a esse ato. [...] O silêncio não deve ser tido como confissão; ele pode nascer do estado de ânimo do acusado, do temor de envolver parentes ou amigos na acusação, de motivos de honra ou de paixões. Se no cível não se julga o réu confesso, por que é contumaz, quando se trata de propriedade, como julgá-lo convicto quando do crime se trata de sua liberdade ou vida? A negativa lacônica não vale o mesmo que o silêncio? Demais, a lei não fixa regras que devam es-

Com a República, editou-se o Decreto 848, aplicável à então recém-criada Justiça Federal. O novo diploma também não reconheceu expressamente um direito ao silêncio, mas limitou sensivelmente as perguntas passíveis de serem feitas ao acusado,[340] e assegurou a este a possibilidade de responder laconicamente (sim ou não) ao juiz.[341]

A Constituição de 1891 estabeleceu em seu artigo 72, parágrafo 16, que "ao acusado se assegurará na lei a mais plena defesa, com todos os recursos e meios essenciais a ela", daí se inferindo, pela doutrina da época, o reconhecimento da proibição da tomada de juramento do réu e da realização de interrogatório sob coação.[342] Os Estados-Membros ganharam a competência para legislar sobre as normas de processo, para aplicação nas respectivas Justiças Estaduais, mas o tratamento da matéria não foi uniforme: enquanto algumas legislações estaduais se omitiram no trato do tema, permitindo múltiplas interpretações sobre as consequências do uso do direito ao silêncio, os Códigos do Distrito Federal, do Rio Grande do Sul e do Paraná prescreveram que tal atitude poderia ser interpretada em desfavor do acusado.[343]

A uniformização legislativa ocorreu somente com a superveniência do CPP de 1941, estabelecido pelo Decreto-Lei 3.689. O Código dispunha, em seu artigo 186, que "antes de iniciar o interrogatório, o juiz observará ao réu que, embora não esteja obrigado a responder às perguntas que lhe forem formuladas, o seu silêncio poderá ser interpretado em prejuízo da própria defesa".[344] Quanto à obrigatoriedade de o acusado se submeter a

---

cravizar a consciência do júri quanto à prova, como praticava a respeito dos magistrados singulares; assim, consultarão os jurados suas convicções, atendendo ao fato, e decidindo-se pelos sinceros impulsos delas." PIMENTA BUENO, José Antonio. *Apontamentos sobre o processo criminal brasileiro*. São Paulo: Revista dos Tribunais, 1959, p. 424-5. *Apud* COUCEIRO, João. *A garantia...*, p. 106-7, nota de rodapé n. 163.

[340] "Art. 58. O réu será interrogado da forma seguinte: a) qual o seu nome, naturalidade e residência? B) se tem um motivo particular a que atribua a queixa ou a denúncia? c) se é ou não culpado. Parágrafo único. Não é permitido ao juiz acrescentar outras às perguntas acima taxadas; ao réu, entretanto, será lícito alegar quanto lhe for conveniente, devendo ser escritas todas as suas declarações."

[341] QUEIJO, Maria Elisabeth. *O direito de não produzir...*, p. 101; COUCEIRO, João. *A garantia...*, p. 107.

[342] COUCEIRO, João. *A garantia...*, p. 108, nota de rodapé 64.

[343] COUCEIRO, João. *A garantia...*, p. 109.

[344] A concepção do interrogatório como meio de prova, antes de meio de defesa, constata-se na Exposição de Motivos do projeto que seria aprovado como o novo CPP (item VII): "[...] Outra inovação, em matéria de prova, diz respeito ao interrogatório do acusado. Embora mantido o princípio de que *nemo tenetur se detegere* (não estando o acusado na estrita obrigação de responder o que se lhe pergunta), já não será esse termo do processo, como atualmente, uma série de perguntas predeterminadas, sacramentais, a que o acusado dá as respostas de antemão estudadas, para não comprometer-se, mas uma franca oportunidade de obtenção de prova. É facultado ao juiz formular ao acusado quaisquer perguntas que julgue necessárias à pesquisa da verdade, e se é certo que o silêncio do réu não importará confissão, poderá, entretanto, servir, em face de outros indícios, à formação do convencimento do juiz. [...]"

outras diligências probatórias, dispôs, em seu art. 260, que "se o acusado não atender à intimação para o interrogatório, o reconhecimento ou qualquer outro ato que, sem ele, não possa ser realizado, a autoridade poderá mandar conduzi-lo à sua presença".[345] Em relação a exames grafotécnicos, o CPP previu, no art. 174, IV, a possibilidade de a autoridade judiciária mandar "que a pessoa escreva o que lhe for ditado".

O Código de Processo Penal Militar de 1969, tratou do assunto de modo mais abrangente, dispondo, no artigo 296, § 2º, que "ninguém está obrigado a produzir prova que o incrimine, ou ao seu cônjuge, descendente, ascendente ou irmão". O artigo 305 ainda estabelece que "antes de iniciar o interrogatório, o juiz observará ao acusado que, embora não esteja obrigado a responder às perguntas que lhe forem formuladas, o seu silêncio poderá ser interpretado em prejuízo da própria defesa".

Em 1988, a nova Constituição prescreveu em seu artigo 5º, inciso LXIII, que "o preso será informado de seus direitos, entre os quais o de permanecer calado, sendo-lhe assegurada a assistência da família e de advogado". Outros dispositivos constitucionais que falam em favor de uma interpretação mais ampla do direito a não se autoincriminar são os do art. 1º, III (dignidade humana), do art. 5º, LIV (devido processo legal), do art. 5º, LV (ampla defesa), e do art. 5º, LVII (presunção de inocência).[346]

Com a ratificação da adesão, pelo Brasil, em 1992, ao PIDCP,[347] bem como à CADH,[348] o país se comprometeu, perante a ordem jurídica internacional, a assegurar aos acusados o direito de não se declarar culpado e de não depor contra si mesmo.

Em face da superveniência da Lei nº 10.792/03, alteraram-se diversos enunciados relativos ao interrogatório judicial previsto CPP. O artigo 186, em sua nova redação, passou a estabelecer que "o silêncio, que não importará em confissão, não poderá ser interpretado em prejuízo da defesa". No entanto, a reforma não modificou a redação do artigo 198 do Código, mantendo a permissão de que o silêncio constitua "elemento para a formação do convencimento do juiz".[349]

---

[345] Na Exposição de Motivos, esse dispositivo foi justificado para suprimir "uma injustificável omissão" da legislação processual então vigente, que concedia ao réu "o privilégio de desobedecer à autoridade processante, ainda que sua presença seja necessária para esclarecer ponto relevante da acusação ou da defesa" (item XI).

[346] Conferir: Cap. 2.2.1, *infra*.

[347] Aprovação do Congresso Nacional pelo Decreto Legislativo n. 226, de 12/12/1991; depósito da carta de adesão em 24/1/1992; determinação de seu cumprimento pelo Decreto n. 592, de 6/7/1992.

[348] Aprovação do Congresso Nacional pelo Decreto Legislativo n. 27, de 26/5/1992; depósito da carta de adesão em 25/9/1992; determinação de seu cumprimento pelo Decreto n. 678, de 6/11/1992.

[349] Sobre a manutenção do art. 198 do CPP, conferir Cap. 3.3.3.1, *infra*.

2.1.3.2. Jurisprudência do STF e do STJ

Na jurisprudência dos tribunais superiores brasileiros predomina uma compreensão bastante abrangente do direito à não autoincriminação.

Embora haja alguma imprecisão terminológica, já que por vezes as expressões *direito ao silêncio, direito à não autoincriminação* e *nemo tenetur se detegere* são utilizadas como sinônimas, pode-se dizer que o STF reconhece um direito fundamental do indivíduo a não colaborar com as instâncias persecutórias. Esse direito protegeria não somente a liberdade de não depor contra si,[350] mas também a de não se sujeitar a quaisquer diligências probatórias que dependam de uma atuação positiva do acusado, como o fornecimento de padrões de voz[351] ou de escrita.[352]

O STF repele a possibilidade de reputar como elemento probatório desfavorável ao réu, a mera opção por permanecer em silêncio no interrogatório[353] ou por não se subtmeter a um determinado exame.[354] Além disso, reconhece a impossibilidade de se decretar a prisão preventiva[355] ou exasperar a pena cabível na sentença[356] com fundamento na adoção, pelo réu, de uma estratégia defensiva de não colaborar com a busca da verdade.

Em sua compreensão ampla do direito à não autoincriminação, o mais alto tribunal do país entende que na norma constitucional se inclui um "direito à mentira".[357] Coerentemente com essa posição, afirma que não comete crime de falso testemunho aquele que, embora não esteja na

---

[350] HC 89269, Rel. Min. RICARDO LEWANDOWSKI, 1ª T., j. 21/11/2006, DJ 15/12/2006, p. 96. Mesmo antes da Lei nº 10.792/03, que modificou o art. 186 do CPP, o STF afirmava que a parte final do dispositivo, dando conta de que o silêncio poderia ser interpretado em desfavor do réu, não deveria ser aplicada, reconhecendo a inconstitucionalidade superveniente da norma original (dentre outros julgados, conferir: HC 80949, Rel. Min. SEPÚLVEDA PERTENCE, 1ª T., j. 30/10/2001, DJ 14/12/2001, p. 26).

[351] HC 83096, Rel. Min. ELLEN GRACIE, 2ª T., j. 18/11/2003, DJ 12/12/2003, p. 89.

[352] HC 77135, Rel. Min. ILMAR GALVÃO, 1ª T., j. 8/9/1998, DJ 6/11/1998, p. 3.

[353] HC 84517, Rel. Min. SEPÚLVEDA PERTENCE, 1ª T., j. 19/10/2004, DJ 19/11/2004, p. 29.

[354] "Não se pode presumir que a embriaguez de quem não se submete a exame de dosagem alcoólica: a Constituição da República impede que se extraia qualquer conclusão desfavorável àquele que, suspeito ou acusado de praticar alguma infração penal, exerce o direito de não produzir prova contra si mesmo [...]." (HC 93916, Rel. Min. CÁRMEN LÚCIA, 1ª T., j. 10/6/2008, DJe-117, publicado em 27/6/2008.

[355] HC 79781, Rel. Min. SEPÚLVEDA PERTENCE, 1ª T., j. 18/4/2000, DJ 9/6/2000, p. 22.

[356] HC 83960, Rel. Min. SEPÚLVEDA PERTENCE, 1ª T., j. 14/6/2005, DJ 1/7/2005, p. 56.

[357] "[...] Ninguém pode ser constrangido a confessar a prática de um ilícito penal. O direito de permanecer em silêncio insere-se no alcance concreto da cláusula constitucional do devido processo legal. E nesse direito ao silêncio inclui-se, até mesmo por implicitude, a prerrogativa processual de o acusado negar, ainda que falsamente, perante a autoridade policial ou judiciária, a prática da infração penal." (HC 68929, Rel. Min. CELSO DE MELLO, 1ª T., j. 22/10/1991, DJ 28/8/1992, p. 13453).

condição formal de indiciado ou denunciado, depõe falsamente em procedimento judicial, administrativo ou mesmo em comissão parlamentar de inquérito, com o objetivo de evitar uma autoincriminação.[358]

Essa concepção larga do direito à não autoincriminação amplia-se ainda mais na jurisprudência do STJ, que estende a proteção contra a participação na produção de provas desfavoráveis mesmo nos casos em que o fato apurado não teria consequências penais. Assim, conforme o STJ, aquele que responde a processo aministrativo instaurado para apurar infração meramente disciplinar não pode ser obrigado a fornecer amostras sanguíneas,[359] nem ser inquirido sob o compromisso de dizer a verdade.[360] O Tribunal também considera incabível, com fundamento na garantia constitucional expressa no art. 5º, LXIII, da CF-88, a caracterização do crime de falsa identidade nos casos em que alguém, com o objetivo de livrar-se de uma investigação penal, declara possuir nome diverso do verdadeiro.[361]

---

[358] HC 79812, Rel. Min. CELSO DE MELLO, Tribunal Pleno, j. 8/11/2000, DJ 16/2/2001, p. 21; HC 73035, Rel. Min. CARLOS VELLOSO, Tribunal Pleno, j. 13/11/1996, DJ 19/12/1996, p. 51766.

[359] "RECURSO ORDINÁRIO – MANDADO DE SEGURANÇA – PROCESSO ADMINISTRATIVO DISCIPLINAR – EMBRIAGUEZ HABITUAL NO SERVIÇO – COAÇÃO DO SERVIDOR DE PRODUZIR PROVA CONTRA SI MESMO, MEDIANTE A COLETA DE SANGUE, NA COMPANHIA DE POLICIAIS MILITARES – PRINCÍPIO DO *NEMO TENETUR SE DETEGERE* – VÍCIO FORMAL DO PROCESSO ADMINISTRATIVO – CERCEAMENTO DE DEFESA – DIREITO DO SERVIDOR À LICENÇA PARA TRATAMENTO DE SAÚDE E, INCLUSIVE, À APOSENTADORIA POR INVALIDEZ – RECURSO PROVIDO. 1. É inconstitucional qualquer decisão contrária ao princípio nemo tenetur se detegere, o que decorre da inteligência do art. 5º, LXIII, da Constituição da República e art. 8º, § 2º, *g*, do Pacto de São José da Costa Rica. Precedentes. 2. Ocorre vício formal no processo administrativo disciplinar, por cerceamento de defesa, quando o servidor é obrigado a fazer prova contra si mesmo, implicando a possibilidade de invalidação da penalidade aplicada pelo Poder Judiciário, por meio de mandado de segurança. 3. A embriaguez habitual no serviço, ao contrário da embriaguez eventual, trata-se de patologia, associada a distúrbios psicológicos e mentais de que sofre o servidor. 4. O servidor acometido de dependência crônica de alcoolismo deve ser licenciado, mesmo compulsoriamente, para tratamento de saúde e, se for o caso, aposentado, por invalidez, mas, nunca, demitido, por ser titular de direito subjetivo à saúde e vitima do insucesso das políticas públicas sociais do Estado." (RMS 18.017/SP, Rel. Min. PAULO MEDINA, 6ª T., j. 9/2/2006, DJ 2/5/2006, p. 390)

[360] "[...] 2. De outra parte, no caso em comento, a servidora foi interrogada por duas vezes durante o processo administrativo disciplinar, e, em ambas as oportunidades, ela se comprometeu 'a dizer a verdade das perguntas formuladas'. 3. Ao assim proceder, a comissão processante feriu de morte a regra do art. 5º, LXIII, da CF/88, que confere aos acusados o privilégio contra a autoincriminação, bem como as garantias do devido processo legal e da ampla defesa. Com efeito, em vez de constranger a servidora a falar apenas a verdade, deveria ter-lhe avisado do direito de ficar em silêncio. 4. Os interrogatórios da servidora investigada, destarte, são nulos e, por isso, não poderiam embasar a aplicação da pena de demissão, pois deles não pode advir qualquer efeito. [...]." (RMS 14.901/TO, Rel. Min. MARIA THEREZA DE ASSIS MOURA, 6ª T., j. 21/10/2008, DJe 10/11/2008)

[361] "Segundo a jurisprudência do Superior Tribunal de Justiça, não comete o delito previsto no art. 307 do Código Penal o réu que, diante da autoridade policial, atribui-se falsa identidade, em atitude de autodefesa, porque amparado pela garantia constitucional de permanecer calado, *ex vi* do art. 5º, LXIII da CF/88." (HC 88.998/RS, Rel. Min. NAPOLEÃO NUNES MAIA FILHO, 5ª T., j. 18/12/2007, DJ 25/2/2008, p. 345)

2.1.4. O saber histórico e os problemas atuais relativos ao direito de não autoincriminação

A investigação das circunstâncias históricas que propiciaram a evolução do direito de não se autoincriminar tem sido objeto de frequente invocação da doutrina para a delimitação do que deveria ser a extensão de tal direito nos dias de hoje.

Muitos autores, de um lado, identificam o direito à não autoincriminação tão somente com a liberdade de não depor contra si, pois as razões históricas do instituto não justificariam que ele pudesse proteger as comunicações não verbais do acusado ou desobrigar alguém da participação em diligências probatórias.[362] Afirmam, em favor dessa postura restritiva, que a liberdade de declaração, historicamente, limita-se a prevenir a extração de confissões forçadas e a impedir a submissão do acusado ao *trilema cruel* de acusar-se (resignando-se à própria condenação), falar (arriscando-se a cometer perjúrio) ou negar-se a falar (o que configuraria desobediência).[363]

Outros autores defendem, de seu turno, que embora o reconhecimento do instituto, sob o aspecto histórico, coincida com o intento de erradicação da prática da tortura para fins de obtenção de uma confissão verbal do imputado, o direito à não autoincriminação albergaria, atualmente, um feixe amplo de posições jurídicas individuais pelas quais o acusado, muito além do aspecto meramente verbal da liberdade de declaração, ficaria dispensado de qualquer contribuição para apuração da verdade ou para o desfecho do processo,[364] ainda que não esteja em jogo a proteção da integridade física ou mental do imputado. Um dos fundamentos comumente citados é o de que, "com os avanços da ciência, não é apenas pelas suas declarações (tomado o termo em seu sentido estrito), que uma pessoa pode se incriminar".[365]

O equívoco das posições restritivas está em desconsiderar que, na base da evolução do direito à não autoincriminação existe uma ideia de *equilíbrio de poder*. Recentes revisões à teoria do desenvolvimento do dire-

---

[362] MORO, Sérgio Fernando. "Colheita compulsória...", p. 432. No mesmo sentido: OLIVEIRA, Eugênio Pacelli. *Processo e hermenêutica da tutela penal dos direitos fundamentais*. Belo Horizonte: Del Rey, 2004, p. 211.

[363] HELMHOLZ, R. H. "Introduction". *The privilege against self-incrimination*, p. 28.

[364] BINDER, Alberto. *Introdução...*, p. 137; KIRSCH, Stefan. "Derecho a no autoinculparse", p. 255; ANDRADE, Manuel da Costa. *Sobre as proibições...*, p. 127; HADDAD, Carlos H. Borlido. *Conteúdo e contornos...*, p. 130; COUCEIRO, João. *A garantia...*, p. 148. RAMOS, Vânia Costa. "Corpus Juris 2000...", p. 133; DIAS NETO, "O direito ao silêncio...", p. 186; ROXIN, Claus. *Derecho procesal...*, p. 127; QUEIJO, Maria Elisabeth. *O direito de não produzir...*, p. 69; RUIZ, Victoria. "El derecho...", p. 344.

[365] COUCEIRO, João. *A garantia...*, p. 148.

to à não autoincriminação estabelecem que os seus fundamentos históricos vão além da prevenção da tortura e da abolição do trilema cruel, pois correspondem a alterações significativas no próprio modo de se compreender o papel dos atores processuais no procedimento penal.[366] Esse desenvolvimento ocorre no bojo de importantes alterações na estrutura do sistema probatório, que passa do sistema da prova legal para o sistema do livre convencimento do magistrado.[367]

No medievo, a promiscuidade conceitual entre crime e pecado fazia com que a perseguição dos desvios fosse tida como uma emanação da vontade divina.[368] Nos países continentais, sobretudo, onde a presença da Igreja Católica era mais forte, a confissão tinha centralidade no procedimento,[369] pois servia não apenas como a prova de máximo valor, mas também como parte de um ritual de expiação. O procedimento penal, orientado à obtenção da confissão, fundava-se no princípio da autoridade, segundo o qual "quanto maior o poder conferido ao sujeito inquisidor, melhor a verdade será acertada".[370]

O iluminismo, entretanto, traz consigo um processo de transformação da justiça penal. A laicização do procedimento e a valorização do indivíduo contribuem para que, aos poucos, o procedimento inquisitivo seja paulatinamente abandonado ou, ao menos, passe a incorporar elementos do sistema acusatório, em especial a separação das funções de acusar, defender e julgar. O procedimento penal, que tinha a feição de um *monólogo*, aos poucos ganha elementos que o aproximam da ideia de um *diálogo*. Com isso, diminui a distância de poder entre o Estado-acusador e o indivíduo-acusado.[371]

---

[366] TRAINOR, Scott A. "Un análisis...", p. 30: "Las justificaciones dirigidas a evitar el uso de tortura o el respecto al principio de reserva del individuo son realmente argumentos por mantener el equilibrio del poder entre el Estado y el individuo, limitando los procedimientos que el Estado puede usar para lograr sus metas."

[367] SABADELL, Ana Lúcia. *Tormenta juris permissione – Tortura e processo penal na Peníncusla Ibérica (séculos XVI – XVIII)*. Rio de Janeiro: Revan, 2006, p. 39.

[368] SABADELL, Ana Lúcia. *Tormenta juris...*, p. 41.

[369] O sistema inquisitorial (ou não adversarial) foi desenvolvido, nos países continentais, para conservar a previsibilidade e a certeza do resultado do procedimento penal. O Estado confia mais na sua autoridade que nas partes envolvidas. A confissão faz prova plena, o que corresponde a uma necessidade de purgar, pelo arrependimento, uma ação carente de virtude. Por sua vez, o sistema acusatório (ou adversarial) foi concebido, sobretudo nos países de *common law*, como uma contenda entre duas partes em pé de igualdade. As funções de acusar, defender e julgar recaem sobre distintos atores do procedimento. A gestão das provas fica a cargo das partes, não do juiz. Conferir em: OJEA QUINTANA, Tomás. "El privilégio...", p. 254-8.

[370] TONINI, Paolo. *A prova no processo penal italiano*. São Paulo: Revista dos Tribunais, 2002, p. 16. HASSEMER, *Introdução...*, p. 166 e 185.

[371] Conferir Cap. 2.2.3, *infra*.

A estreita conexão do desenvolvimento do direito à não autoincriminação com a equiparação dos poderes dos sujeitos processuais explica porque o reconhecimento da liberdade de declaração ocorreu mais tarde nos países em que o sistema inquisitorial vigeu, ou se manteve em suas formas mais puras por mais tempo, como na Península Ibérica.

O reconhecimento de uma compreensão ampla da proteção contra a autoincriminação, contudo, deve ser feita com cautela. Muitos dos defensores das correntes ampliativas frequentemente deixam de fundamentar a expansão do direito sob as bases de uma teoria constitucional claramente exposta, preferindo aderir, sem qualquer argumentação racional, à mera *tirania dos slogans*.[372] Sem qualquer tomada de posição sobre conceitos indispensáveis à tarefa do intérprete, como os de tipo normativo, barreira, intervenção, direito *prima facie* e direito definitivo, parte significativa da doutrina acaba contribuindo para que conceitos importados sem qualquer justificativa açambarquem boa parte do espaço que deveria ser ocupado pela discussão científica.

A história do direito pode falar em favor de uma determinada interpretação, mas a própria tradição jurídica deve passar pelo crivo da racionalidade. Cabe lembrar, com Gadamer, que uma constituição não pode ser entendida apenas histórica ou literalmente, pois a interpretação deve *concretizá-la* em sua validez jurídica.[373] O sentido de um texto sempre supera seu autor, de modo que a compreensão nunca é um comportamento meramente reprodutivo, mas também e sempre produtivo.[374] Uma argumentação jurídico-constitucional adequada pode afastar dogmas arraigados, mas também pode encontrar novas razões para velhos direitos.[375]

Por isso, este livro defende que a correta compreensão do direito de não se autoincriminar há de realizar-se no âmbito de uma teoria dos princípios que, sem ser incompatível com o seu desenvolvimento histó-

---

[372] Na lição de ALBERT ALSCHULER, o direito contra a autoincriminação seria um dos casos em que se revela a *tirania dos slogans*, ou seja, a proliferação de frases que ganham vida própria e fazem "eclipsar os objetivos da doutrina que elas pretendiam descrever e mesmo os textos que abrangiam tais doutrinas". Conferir: ALSCHULER, Albert. "A peculiar privilege...", p. 178.

[373] GADAMER, Hans Georg. *Verdade e método I. Traços fundamentais de uma hermenêutica filosófica.* 6. ed. Trad. Flávio Paulo Meurer. Petrópolis: Vozes, 2004, p. 408.

[374] GADAMER, *Verdade e Método I*, p. 392.

[375] "The law often finds new reasons for old rules". HELMHOLTZ, R. H. "Introduction". *The privilege against self-incrimination.* Chicago: University of Chicago Press, 1997, p. 4. Essa ideia compatibiliza-se com a doutrina de GADAMER: "O que se fixa por escrito desvencilhou-se da contingência de sua origem e de seu autor e liberou-se positivamente para novas referências. Conceitos normativos como a opinião do autor ou a compreensão do leitor originário não representam, na realidade, mais que um lugar vazio que se preenche de compreensão, de ocasião em ocasião". *Verdade e Método I*, p. 512.

rico, permita a otimização desse direito fundamental na maior medida possível, possibilitando sua concordância prática com os bens coletivos eventualmente colidentes.

Assim, com base na doutrina constitucional exposta no primeiro capítulo, serão tratados, nos próximos itens (2 e 3) do presente capítulo segundo, os problemas relativos à abrangência do direito à não autoincriminação como direito *prima facie* e os critérios para sua aplicação como direito definitivo, de modo a viabilizar que, no terceiro capítulo, seja analisada a questão específica do exercício do direito ao silêncio e a possível influência dessa estratégia no convencimento do juiz.

2.2. O DIREITO À NÃO AUTOINCRIMINAÇÃO COMO DIREITO FUNDAMENTAL

2.2.1. O direito à não autoincriminação na CF-88: norma e enunciados normativos

Boa parte dos doutrinadores afirma que, no Brasil, a concepção ampla do direito à não autoincriminação decorre de uma interpretação extensiva[376] da norma extraída do enunciado do art. 5º, inciso LXIII, da CF-88, assim redigido: "LXIII – o preso será informado de seus direitos, entre os quais o de permanecer calado, sendo-lhe assegurada a assistência da família e de advogado".

Com razão Sérgio Moro[377] quando aponta o *deficit* argumentativo da doutrina que invoca a norma expressa em tal dispositivo como fundamento, por si só suficiente, para o reconhecimento de um amplo direito à não autoincriminação. A falta de um enunciado específico, todavia, não é óbice para que se reconheça a existência de um direito geral a não contribuir para a própria condenação que vá além do direito de permanecer calado. Uma argumentação jurídico-constitucional adequada, baseada em uma teoria ampla do âmbito de proteção dos direitos fundamentais, favorece a compreensão de que o direito à não autoincriminação não é assegurado apenas ao "preso", não diz respeito apenas ao momento do interrogatório policial, nem se limita às comunicações verbais.

---

[376] Nesse sentido, dentre tantos: RAMOS, João Gualberto Garcez. *Audiência processual penal: doutrina e jurisprudência*. Belo Horizonte: Del Rey, 1996, p. 304; HADDAD, Carlos Henrique Borlido. *Conteúdo e contornos do princípio contra a autoincriminação*. Campinas: Bookseller, 2005, p. 130.

[377] MORO, Sérgio Fernando. "Colheita compulsória de material genético para exame em casos criminais". *Revista dos Tribunais*, a. 95, v. 853, nov. 2006, p. 432.

O ponto inicial acerca do estudo do âmbito de proteção do direito à não autoincriminação é o de que ele não se extrai apenas do enunciado do art. 5º, LXIII, da CF-88. Um enunciado nada mais é que a expressão linguística de uma norma.[378] Lembre-se que uma mesma norma pode expressar-se por meio de diferentes enunciados, assim como um único enunciado linguístico pode ser a expressão de diversas normas, podendo ser mencionadas, ainda, normas que podem ser expressadas sem recorrer a enunciados.[379] Isso põe de manifesto que o conceito de norma é um conceito primário em relação ao conceito de enunciado normativo, sendo aconselhável, portanto, buscar os critérios para a identificação das normas não no nível do enunciado normativo, mas no nível da própria norma.[380]

Nem a literalidade, nem a maior ou menor clareza vocabular do dispositivo transcrito autorizam uma concepção restritiva do tipo normativo do direito a não contribuir para a própria condenação. O enunciado do art. 5º, LXIII, da CF-88 expressa não exatamente o direito ao silêncio, mas, uma especial complementação protetiva (garantia) dessa manifestação do direito à não autoincriminação no interrogatório policial, além de outros direitos aos quais não se fez referência direta. A garantia consiste em impor ao Estado um *dever de informar* a pessoa cuja liberdade está sendo restringida sobre todos os direitos para cujo exercício é necessária uma opção, atuação ou manifestação do preso.[381] Reformulando deonticamente o enunciado do art. 5º, LXIII, dele pode se extrair pelo menos três direitos:

(1) Se A for preso, A tem o direito a que o Estado lhe assegure a assistência de advogado e da família de A;

(2) Se A for preso, A tem o direito a que o Estado lhe informe seu direito de permanecer calado;

(3) Se A for preso, A tem o direito a que o Estado lhe informe seus outros direitos.

Embora a observância da regra exija o reconhecimento da existência de outras normas, que veiculam outros direitos do preso, o dever estatal de informá-los é um dever definitivo, porque, uma vez satisfeitas as condições para a incidência da norma (realização da prisão de alguém), a consequência jurídica prevista (cientificação dos direitos do preso) deve

---

[378] A norma é propriamente o *significado jurídico* de um enunciado normativo. Conferir: ALEXY, Robert. *Teoría de los derechos...*, p. 51.

[379] Como exemplo de normas que podem ser expressadas sem recorrer a enunciados, ALEXY aponta os sinais luminosos de um semáforo. ALEXY, Robert. *Teoría de los derechos...*, p. 51.

[380] ALEXY, Robert. *Teoría de los derechos...*, p. 51-2.

[381] SILVA, Marcelo Cardozo. *A prisão em flagrante...*, p. 125.

ocorrer sem qualquer ponderação. Já os direitos que devem ser informados podem ser aplicados como mandamentos definitivos ou como mandamentos *prima facie*. A estrutura desses direitos é determinada pelas respectivas normas que os asseguram. A garantia de que o preso será *cientificado* de seus direitos, dentre os quais o de permanecer calado, não significa que pessoas livres também não possam titularizá-los, nem limita o intérprete quanto à extensão de direitos cuja base se assenta ou se conecta em diversas outras normas.

Deveras, a existência de uma regra destinada a garantir o exercício do direito definitivo de o indivíduo não responder às perguntas que lhe forem feitas, enquanto durar a condição de "preso", não impede que outras normas constitucionais, expressadas em diferentes enunciados normativos, e interpretadas de acordo com uma determinada tradição jurídica,[382] sejam postas em relação umas com as outras, e que delas se extraia o direito *prima facie* de toda pessoa, mesmo em liberdade, de não contribuir de qualquer forma para sua própria condenação, seja por meio de declarações, seja por outras formas de autoincriminação.

A norma que assegura uma posição individual de não colaboração do acusado em face do Estado-persecutor reside na união de diversos enunciados constitucionais, dentre os quais o do art. 1º, III (dignidade humana), do art. 5º, LIV (devido processo legal), do art. 5º, LV (ampla defesa), e do art. 5º, LVII (presunção de inocência). O percurso argumentativo que conduz a essa compreensão ampla do âmbito de proteção do direito à não autoincriminação, da qual o direito ao silêncio é uma de suas espécies,[383] será tratado nos próximos tópicos.

2.2.2. A proteção da dignidade humana

Em um bom número de constituições,[384] tratados[385] e declarações internacionais de direitos[386] é possível constatar uma reiterada invocação

---

[382] De acordo com ALEXY, Robert. *Teoría de los derechos...*, p. 104: "[...] los principios no necesitan ser establecidos explicitamente sino que también pueden ser derivados de una tradición de normaciones detalladas y de decisiones judiciales que por lo general, son expresión de concepciones difundidas acerca de cómo debe ser el derecho."

[383] SILVA, Marcelo Cardozo. *A prisão em flagrante na Constituição*, p. 125.

[384] Cite-se, dentre vários exemplos, os textos constitucionais do Brasil, da Alemanha e da Espanha: a CF-88, em seu art. 1º, dispõe: "A República Federativa do Brasil [...] constitui-se em Estado Democrático de Direito e tem como fundamentos: [...] III – a dignidade da pessoa humana."; a Lei Fundamental alemã, conforme já tratado no Cap. 1.2.1, prescreve em seu art. 1º: "A dignidade do homem é intangível. Respeitá-la e protegê-la é obrigação de todo poder público."; a Constituição espanhola, de seu turno, estabelece, no art. 10.1, que "a dignidade da pessoa, os direitos invioláveis que lhe são inerentes, o livre desenvolvimento da personalidade, o respeito à lei aos direitos do outro, são o fundamento da ordem pública e da paz social".

da dignidade humana, cujo respeito costuma ser vinculado à vigência dos direitos humanos e à manutenção da paz.[387]

A justificação da dignidade humana baseia-se na existência de uma série de traços comuns a todos os homens e, ao mesmo tempo, exclusivos deles. O primeiro desses traços é a autonomia individual de que goza todo ser humano. Diferentemente dos animais, cujo comportamento está condicionado por seus instintos naturais, o homem, ao contrário, é livre para estabelecer seus próprios fins e para escolher os meios que estime mais propícios para alcançá-los. Isso inclui a liberdade para errar em tais decisões e também para eleger o caminho ou os meios equivocados. O segundo traço é a capacidade do ser humano de construir conceitos gerais e de refletir sobre os conhecimentos adquiridos por meio dos sentidos, levando-o a conclusões sobre si mesmo e sobre os demais, sobre a natureza e a sociedade, sobre o bem e o mal, tornando possível a arte e a ciência. A terceira das dimensões da dignidade humana é a linguagem, isto é, a capacidade de dialogar e de comunicar-se. Além de potencializar os traços anteriores, é a linguagem que permite a sociabilidade. Embora esta qualidade também seja encontrável em muitos animais, as relações sociais humanas diferenciam-se pela capacidade de criar estruturas de cooperação e superação de conflitos por meio de instituições imparciais.[388]

Kant foi possivelmente o filósofo que com maior insistência sublinhou o valor da dignidade humana sem limitações de fronteiras políticas ou étnicas e sem apelação aos interesses ou inclinações das pessoas.[389] O pensador alemão distingue a dignidade e as coisas que têm um preço venal ou de afeição: "No reino dos fins tudo tem um preço ou uma dignidade. Quando uma coisa tem um preço, pode-se pôr em vez dela qualquer outra como equivalente; mas quando uma coisa está acima de todo o pre-

---

[385] No Preâmbulo da Declaração Universal dos Direitos Humanos de 1948 assenta-se: "Considerando que a liberdade, a justiça e a paz no mundo têm por base o reconhecimento da dignidade intrínseca [...] de todos os membros da família humana; [...]".

[386] Nos parágrafos introdutórios da Carta das Nações Unidas (1946) afirma-se: "O povo das Nações Unidas decidiu [...] reafirmar sua crença nos direitos humanos fundamentais, na dignidade e valor da pessoa humana."

[387] GARZÓN VALDÉS, Ernesto. "¿Cuál es la relevancia moral del principio de la dignidad humana?". *In Derechos Fundamentales e Derecho Penal*. Patricia Cóppola (compiladora). Córdoba: Inecip Córdoba, 2006, p. 21.

[388] RUIZ RUIZ, Ramón. "Peces-Barba Martínez, Gregório – La dignidad de la persona desde la filosofía del derecho". *Derechos y Libertades – Revista del Instituto Bartolomé de las Casas*. a VIII, n. 12, ene./dic. 2003, n. 12, p. 516.

[389] GARZÓN VALDÉS, Ernesto. "¿Cuál es la relevancia moral del principio de la dignidad humana?". *In Derechos Fundamentales e Derecho Penal*. Patricia Cóppola (compiladora). Córdoba: Inecip Córdoba, 2006, p. 26-7.

ço, e portanto não permite equivalente, então tem ela uma dignidade".[390] Sob essa concepção, a humanidade mesma é uma dignidade, pois "todo ser racional existe como um fim em si mesmo, não só como meio para uso arbitrário desta ou daquela vontade".[391] Em todas as suas ações, tanto nas que se dirigem a ele mesmo como nas que se dirigem a outros seres racionais, o homem tem sempre de ser considerado "simultaneamente como fim".[392] Assim como não se pode dar-se a si mesmo por nenhum preço (o que seria contrário ao dever de autoestima), ninguém pode atuar contra a necessária estima dos demais, ou seja, todo ser humano está obrigado a reconhecer, com suas ações, a dignidade da humanidade nas outras pessoas.

O imperativo prático kantiano formula-se, portanto, nos seguintes termos: "Age de tal maneira que uses a humanidade, tanto na tua pessoa como na pessoa de qualquer outro, sempre e simultaneamente como fim, e nunca simplesmente como meio".[393]

Muito se discute sobre o que seria tratar uma pessoa *simplesmente como um meio*. Quando alguém pede a um taxista que o leve a um determinado destino, utiliza a ação de outro indivíduo para a obtenção de um fim. Mas não é este tipo de "uso" a que Kant se refere. Arthur Flemming sustenta que em casos como este não se pode falar de tratamento como mero meio, porque se trata de uma ação voluntária na qual o agente (no caso, o taxista) sabe o propósito para o qual é usado e, em caso de não sabê-lo, de igual modo estaria disposto a atuar tal como atuou. As ações que satisfazem essas condições poderiam ser chamadas de "não encobertas" (*unencumbered*). Haveria utilização do taxista como um simples meio se o passageiro, sabendo que não pagará a tarifa, solicita o serviço ocultando intencionalmente o propósito de não a pagar.[394]

A condição da voluntariedade da ação, mencionada acima, é necessária, porém não suficiente. Imagine-se o exemplo de uma pessoa que aceite ser escrava de outra: tal ação não seria compatível com a dignidade humana. A tese kantiana, portanto, é mais forte, já que exige respeitar a humanidade *em si mesmo e nas demais pessoas*.[395]

---

[390] KANT, Immanuel. *Fundamentação da metafísica dos costumes*. Trad. Paulo Quintela. Lisboa: Edições 70, 2004, p. 77.

[391] KANT, Immanuel. *Fundamentação...*, p. 68.

[392] KANT, Immanuel. *Fundamentação...*, p. 68-9.

[393] KANT, Immanuel. *Fundamentação...*, p. 69.

[394] FLEMMING, Arthur. "Using a man as a means". In Ethics, 1978, p. 286. *Apud* GARZÓN VALDÉS, Ernesto. "¿Cuál es la relevancia moral...?", p. 28.

[395] GARZÓN VALDÉS, Ernesto. "¿Cuál es la relevancia moral...?", p. 27-8.

Tratar uma pessoa como um mero meio significa tratá-la, na lição de Robert Nozick, como um instrumento não sujeito a nenhuma "restrição lateral" (*side constraint*). No caso de uma ferramenta, por exemplo, não há restrições laterais a respeito de como alguém a deve usar, salvo as restrições para seu uso contra os demais.[396] O indivíduo, diversamente, é um fim em si mesmo. Seu uso só pode ser admitido em consideração à condição de alguém que é dotado de uma dignidade, não de um preço. Violar essa dignidade, por isso, equivale à desumanização da pessoa, ou seja, significa convertê-la em objeto ou animalizá-la.[397]

Os objetos podem ter o que se costuma chamar de "relevância moral", mas não direitos. Por não serem *agentes*, não podem consentir ou dissentir do modo com que são utilizados. Disso decorre que os objetos podem ser apoios ou implementos, mas nunca participantes ou colaboradores de algum projeto. A eles podemos aplicar, sem mais, as máximas hipotéticas subjetivas de nosso comportamento, pois o que conta é, apenas, se são aptos para a obtenção do fim a que nos propomos.[398]

A alternativa da animalização não consiste em negar a existência de uma vontade, já que os animais também a possuem (embora, neste caso, ela seja causalmente determinada por inclinações e instintos): sob o ponto de vista filosófico, animalizar é desconsiderar a pessoa como alguém capaz de atuar autonomamente superando o condicionamento causal dos impulsos sensíveis que necessariamente conduz à heteronomia. Em suma, a animalização equivale à negação da possibilidade de ser agente moral.[399]

Respeitar a dignidade de uma pessoa significa concebê-la, portanto, como um ser potencialmente capaz de exigir direitos (*a potencial maker of claims*).[400] Não a respeitar significa tratar o indivíduo apenas como destinatário de regras criadas em benefício exclusivo de outras pessoas ou fins, desconsiderando sua posição de membro colegislador da vida social.

A intangibilidade da dignidade humana, como norma jurídica constitucional,[401] tem inegável relevância para o estabelecimento do modo

---

[396] NOZICK, Robert. "Anarchy, State and Utopia". Basil Blackwell, Oxford, 1974, p. 29-30. *Apud* GARZÓN VALDÉS, Ernesto. "¿Cuál es la relevancia moral...?", p. 29.

[397] GARZÓN VALDÉS, Ernesto. "¿Cuál es la relevancia moral...?", p. 30.

[398] GARZÓN VALDÉS, Ernesto. "¿Cuál es la relevancia moral...?", p. 30-1.

[399] GARZÓN VALDÉS, Ernesto. "¿Cuál es la relevancia moral...?", p. 31.

[400] FEINBERG, Joel. "Nature and value of human rights". *Rights, justice and bounds of liberty*. Princeton University Press, Princeton, 1980, p. 143-55. *Apud* GARZÓN VALDÉS, Ernesto. "¿Cuál es la relevancia moral...?", p. 33.

[401] A questão sobre se a intangibilidade da dignidade humana constitui uma norma absoluta ou relativa é muito debatida pela doutrina alemã. Embora o artigo 1.1 da Lei Fundamental alemã cause uma impressão de absolutidade, não se pode negar que por detrás dessa garantia se ocultem estruturas

como o Estado deve proceder na busca da realização do direito penal. Se se parte de que o acusado não é simples objeto do procedimento, mas um sujeito dotado de direitos, as fórmulas processuais não podem ser apenas um instrumento de proteção contra o crime, mas também um instrumento de proteção da dignidade do imputado diante de uma intervenção estatal excessiva.[402]

Daí a conexão do princípio da dignidade humana com a garantia daquilo que o Tribunal Constitucional da Alemanha chama de *faires Verfahren*, e o TEDH, de *fair trial*, e que pode ser expressada em português como *procedimento correto*.[403] O direito ao procedimento correto reconhece ao acusado sua condição de sujeito processual,[404] dotado de moralidade e racionalidade, conferindo-lhe ações e posições jurídicas que devem ser viabilizadas e respeitadas pelo Estado em todas as fases da persecução penal.

2.2.3. O direito ao procedimento correto

Em um Estado de Direito, a eficácia na prestação da justiça penal deve estar conectada à garantia de sua forma jurídica, pois a realização da

---

de ponderação. Coerente com sua posição de que uma norma não pode ser simultaneamente regra e princípio, ALEXY propõe que, de tal enunciado, se extraiam duas normas da dignidade humana, uma com a estrutura de regra, outra com a estrutura de princípio. Quando o aplicador do direito, em vez de se perguntar se a norma da dignidade humana *precede ou não precede* outras normas, coloca a questão sob o ponto de vista de se ela *foi ou não foi violada*, está tratando da regra da dignidade humana. Como existe um amplo espectro de respostas possíveis a esta pergunta, a abertura semântica da regra pode fazer com que esta se aplique de forma absoluta, ou seja, independentemente de quaisquer barreiras. Contudo, essa regra é de certo modo incompleta, porque fica em aberto um amplo campo para a constatação de seu conteúdo em casos concretos, e nessa constatação se manifesta a possibilidade de ponderações. A questão se desloca, então, ao plano dos princípios, no âmbito do qual a dignidade humana pode ser realizada em diferentes graus. Que o princípio da dignidade humana preceda a todos os outros princípios sob as condições em que usualmente as colisões se apresentam não fundamenta nenhuma absolutidade, apenas significa que em apoio à sua aplicação definitiva existem razões jurídico-constitucionais somente superáveis na presença de contra-razões inusitadamente fortes. Conferir, sobre o tema: ALEXY, *Teoría de los derechos...*, p. 106-9; Em profundidade, sobre as diversas posições da doutrina alemã, ver: TAIFKE, Nils. "Flexibilidade da dignidade humana?", p. 171-88, tradução de Roberto José Ludwig. Em: HECK, Luís Afonso (org.) *et alli*. *Direito natural, direito positivo, direito discursivo*. Porto Alegre: Livraria do Advogado, 2010.

[402] ROXIN, Claus. *Derecho procesal...*, p. 4; DIAS NETO, Theodomiro. "O direito ao silêncio...", p. 181.

[403] Alguns doutrinadores fazem uso da expressão *processo equitativo* (RAMOS, Vânia Costa. "*Corpus Iuris 2000* – Imposição ao arguido de entrega de documentos para prova e *nemo se ipsum accusare*". Revista do Ministério Público n.º 108, ano 27, out./dez 2006, Lisboa: Editorial Minerva, p. 121-49, p. 139) ou *procedimento justo e equitativo* (DIAS NETO, Theodomiro. "O direito ao silêncio...", p. 180). Em edições espanholas, a expressão *faires Verfahren* sói vir traduzida como *procedimiento llevado a cabo con lealdad* (ver, por todas, a tradução de Gabriela CÓRDOBA e Daniel PASTOR, com revisão de Julio MAIER, em: ROXIN, Claus. *Derecho procesal...*, p. X). Neste estudo, preferimos a expressão *procedimento correto* (utilizada também na tradução de Luís Afonso HECK em: MAURER, Hartmut. *Contributos...*, p. 211), porque correção ressalta, além da abertura a valores como equidade, justiça e lealdade, o aspecto da *validade jurídica* também abrangido pelo conceito.

[404] RAMOS, Vânia Costa. "*Corpus Iuris 2000...*", p. 134.

função pacificadora da justiça penal se vincula, necessariamente, ao *modo* como ela é alcançada. É tarefa do direito processual penal, mais do que simplesmente propiciar as condições para uma solução final do caso, estabelecer mecanismos processuais que atenuem os riscos decorrentes do desequilíbrio de poderes que caracteriza a relação entre Estado e cidadão no curso do procedimento. À realização da justiça penal, portanto, não basta a verdade a qualquer preço, e sim uma verdade obtida em respeito ao *Fairnessprinzip*.[405]

O desenvolvimento do procedimento penal envolve um processo de compreensão ou comunicação orientado à apuração formalizada da verdade. O direito processual disciplina as normas reguladoras da comunicação que se estabelece entre os participantes do procedimento, definindo *modelos de compreensão cênica* que ordenam e asseguram a produção do caso.[406] A um caso produzido erroneamente, somente pode suceder uma decisão "injusta", pois ela decide sobre um caso distinto (irreal) daquele do qual partiu.[407] O modelo de compreensão cênica deve garantir e possibilitar, na medida mais alta possível, que o juiz não se engane na formação do seu convencimento.[408]

Conforme a doutrina de Hassemer, as diferenças entre os procedimentos ao longo da história estão exatamente na forma como se estrutura a compreensão cênica. Nos processos inquisitivos da Idade Média esta compreensão se dava basicamente sem a participação do acusado, pois este era visto apenas como objeto de investigação, e não como participante de um processo de comunicação recíproca.[409] O sistema inquisitorial (ou não adversarial) foi desenvolvido, nos países continentais, para conservar a previsibilidade e a certeza do resultado do procedimento penal.

---

[405] DIAS NETO. "O direito ao silêncio...", p. 181; HASSEMER, Winfried. *Introdução...*, p. 213; ROXIN, Claus. *Derecho...*, p. 3.

[406] "O Direito Processual Penal [...] contém as regras das quais resulta como um caso deve ser produzido e quando ele pode considerar-se produzido; nele estão incluídos os modelos de compreensão cênica que possibilitam e também asseguram a fase de produção. [...] Estes modelos vinculam os participantes no processo a determinadas formas de evolução da sua interação e da sua comunicação no processo." HASSEMER, Winfried. *Introdução...*, p. 191-2. Conferir também: DIAS NETO. "O direito ao silêncio...", p. 183.

[407] HASSEMER, Winfried. *Introdução...*, p. 205.

[408] HASSEMER, Winfried. *Introdução...*, p. 205-6.

[409] "Da história do Direito Penal nós conhecemos o exemplo do 'processo inquisitivo', que é o mais afastado das apresentações e exigências teóricas comunicativas. Ali o 'Inquirido' encontra-se diante do juiz, 'Inquisidor', como um objeto de investigação, e não como uma pessoa em um processo de compreensão recíproco." HASSEMER, *Introdução...*, p. 185. MONTERO AROCA defende, a propósito, que o processo inquisitivo sequer deveria ser considerado um verdadeiro processo, pois "no hay proceso si el acusador es al mismo tiempo el juez" e se este juiz-acusador "asume todos los poderes materiales en la dirección de la actividad" ("Proceso acusatório...", p. 22).

O Estado confiava mais na sua autoridade que nas partes envolvidas,[410] haja vista que conferia amplo protagonismo à figura do juiz – a quem se atribuíam as tarefas de acusar, interrogar, investigar e condenar[411] –, excluindo um "controle desde baixo", sobretudo por parte do imputado.[412]

A possibilidade de participação do acusado no procedimento tem raízes nas ideias iluministas. Trata-se de uma extensão ao imputado do *status* daquele que deixa a sua condição passiva de súdito para converter-se em um cidadão ativo, dotado do poder de codeliberar sobre as decisões estatais de seu interesse.[413] A adoção do sistema penal acusatório ou adversarial traz consigo um fortalecimento da competência comunicativa do acusado.[414] Ganha espaço, então, um modelo de compreensão que abandona a concepção monológica da determinação da verdade e assegura ao imputado o direito de submeter a hipótese acusatória a procedimentos de falsificação.[415]

O reconhecimento de direitos de participação ativa e direitos de participação passiva visam a possibilitar a efetiva igualdade de armas na produção do caso.[416] A otimização comunicativa do indivíduo não se dá

---

[410] OJEA QUINTANA, Tomás. "El privilégio...", p. 258.

[411] ROXIN, Claus. *Derecho...*, p. 86.

[412] FERRAJOLI, Luigi. *Direito e Razão: Teoria do garantismo penal*, p. 488.

[413] DIAS NETO, Theodomiro. "O direito ao silêncio...", p. 184; Nesse sentido, a lição de ROXIN: "El proceso penal del Estado absoluto ha sido destruido por la *Ilustración* y por el *liberalismo* construido sobre su ideología, por lo cual los tres principios fundamentales del nuevo modelo de Estado fueron, a la vez, de significado decisivo para la reforma procesal penal: del *principio de la división de poderes* se derivó la *independencia* de los jueces que, de tal modo, debieron ser colocados en una situación de equilibrio imparcial entre el beneficio colectivo y los intereses individuales, y la transmisión de la actividad ejecutiva de persecución a una autoridad judicial nueva, creada para ello, separada organizativa y personalmente de los tribunales: la *fiscalía*. El reconocimiento de *derechos fundamentales* precedentes al Estado tuvo como consecuencia que el imputado fuera reconocido como *sujeto del proceso* y fuera dotado de derechos autónomos, de los cuales los más importantes fueron el derecho al respeto de la dignidad humana y el derecho a la amplia defensa. El principio de *reserva de la ley* garantizó, finalmente, que la intervención del Estado en la esfera de libertad del imputado sólo se llevara a cabo *conforme a las leyes*. La ley debía esclarecer los presupuestos, contenidos y límites de esas intervenciones con tanta precisión como fuera posible y, con ello, tornaría previsible para el ciudadano las acciones del Estado." ROXIN, Claus. *Derecho procesal...*, p. 10-1. A redução do acusado a simples meio para atingir uma finalidade pública ou coletiva não é, contudo, uma tendência restrita ao Estado absoluto, pois também nos Estados totalitários mais recentes ela voltou a ganhar espaço. Reportando-se à experiência nacional-socialista acentua H. RÜPLING que nesses regimes "o valor central da comunidade transcende os interesses conflitantes no processo e obriga os participantes a colaborar no fim comum do processo", de modo que todos os direitos das partes "esgotam-se na sua funcionalidade para esse fim", convertendo-se em deveres de atuação conforme a verdade (*Apud* ANDRADE, Manuel da Costa. *Sobre as proibições...*, p. 123). Daí a afirmação de ROXIN consoante a qual o Direito Processual Penal, pelo modo como pondera os interesses coletivos e individuais no desenvolvimento do processo, é um *simógrafo* da Constituição do Estado. ROXIN, Claus. *Derecho procesal...*, p. 10.

[414] HASSEMER, *Introdução...*, p. 189 e 195.

[415] FERRAJOLI, Luigi. *Direito e razão...*, p. 488.

[416] "[P]ara posibilitar dicha igualdad [de los contendientes] hubo que reemplazar el monólogo – proprio del poderoso – en diálogo de ambos contricantes. Diálogo es equiparación de 'armas'. Em con-

por meio de uma total liberdade de forma, pois a obtenção das condições institucionais adequadas – assim entendidas aquelas que se aproximem, tanto quanto possível, da situação ideal de discurso – não pode ocorrer senão por meio de instrumentos que eliminem ou atenuem a desigualdade concreta entre as partes.[417]

O ideal do procedimento correto, como princípio jurídico-processual que contribui à realização da dignidade humana, exige que o indivíduo apontado como suspeito de um crime não seja degradado a mero objeto do procedimento.[418] Para tanto, deve-se assegurar ao imputado "a oportunidade de defender-se nas melhores condições possíveis frente à autoridade de acusação, superior a ele em meios".[419] Esse mandamento, cujo conteúdo definitivo não está inteiramente dado pela constituição,[420] carece de concretização pelo legislador, em primeiro lugar, e, no limite das prescrições legais, pelos tribunais a cada vez competentes.[421]

No que se relaciona com o problema da exigência de colaboração do acusado, dois aspectos importantes do mandamento-correção podem ser destacados. O primeiro é o de que a proibição de degradar as pessoas a um mero objeto do procedimento pressupõe a existência de um mínimo de faculdades jurídico-processuais ativas do inculpado, o que se pode chamar, para usar uma terminologia conhecida, de *direito à ampla defesa*. O segundo é o de que o imputado não pode ser tratado como culpado antes que autoria e materialidade delitiva sejam comprovadas e declaradas pelo Estado, o que comumente se denomina de direito à *presunção de inocência*.

2.2.3.1. Ampla defesa e direitos de participação ativa

A participação do acusado dá um caráter de interação à compreensão cênica do procedimento penal.[422] Se o inculpado não deve ser tratado como mero objeto da investigação, a ele deve ser reconhecida a *possibi-*

---

secuencia, el método de imposición (monólogo) fue suplantado por el método de resolución (debate). La humanidad toda debe reconocer el progreso de este cambio radical." DI GIULIO, Gabriel H. *Nulidades procesales*. Buenos Aires: Hammurabi, 2005, p. 20.

[417] Conferir: Cap. 3.1.2, *infra*.

[418] ROXIN, Claus. *Derecho procesal...*, p. 80.

[419] ROXIN, Claus. *Derecho procesal...*, p. 79-80.

[420] Além da estreita conexão com o Princípio do Estado de Direito e com a proteção da dignidade humana, no Brasil o direito a um procedimento correto pode ser extraído do enunciado do art. 5º, LIV, da CF-88, consoante o qual "ninguém será privado da liberdade ou de seus bens sem o devido processo legal".

[421] HECK, Luís Afonso. *O Tribunal Constitucional Federal...*, p. 218-9. RAMOS, Vânia Costa. "*Corpus Juris...*", p. 140.

[422] HASSEMER, W. *Introdução...*, p. 196. DIAS NETO, Theodomiro. "O direito ao silêncio...", p. 184.

lidade de exercer influência na sucessão e no resultado do procedimento penal.[423]

No Brasil, o art. 5º, LV, da CF-88, enuncia que "[...] aos acusados em geral são assegurados o contraditório e a ampla defesa, com os meios e recursos a ela inerentes".

O direito à ampla defesa expressa um dos mais importantes aspectos da proteção jurídica devida pelo Estado,[424] pois ele abrange o *direito de informação*, que obriga o órgão julgador a informar à parte contrária dos atos praticados no processo e sobre os elementos dele constantes; o *direito de manifestação*, que assegura ao defendente a possibilidade de manifestar-se oralmente ou por escrito sobre os elementos fáticos e jurídicos constantes do processo; e o *direito de ver seus argumentos considerados*, que exige do julgador capacidade de apreensão e isenção de ânimo para contemplar as razões apresentadas.[425]

Se no ideal de correção procedimental o exercício do direito de defesa exige uma certa *paridade de armas*[426] entre o Ministério Público e o inculpado, é de grande significado, para o fortalecimento da capacidade comunicativa do imputado, que se lhe assegure o acompanhamento de um profissional que conheça o ritual da compreensão cênica do procedimento e dê apoio ao seu discurso.[427] Reconhecido que o órgão acusatório é eminentemente técnico, o equilíbrio processual entre as partes restaria violado se se negasse ao imputado a assistência de um advogado.[428]

Para que a defesa seja exercida da forma mais completa possível, o direito a um procedimento correto abrange o direito de o inculpado escolher um advogado de sua confiança.[429] No caso de o acusado não poder constituir um defensor, o Estado deve providenciar um profissional habilitado para atuar em seu favor, pois não pode a parte sem recursos eco-

---

[423] HECK, Luís Afonso. *O Tribunal Constitucional Federal...*, p. 220.

[424] PONTES DE MIRANDA. *Comentários à Constituição Federal de 1967 com a Emenda n. 1, de 1969*. Rio de Janeiro, 1987, tomo V, p. 234. *Apud* MENDES, Gilmar Ferreira. "Significado do direito de defesa". *Direitos Fundamentais e controle de constitucionalidade*. 2ª ed. São Paulo: Celso Bastos, 1999, p. 9

[425] MENDES, Gilmar Ferreira. "Significado do direito...", p. 98.

[426] HECK, Luís Afonso. *O tribunal constitucional...*, p. 221.

[427] "O defensor conhece a linguagem que domina o discurso, ele conhece os critérios de seleção com os quais os juristas podem constituir o caso (i. e., ele sabe aonde o Tribunal 'quer ir'), ele conhece o cenário e as regras escritas e fáticas da fase de produção que devem ser cumpridas. Ele pode transmitir confiança ao cliente acusado, pode agir por ele e através das orientações pode tornar o acusado capaz de agir por si mesmo, de modo competente. Portanto, ele aumenta consideravelmente as oportunidades reais de participação na compreensão cênica." (HASSEMER, *Introdução...*, p. 199) No mesmo sentido: DIAS NETO, "O direito ao silêncio...", p. 184.

[428] Na doutrina brasileira, conferir também: PEDROSO, Fernando de Almeida. *Processo penal. O direito de defesa: repercussão, amplitude e limites*. São Paulo: Revista dos Tribunais, 2001, p. 35.

[429] HECK, Luís Afonso. *O Tribunal...*, p. 220-1.

nômicos ter sua proteção jurídica desproporcionalmente dificultada.[430] O dever estatal de assegurar assistência jurídica aos réus necessitados fundamenta-se na conexão da pretensão de um procedimento correto com o princípio do Estado Social.[431]

A posição de sujeito processual do imputado é complementada por uma série de direitos, como os de solicitar a produção de provas, recusar o juiz que esteja na condição de impedido ou suspeito, formular perguntas ou quesitos a testemunhas e peritos, interpor recursos, dentre outros.[432] O direito à ampla defesa e os direitos correlatos de participação ativa conferem ao imputado um largo âmbito de exercício da liberdade de atuação processual, do qual se destaca a liberdade de declaração, sob o *aspecto positivo*: se o réu tem o direito de influir ativamente no desfecho do processo, ele tem, obviamente, o direito de falar e de ser ouvido. Ao dar a sua versão dos fatos, o inculpado assume uma estratégia defensiva ativa,[433] e o exercício desse direito implica o dever estatal de apreciar fundamentadamente as declarações do acusado quando da prolação da sentença.

2.2.3.2. Presunção de inocência e direitos de participação passiva

Além de prevista em um bom número de constituições ocidentais[434] e em diversos tratados internacionais,[435] considera-se a presunção de inocência uma manifestação específica do princípio do Estado de Direito no mandamento do procedimento correto.[436]

O art. 5º, LVII, da CF-88, adotando redação inspirada na Constituição italiana,[437] dispõe que "ninguém será considerado culpado até o trânsito em julgado de sentença penal condenatória". Toda a discussão da

---

[430] HECK, Luís Afonso. *O Tribunal...*, p. 221.

[431] ROXIN, Claus. *Derecho procesal...*, p. 13-4.

[432] DIAS NETO, "O direito ao silêncio...", p. 184.

[433] Seria possível conceber o processo como *ação estratégica*, conforme expressão utilizada por HABERMAS, desde que essa concepção não estivesse desconectada com o conceito de discurso e as regras do discurso racional (ALEXY, Robert. *Teoría de la argumentación...*, p. 212.). Sobre a teoria do discurso, ver Cap. 3.1, *infra*.

[434] Citem-se, *v.g.*, as Constituições do Brasil (art. 5º, LVII), de Portugal (art. 32, n. 2), da Espanha (art. 24.1), da Itália (art. 27.2) e da França (remissão à Declaração dos Direitos do Homem e do Cidadão de 1789 no preâmbulo).

[435] Conferir, a propósito, o disposto no art. 11 da Declaração Universal dos Direitos do Homem, proclamada pela ONU em 1948; no art. 6º, 2, da CEDH, de 1950; no art. 14.2 do PIDCP, de 1966; no art. 8.2 da CADH, de 1969; no art. 48 da Carta dos Direitos Fundamentais da União Europeia, de 2000 (ainda não ratificada).

[436] ROXIN, Claus. *Derecho procesal...*, p. 78. HECK, Luís Afonso. *O Tribunal...*, p. 222.

[437] De acordo com o art. 27.2 da Constituição da Itália, "l'imputato non è considerato colpevole sino alla condanna definitiva".

academia italiana sobre se a norma asseguraria um estado de inocência ou um estado de mera não culpabilidade[438] foi também importada pelo Brasil, mas hoje prevalece o entendimento de que as expressões "inocente" e "não culpado" designam a mesma condição processual.[439]

Embora o emprego da expressão presunção de inocência seja justificado pelo uso reiterado, a norma não estabelece propriamente uma *presunção no sentido técnico*, pois a condição de inocente não é uma consequência que se extrai de um fato acontecido mediante uma operação mental.[440] Tampouco ela pode ser considerada uma *ficção jurídica*, já que não trata de tomar algo que não existe como se existisse (aproveitamento de uma não verdade).[441] Prevalece na doutrina o entendimento de que a presunção de inocência é uma *verdade interina* (antecipação de uma verdade com um caráter eventual e que permite prova em contrário),[442] pois assegura a proteção da condição de inocente enquanto não comprovada a culpabilidade do acusado.

O princípio da presunção de inocência impõe consequências normativas de natureza material e processual. É uniforme na doutrina que nele se expressa não apenas uma norma de tratamento, que proíbe antecipa-

---

[438] Comentando a redação do art. 27.2 da Constituição italiana, os defensores da classificação dicotômica (ILLUMINATI e BELAVISTA, entre outros) defendiam que a expressão não culpabilidade se equiparava à inocência, pois não haveria uma condição que pudesse ser diversa da de inocente ou de culpado; os defensores da classificação tricotômica (ROCCO e MANZINI, dentre outros), por sua vez, defendiam que enquanto existe um processo em curso, não haveria nem um inocente, nem um culpado, senão um "indiciado". Conferir, sobre essas correntes: GOMES, Luiz Flávio. "Sobre o conteúdo processual do princípio da presunção de inocência". *Estudos de Direito Penal e Processo Penal*. São Paulo: Editora Revista dos Tribunais, 1999, p. 103-7.

[439] BADARÓ, Gustavo Henrique Righi Ivahy. *O ônus da prova no processo penal*. São Paulo: Editora Revista dos Tribunais, 2003, p. 282. O art. 8º, n. 2, da CADH utiliza apenas a expressão inocência: "Toda pessoa acusada de um delito tem direito a que se presuma sua inocência enquanto não se comprove legalmente sua culpa." Sobre o estado atual da discussão na doutrina italiana, ver: GAROFOLI, Vincenzo. "Presunzione d'innocenza e considerazione di non colpevolezza. La fungibilità delle due formulazioni". *Rivista italiana di diritto e procedura penale*, anno XLI, 1998, Milano, p. 168-200.

[440] MONTERO AROCA, Juan. "Principio acusatório y prueba en el proceso penal", pp 17-66. Em: *Prueba y proceso penal*. Juan Luis Gomes Colomer (coord.) *et al*. Valência: Tirant lo Blanch, 2008, p. 47, nota de rodapé n. 29; HUERTAS MARTÍN, M. Isabel. *El sujeto pasivo...*, p. 45-6; SANGUINÉ, Odone. *Prisión Provisional y derechos fundamentales*. Valência: Tirant lo Blanch, 2003, p. 430. GOMES, Luiz Flávio. "Sobre o conteúdo...", p. 107. Transcreve-se, a propósito, o seguinte trecho de MONTAÑÉS PARDO: "[E]n estricto sentido jurídico toda presunción exige: 1º) un hecho base o indicio, que ha de ser afirmado y probado por una parte, y que no integra el supuesto fáctico de la norma aplicable; 2º) Un hecho presumido afirmado por la parte y que es el supuesto fáctico de la norma cuja aplicación se pide; y 3º) Un nexo lógico entre los dos hechos, que es precisamente la presunción, operación mental en virtud de la cual partiendo de la existencia del indicio probado se llega a dar por existente el hecho presumido. Entendida así la presunción, no hace falta insistir en que la presunción de inocencia no es una auténtica presunción ni por sua estructura ni por su funcionamiento [...]." MONTAÑÉS PARDO, Miguel Angel. *La presunción...*, p. 37.

[441] MONTAÑÉS PARDO, Miguel Angel. *La presunción...*, p. 37.

[442] MONTAÑÉS PARDO, Miguel Angel. *La presunción...*, p. 37-8. HUERTAS MARTÍN, M. Isabel. *El sujeto pasivo...*, p. 47.

ção da pena ou adoção de medidas coercitivas em face do não culpado, mas também uma norma processual que atribui o ônus da prova à acusação.[443]

A dimensão processual da presunção de inocência tem grande importância na fundamentação do direito à não autoincriminação: se o ônus da prova cabe a quem acusa, não se pode impor ao réu o dever de falar nem de produzir provas para o esclarecimento do fato.[444] À condição de inocente enlaça-se, portanto, um direito *prima facie* do imputado de negar-se à participação na produção da prova, tais como apresentação de documentos, submissão a exames, reconhecimentos ou outras diligências probatórias. Especificamente quanto à liberdade de declaração, aqui ela se manifesta sob o *aspecto negativo,* no sentido de desobrigar o acusado a depor contra si.[445]

2.2.3.3. *O direito à não autoincriminação como expressão do direito a um procedimento correto*

A conexão do direito a um procedimento correto ao direito à ampla defesa e ao direito à presunção de inocência, como analisado nos itens anteriores, enfeixa um conjunto de posições jurídicas individuais que o imputado, no exercício dos poderes e faculdades próprios de quem é sujeito do processo, pode fazer valer contra o Estado.

No âmbito do processo penal, tratar o indivíduo como sujeito implica reconhecer-lhe a liberdade de conduzir sua própria atuação como parte. Em sua dimensão positiva, o direito de participação consiste na pretensão de atuar ativamente com vista a influir no convencimento judicial, por meio de declarações, apresentação de provas e introdução de argumentos. É dever do juiz, assim, garantir que o exercício do direito de defesa não seja desproporcionalmente obstaculizado. Em sua dimensão negativa, o direito de participação consiste na pretensão de permanecer passivo quanto à possibilidade de contribuir para o convencimento judicial, seja por meio do silêncio no interrogatório, seja pela não produção

---

[443] FERRAJOLI, Luigi. *Direito e Razão*, p. 589; TONINI, Paolo. *A prova no processo penal italiano*, p. 65. Sobre as consequências da distribuição do ônus da prova no processo penal, conferir: Cap. 3.3.1.1, *infra*.

[444] INGRAHAN, Barton L. "The right of silence, the presuption of innocence, teh burden of proof, and a modest proposal: a reply to O'Reilly". *The journal of criminal law and criminology* , Northwestern, v. 86, n. 2, 1996, p. 563. *Apud* HADDAD, Carlos Henrique Borlido. *Conteúdo e contornos...*, p. 272. No mesmo sentido: RISTORI, Adriana Dias Paes. *Sobre o silêncio do arguido no interrogatório no processo penal português*. Coimbra: Almedina, 2007, p. 74; MONTERO AROCA, Juan. "Principio acusatório...", p. 51; QUEIJO, Maria Elisabeth. *O direito de não produzir...*, p. 78. Sobre as consequências da distribuição do ônus da prova no processo penal, conferir: Cap. 3.3.1.1, *infra*.

[445] Sobre o direito de não depor contra si, como expressão do direito contra a autoincriminação, ver Cap. 2. 2.3.2, *infra*. Sobre as consequências do exercício de tal direito no convencimento judicial, ver Cap. 3.3.3, *infra*.

de outras provas.[446] Quando o acusado silencia a respeito dos fatos, ou se nega a produzir provas, também está exercendo sua autodefesa.[447] A possibilidade de uma estratégia de defesa meramente passiva sair-se exitosa decorre da imposição do ônus da prova à acusação.

Ambos os modos exercício da autodefesa (ativo ou passivo) devem ser desenvolvidos de forma consciente, daí a indispensabilidade de um efetivo aconselhamento técnico. Uma vez introduzidos no processo, os elementos de prova pertencem ao juízo, não à parte que os produziu (regra da comunhão da prova). Se a avaliação da defesa é de que as provas da acusação serão insuficientes para uma condenação, as condutas de responder ao interrogatório ou requerer a realização de algum ato de instrução podem envolver mais riscos que a opção pela inatividade. A parte que opta pela produção de uma prova deve sempre considerar que as consequências dessa opção são apenas parcialmente previsíveis, pois é possível que, em decorrência de sua atividade probatória, sejam introduzidas informações desfavoráveis à tese defensiva e que, com efeito, sejam aptas a contribuir para um juízo condenatório.[448]

Compreendido na acepção ampla de negar colaboração à atividade estatal persecutória, o direito de não se autoincriminar extrai-se, portanto, da conexão da imposição do ônus probatório à acusação com o reconhecimento de que o imputado pode conduzir sua atuação, no âmbito do procedimento, da forma como melhor lhe aprouver, sem estar submetido aos interesses da parte adversa.

Reconhecer que o direito à não autoincriminação se alicerça no direito ao procedimento correto e em outras normas pelas quais este se expressa, não obsta reconhecer que, simultaneamente, também o mandamento-correção encontra amparo na proteção contra a autoincriminação. Fala-se de *fundamentação normativa mútua* quando a fundamentação de várias declarações relativamente especiais com apoio em uma declaração relativamente geral se une à fundamentação dessa declaração relativamente geral pelo feixe de declarações especiais.[449] Pode-se dizer, assim, que o direito de não incriminar a si próprio está unido com o direito a um procedimento correto em um *equilíbrio reflexivo*.[450]

---

[446] No mesmo sentido: COSTA ANDRADE, Manuel da. *Sobre as proibições de prova...*, p. 120-1.

[447] MOURA, Maria Thereza Rocha de Assis, MORAES, Maurício Zanoide de. "Direito ao silêncio no interrogatório". *Revista Brasileira de Ciências Criminais*. São Paulo, v. 2, n. 6, abr./jun. 1994, p. 140.

[448] Conferir: Cap. 3.3.3, *infra*.

[449] ALEXY, Robert. "Fundamentação jurídica...". *In Constitucionalismo discursivo*, p. 125.

[450] RAWLS, John. *A theory of justice*. Cambridge, 1971, p. 48. *Apud* ALEXY, Robert. "Fundamentação jurídica...". *In Constitucionalismo discursivo*, p. 125.

A justificação de um equilíbrio reflexivo não é um procedimento de fundamentação perfeito, já que não responde quando uma declaração geral deve ser modificada por uma declaração especial, nem quando uma declaração especial deveria ser abandonada por causa de uma declaração geral.[451] A falácia da circularidade é, de fato, um risco que se apresenta a quem pretende sustentar uma tal afirmação.

Em favor da fundamentação mútua do princípio da não autoincriminação e do princípio do procedimento correto, contudo, podem ser invocadas premissas adicionais que afastam esse perigo. Estes dois princípios não estão unidos apenas entre si. Por um lado, eles se conectam aos princípios do Estado de Direito e da dignidade da pessoa humana,[452] em relação aos quais ambos têm um caráter especial. Isso significa que eles não "dependem" de uma fundamentação indutiva para ser reconhecidos como normas jurídicas, apenas que seu âmbito de proteção é mutuamente influenciado. Por outro, eles também se relacionam com outras normas de modos diversos e em graus variáveis, o que introduz elementos importantes para sua aplicação definitiva. Em um sistema coerente, ponderações corretas podem conduzir a novas interpretações, e a cada interpretação há um aperfeiçoamento do direito em sentido amplo.[453] Com isso, ponderações do direito à não autoincriminação favorecem sempre um *novo olhar* para o direito a um procedimento correto. A comprovação de que a proteção contra a autoincriminação pode ser deduzida da exigência de correção procedimental e que, não obstante, sua aplicação caso a caso, por meio da argumentação racional, contribui para a determinação de seu âmbito normativo indica que a fundamentação mútua aqui defendida é sustentável.

A proteção contra a autoincriminação tem um papel importante na busca, exigida pelo princípio do procedimento correto, de equilibrar os poderes comunicativos dos sujeitos processuais. A compreensão cênica, contudo, não está orientada à verdade de todos os participantes do processo, mas somente à verdade do imputado,[454] pois o que está sob apuração é o fato a ele atribuído, e o objeto da decisão judicial consiste em nada menos que a sua própria condição de homem livre. Inescapável,

---

[451] ALEXY, Robert. "Fundamentação jurídica...". *In Constitucionalismo discursivo*, p. 126.

[452] De acordo com RÜPING, a norma da intangibilidade da dignidade humana "protege o direito de autoderminação também do arguido e do acusado e está em íntima conexão com a doutrina da dignidade humana segundo o arquétipo kantiano da autonomia" (*Apud* ANDRADE, Manuel da Costa. *Sobre as proibições...*, p. 125). Também DINGELDEY alerta que a liberdade protegida pela norma da dignidade humana "é posta em perigo quando o arguido é convertido em meio de prova contra si próprio" (*Apud* ANDRADE, Manuel da Costa. *Sobre as proibições...*, p. 125).

[453] ALEXY, Robert. "Interpretação Jurídica". In *Direito, Razão, Discurso*. Trad. Luís Afonso Heck. Porto Alegre: Livraria do Advogado, 2009, p. 75.

[454] HASSEMER, Winfried. *Introdução...*, p. 201.

portanto, que acusador e acusado não estão em igualdade de condições, cabendo às formas procedimentais assegurar, tanto quanto possível, o equilíbrio entre os contendores. Dada a posição do acusado no processo, e das possíveis consequências que um resultado adverso pode lhe trazer, o momento processual em que o réu é chamado a se defender pessoalmente se destina a conceder-lhe uma oportunidade de atuação que se insere no escopo processual de contrabalançar as ferramentas discursivas entre acusação e defesa.

Mas não se pode restringir o direito de não autoincriminação à mera possibilidade de deixar de responder ao interrogatório, porquanto esta não é a única forma de o acusado contribuir para a própria condenação.[455] Apresentação de documentos que estão em seu poder, fornecimento de fluidos corporais e padrões gráficos ou de voz, participação em diligências probatórias como reconhecimentos, acareações e reconstituições do fato, dentre outras, são alguns exemplos de como o inculpado pode colaborar para uma realização eficiente da atividade persecutória em seu desfavor. Impõe-se ao Estado, nessa trilha, o dever de não obrigar o imputado a realizar quaisquer condutas que favoreçam a aplicação do direito penal contra o titular do direito fundamental.

O direito à não autoincriminação estrutura-se materialmente como um direito de defesa,[456] pois em sua base está uma pretensão a uma *ação negativa* do Estado. Seu aspecto mais relevante é a imposição de um dever estatal de não intervenção no comportamento do acusado do âmbito do procedimento. Contudo, esse direito a uma omissão estatal pode ser formulado também sob a ótica dos direitos a ações positivas, das liberdades e das competências. À pretensão de uma ação negativa, dessarte, enfeixam-se também: o direito a uma *ação estatal normativa*, no sentido de obrigar o Estado a estabelecer um modelo de compreensão cênica do procedimento que assegure o respeito à posição jurídica de não colaboração por parte do acusado; uma *liberdade* de declaração e participação, sob o aspecto negativo, ao permitir que o acusado permaneça passivo no interrogatório e em quaisquer outras diligências probatórias; e, por fim, uma *competência* para que o acusado, no interrogatório ou em outros atos nos quais se requer sua colaboração, direcione seu agir como parte mediante a escolha da estratégia defensiva que lhe parecer mais adequada à obtenção de uma situação processual favorável.

---

[455] No mesmo sentido, dentre outros: HADDAD, Carlos Henrique Borlido. *Conteúdo e contornos...*, p. 57; COUCEIRO, João Cláudio. *O garantia...*, p.

[456] Conferir: Cap. 1.1.1.2, *supra*.

2.3. A APLICAÇÃO DO DIREITO À NÃO AUTOINCRIMINAÇÃO: PROTEÇÃO *PRIMA FACIE* E PROTEÇÃO DEFINITIVA

2.3.1. O problema da dupla posição do acusado no procedimento

A proteção da dignidade humana por meio de uma procedimento correto, como visto, exige que o inculpado seja tratado como sujeito de direitos processuais, de modo que possa atuar, por meio de ações ou omissões, com o objetivo de influir no resultado do processo. Quando se diz que o direito processual penal moderno abdica, para elucidação da verdade, do contributo do acusado,[457] afirma-se que o indivíduo não pode ser forçado a atuar em seu próprio desfavor, na qualidade de sujeito do processo. O acusado não é, porém, somente partícipe da compreensão cênica, mas também objeto desta,[458] visto que sobre ele recai uma suspeita que o converte em foco de uma investigação.[459] Dada essa condição (simultânea) de potencial fonte de prova, razões relacionadas à importância da realização de uma persecução eficiente podem justificar, pelo critério da proporcionalidade, a adoção de uma série de medidas coativas contra o inculpado.[460]

A diferenciação das condutas que são próprias da condição de sujeito processual das que se referem à condição de objeto do procedimento e a questão relativa a como isso se reflete na extensão do âmbito protegido do direito à não autoincriminação têm merecido atenção da doutrina estrangeira.

Javier de Luca postula que o direito à não autoincriminação somente protege as *comunicações*, sejam verbais, escritas ou gestuais, porque nesses casos a prova está na mente, na vontade do sujeito. A obtenção da prova, no caso, depende da consciência do indivíduo, ou seja, do processo de suas escolhas. Não pode o Estado, assim, obrigá-lo a declarar, a realizar a reconstrução de um fato, a entregar padrões gráficos ou a apresentar prova incriminante, casos em que o imputado deve ser considerado sujeito de prova. O quadro é diverso quando se prescinde totalmente da vontade, consentimento ou aquiescência do sujeito, e a prova deve ser obtida em seu corpo. Neste caso, o inculpado é tratado como objeto de prova, que dá lugar a outras medidas como a extração de sangue, de im-

---

[457] DIAS NETO. Theodomiro. "Direito ao silêncio...", p. 185.

[458] AMELUNG, Knut. "Zur dogmatischen Einordnung strafprozessualer Grundrechtseingriffe". *Juristen Zeitung*, n. 15/16, 1987, p. 739. *Apud* HADDAD, Carlos Henrique Borlido. *Conteúdo e contornos...*, p. 327. No mesmo sentido: HASSEMER, Winfried. *Introdução...*, p. 200; ROXIN, Claus. *Derecho procesal...*, p. 126; HUERTAS MARTÍN, M. Isabel. *El sujeto pasivo...*, p. 20.

[459] DIAS NETO. Theodomiro. "Direito ao silêncio...", p. 185.

[460] ROXIN, Claus. *Derecho procesal...*, p. 124.

pressões digitais ou de pelos, e a submissão a reconhecimento ou registro fotográfico.[461]

Para Alberto Binder, na mesma trilha, a linha divisória em relação às condutas abrangidas pela proteção contra a obrigatoriedade de autoincriminação passa por *quem introduz a informação*. O acusado estará protegido pelo direito de não atuar contra si mesmo em relação a qualquer informação que ele, como sujeito, possa dar. Ninguém pode obrigá-lo a prestar informações que o prejudiquem e que, consequentemente, ele deseje reter. Pelo critério do autor, o acusado não está amparado pela garantia contra a autoincriminação, por exemplo, no que se refere à submissão a diligências de reconhecimento pessoal ou a exames de sangue: no primeiro caso, a informação não é prestada pelo inculpado, mas por uma testemunha que, tendo visto o criminoso, identificará se este é o acusado; no segundo caso, de forma semelhante, não é o imputado quem presta a informação, mas um perito que, exemplificativamente, constata a quantidade de álcool ou determinado padrão genético no sangue do imputado.[462]

De acordo com a doutrina majoritária, porém, o critério distintivo entre a condição de sujeito e objeto reside, mais exatamente, na verificação da postura ativa ou passiva do acusado.[463] Se a diligência probatória requer uma ação positiva da pessoa, esta atua na condição de sujeito de prova; se requer tão somente um tolerar passivo, ele está na condição de objeto de prova.[464] Da mesma forma que as correntes antes citadas, essa postura majoritária defende que o imputado pode ser submetido coercitivamente a diligências como as de reconhecimento por testemunhas e extração de sangue, porque nestes casos não se exige uma colaboração ativa de sua parte.[465]

Pode-se dizer que esta última corrente abrange, de alguma forma, as duas primeiras. Todas elas partem do pressuposto de que o direito à não autoincriminação outorga ao imputado nada mais que uma prote-

---

[461] DE LUCA, Javier Augusto. "Notas sobre la cláusula contra la autoincriminación coaccionada". *Cuadernos de doctrina y jurisprudencia penal*, n° 9, p. 269-70.

[462] BINDER, Alberto. *Introdução ao direito processual penal*. Rio de Janeiro: Lumen Iuris, 2003, p. 137.

[463] De acordo com Gabriela E. Córdoba, perfilham essa corrente majoritária autores alemães de peso como ROGALL, ROXIN, BEULKE, VOLKT, RANFT, KÜHNE, dentre outros. "*Nemo tenetur se ipsum accusare*: principio de pasividad?". *Estudios sobre Justicia Penal*. David Baigún et al. Buenos Aires: Editores del Puerto, 2005, p. 281, nota de rodapé n. 10. Conferir ainda: ROXIN, Claus. *Derecho procesal...*, p. 127 e 290. No Brasil, defendem essa posição: HADDAD, Carlos H. B. *Conteúdo e contornos...*, p. 80 e 87-8.

[464] Nesse sentido: MIRFIELD, Peter, *Silence, confessions and improperly obtained evidence*. Oxford: Clarendon Press, 1997, p. 238, *apud* COUCEIRO, João. *A garantia...*, p. 146, nota de rodapé n. 18; HUERTAS MARTÍN, M. Isabel. *El sujeto pasivo...*, p. 401-2.

[465] CÓRDOBA, Gabriela E. "*Nemo tenetur...*", p. 282.

ção à *passividade*. Sua aplicação, contudo, não está livre de problemas. Primeiro, porque muitas vezes não será praticável submeter o acusado a uma medida probatória que prescinda totalmente da sua participação em forma de atividade, por mínima que seja. Segundo, porque nem sempre será possível diferenciar colaboração ativa e colaboração passiva de um ponto de vista fenotípico, ou seja, de acordo com sua aparência exterior.[466]

O enfrentamento adequado dessas críticas exige a assunção de que a dupla condição de sujeito e objeto está sujeita a graduações. A maior ou menor afetação à posição de sujeito processual constitui o ponto de partida para a ponderação de uma intervenção no direito à não autoincriminação. Se, pelo critério da proporcionalidade, quanto maior a afetação do direito fundamental, maiores devem ser as razões que justifiquem uma intervenção e mais claras devem ser as premissas que as apoiam, o primeiro passo do exame da proporcionalidade em sentido estrito de uma medida processual constitui-se na apuração do *grau de atuação positiva* que se exige ou se espera exigir do inculpado para a realização da diligência.

O direito à não autoincriminação confere ao indivíduo uma proteção *prima facie* que o libera da prática de qualquer conduta que, em alguma medida, implique um comportamento ativo do seu titular; e, por outro lado, impõe ao Estado uma proibição *prima facie* de embaraçar de algum modo o direito de não participação do indivíduo em diligências potencialmente incriminantes. Na tarefa de afirmação do direito definitivo, mediante a ponderação da intensidade da intervenção no direito fundamental com a importância dessa intervenção para a realização da justiça penal, no caso concreto, as razões para a não intervenção serão tanto mais fortes quanto mais afetada estiver a condição do indivíduo como *agente*. E essa intervenção na condição de agente, uma vez conectada à posição de sujeito processual, será tanto maior quanto maior for o grau de atividade exteriorizado no comportamento que se pretende do indivíduo para a realização do ato.

No caso do reconhecimento, por exemplo, obrigar alguém a ficar em uma sala, num local numerado, para que a testemunha possa dizer se identifica o criminoso, ao observá-lo ao lado de pessoas de fisionomia semelhante, constitui apenas uma leve intervenção na autodeterminação

---

[466] CÓRDOBA, Gabriela E. *"Nemo tenetur..."*, p. 282-3. Também criticam o critério baseado na distinção entre comportamentos ativos e passivos, dentre outros, WOLFSLAST, GRÜNWLAD e DINGELDEY (*Apud* ANDRADE, Manuel da Costa. *Sobre as proibições...*, p. 127, nota de rodapé n. 31), além de KIRSCH (KIRSCH, Stefan. "Derecho a no autoinculparse?", p. 247-64. Em: *La insostenible situación del derecho penal*. Granada: Editorial Comares, 2000, p. 254).

do investigado no processo. Pode-se dizer que, no mesmo exemplo, se o inculpado tentar eximir-se do reconhecimento fechando os olhos ou baixando a cabeça, a conduta da autoridade persecutória que o obriga a manter-se numa postura em que o rosto e os olhos do identificado possam ser vistos, possivelmente com uso de força física para erguer-lhe a cabeça ou as pálpebras, caracterizará uma intervenção na autonomia corporal do imputado de média gravidade. Por fim, no caso de se pretender, por meio de alguma forma da coação, que o acusado faça gestos, simule determinadas expressões faciais, ou leia um texto em voz alta, pode-se considerar que em tais hipóteses haverá uma intervenção gravemente intensa no direito fundamental de não contribuir ativamente para a própria condenação.

Na avaliação da intensidade da intervenção, outros elementos também podem ser considerados, como o grau de condução intelectual do indivíduo que atua. A mera provocação de um movimento muscular, que pode ser obtido por substituição da vontade do indivíduo, como erguer o braço de alguém para identificar a existência de marcas ou cicatrizes, é uma intervenção tanto menos intensa que exigir um movimento que só pode ser dirigido de forma voluntária, como obrigar alguém a falar ou a escrever, *v.g.*, para identificar padrões fonéticos ou caligráficos, respectivamente.

A valoração dos exemplos acima está, obviamente, sujeita a críticas. Sua exposição visa a, antes de tudo, mostrar que a dupla condição de sujeito processual e objeto de prova coloca o imputado numa posição peculiar dentro do procedimento e exige do aplicador do direito uma apreciação cautelosa da intensidade das intervenções no direito de o acusado não contribuir para a própria condenação. Além da possibilidade de outros direitos fundamentais com ele entrelaçarem-se, robustecendo o conjunto de argumentos em favor de sua proteção definitiva, a alocação do direito à não autoincriminação na teoria dos princípios implica o dever de nunca desconsiderar a condição de sujeito processual do indivíduo que, em grau maior ou menor, seja simultaneamente objeto de uma diligência probatória.

2.3.2. Bens protegidos e intervenções proibidas *prima facie* pelo direito à não autoincriminação

Sob uma teoria ampla do tipo normativo,[467] a necessária conexão do direito à não autoincriminação com o reconhecimento da condição de su-

---

[467] Conferir: Cap. 1.1.4, *supra.*

jeito processual do inculpado exige que o intérprete considere abrangidos no conteúdo do direito fundamental todos os bens individuais que, de alguma forma, digam respeito ao comportamento da pessoa em face de uma persecução penal.

Assegura-se, com o direito de não se autoincriminar, que o acusado, no curso do processo ou mesmo antes de este ser formalmente deflagrado, não seja obrigado a atuar em prejuízo da manutenção de sua condição de inocente. Os bens protegidos são, portanto, quaisquer comportamentos do imputado que representem uma postura de não colaboração com as instâncias formais de controle do crime. As intervenções proibidas *prima facie* consistem nos atos estatais que, por ardil ou coerção, impeçam, prejudiquem ou eliminem a liberdade do imputado de permanecer passivo no decorrer da persecução, tanto na investigação prévia como no procedimento judicializado.

Considerando o grau de conexão entre o comportamento do investigado com a sua posição de sujeito do procedimento, é possível reconhecer ao menos três níveis básicos de proteção do direito à não autoincriminação: a) o direito de não se conformar com a acusação; b) o direito de não depor contra si; c) o direito de não contribuir para a própria condenação mediante outros comportamentos.

2.3.2.1. Direito de não se conformar com a acusação

Em alguns ordenamentos jurídicos, existe a possibilidade de abreviação do procedimento, com desfecho condenatório, se o réu manifestar sua conformidade com a acusação,[468] submetendo-se à imediata aplicação da pena. Em diversos Estados norte-americanos, por exemplo, após o réu tomar conhecimento da acusação, e antes da realização de qualquer ato instrutório em juízo, chama-se o acusado para *pleading*, isto é, para que se pronuncie sobre a sua culpabilidade. Nos casos em que o réu se manifesta como culpado (*pleads guilty*), pode o juiz, verificando a voluntariedade da declaração, fixar a data da sentença (*sentencing*), ocasião em que aplicará a pena, sem a necessidade de processo (*trial*) ou veredito (*veredict*).[469]

---

[468] Prefere-se aqui a expressão *conformidade com a acusação*, em vez da usual *declaração de culpa*, já que nesta obra o vocábulo declaração é empregado no sentido genérico de uma afirmação ou de um ato de comunicação que veicula uma afirmação. A opção terminológica aqui adotada visa a evitar confusão entre o ato de manifestar concordância com a aplicação da pena com o ato (não postulatório) de simplesmente admitir o fato imputado.

[469] GOMES, Luiz Flávio. *Suspensão condicional do processo penal – O novo modelo consensual de justiça criminal*. São Paulo: Revistas dos Tribunais, 1995, p. 36-7.

Instituto semelhante existe no direito inglês,[470] no direito espanhol[471] e em outros ordenamentos jurídicos.[472]

A conformidade com a acusação, nesses ordenamentos, não se restringe a uma simples confissão,[473] tal como esta é conhecida no direito brasileiro. Mais que o simples reconhecimento dos fatos, o ato de manifestar-se culpado abrange também uma concordância com a sua qualificação jurídica delituosa. Se o réu postula o reconhecimento de sua inocência, ainda terá a oportunidade de, no final da instrução, após colhidas todas as demais provas, optar entre depor ou não depor sobre os fatos; mas se manifesta concordância com o reconhecimento de sua culpa, e se essa manifestação é aceita pelo juiz conforme critérios previstos para aferição de sua regularidade, prescinde-se da fase judicial de produção de provas, não cabendo qualquer ato instrutório destinado a confirmar ou refutar, sob critérios epistêmicos, a verdade da tese acusatória.

A opção do acusado de conformar-se ou não se conformar com a acusação é uma das mais evidentes manifestações do indivíduo como sujeito processual,[474] dada sua importância para o desfecho do caso. Nos ordenamentos que preveem essa oportunidade, optar por exercê-la é uma forma de defender-se. Reconhece-se ao réu sua capacidade de decidir o que é melhor para si: enfrentar o processo, sujeitando-se ao risco de, ao final, receber uma pena mais severa; ou aceitar a imediata imposição da pena, cuja graduação geralmente é negociada previamente com o órgão

---

[470] Sobre a conformidade com a acusação no direito inglês, conferir: SPENCER, J. R. "O sistema inglês" *Processos penais da Europa*, Mireille Delmas-Marty (organizadora). Rio de Janeiro: Editora Lumen Juris, 2005, p. 274-5.

[471] MONTAÑÉS PARDO, Miguel Angel. *La presunción...*, p. 140-2.

[472] Em Portugal, há previsão de "arquivamento contra injunções e regras de conduta" (CPP, art. 281); na Itália, a reforma de 1988 perviu o instituto do *pattegiamento*, ou "acordo entre as partes" (CPP, art. 444 e seguintes); e na Alemanha, embora o espaço para acordos processuais penais seja reduzido, o sistema tem incorporado alguns elementos da justiça penal negociada. Conferir: GOMES, Luiz Flávio. *Supensão condicional...*, p. 41-4; VOGLER, Richard. "Justiça consensual e processo penal", p. 281-307. Em: *Processo penal e Estado de Direito*. Fauzi Hassan Choukr e Kai Ambos (coords.). Campinas: Edicamp, 2002, p. 293-8; DIAS, Jorge de Figueiredo e ANDRADE, Manuel da Costa. *Criminologia – O homem delinquente e a sociedade criminógena*. Coimbra: Coimbra Editora, 1997, p. 495-6.

[473] Sobre conformidade do réu com a acusação, leciona MONTAÑÉS PARDO: "[L]a conformidad del acusado es un instituto procesal que poco o nadie tiene que ver con la confesión del acusado. [...] [L]a conformidad, aunque implícitamente suponga el reconocimiento de los hechos objeto de la acusación, en modo alguno puede considerarse como medio probatorio de esos hechos, puesto que lo que la conformidad implica precisamente es la exclusión de toda actividad probatoria respecto de los mismos. Como há afirmado el TS [*Tribunal Supremo*], "la conformidad es una institución que pone fin al proceso basándose en razones utilitarias o de economia procesal evitando la realización del acto del juicio oral y por conseguiente, la práctica de las pruebas encaminadas a demostrar la realización del hecho imputado [...]". MONTAÑÉS PARDO, Miguel Angel. *La presunción...*, p. 140-2.

[474] MONTAÑÉS PARDO chega a dizer que a *conformidad* "es un acto de disposición procesal por parte del acusado". *La presunción...*, p. 141.

acusador.[475] Pode-se dizer, por isso, que compelir alguém a concordar com a abreviação do processo seria, quanto aos efeitos, a intervenção mais severa no direito à não autoincriminação.

No direito brasileiro, não existe uma fase postulatória de concordância ou não concordância com a acusação. O réu manifesta-se, pessoalmente, apenas no interrogatório, não havendo nítida separação, portanto, da atuação do acusado como sujeito do procedimento (exercício pessoal da defesa) e como fonte de prova (prestação de um depoimento potencialmente apto a influir no convencimento judicial sobre os fatos). Mesmo que o acusado admita que o fato imputado é verdadeiro, o procedimento deve seguir normalmente, não existindo a possibilidade de sua abreviação para imediata aplicação da pena. A confissão, ademais, não faz prova plena.[476] Pode o juiz decidir pela absolvição do acusado, se a existência do fato não estiver comprovada, se este houver sido praticado sob o abrigo de alguma excludente, ou mesmo se o banco de provas sobre a própria autoria, em que pese a confissão, não for suficiente para um desfecho condenatório.

Ainda assim, a proibição de compelir alguém a conformar-se com a acusação tem relevância para o direito brasileiro em razão da previsão do instituto da transação penal. A aceitação da proposta de transação penal não acarreta, propriamente, a assunção da culpabilidade por parte do acusado, nem a homologação do acordo confere um *status* de condenado ao indivíduo. Contudo, a transação tem efeitos práticos semelhantes aos do *guilty plea* do direito norte-americano e inglês, ou aos da *conformidad* do direito espanhol, pois ela importa na aplicação de uma pena criminal sem que o fato imputado tenha sido comprovado mediante procedimentos de confirmação e refutação. Não obstante as duras críticas que a transação penal recebe na doutrina,[477] ela também se pretende justificar, tal como a declaração de culpa nos EUA, na Inglaterra e na Espanha, à guisa de uma

---

[475] Nos Estados Unidos, dá-se o nome de *plea bargaining* ao "processo de negociação que possibilita discussões entre a acusação e a defesa, com vista à obtenção de um acordo, no qual o acusado se declarará culpado, em troca de uma redução na imputação que lhe é dirigida ou de uma recomendação por parte do Ministério Público, evitando assim a celebração do processo". RODRIGUEZ GARCÍA, Nicolás. "A justiça penal e as formas de transação no direito norte-americano: repercussões". *RBCCrim* n. 13, p. 81. É crescente a tendência de adoção de tal modelo de justiça negociada por todo o mundo. Nesse sentido, embora manifestando viés crítico à expansão do modelo americano: VOGLER, Richard. "Justiça consensual e processo penal". In: *Processo penal e Estado de Direito*. Fauzi Hassan Choukr e Kai Ambos (coords.). Campinas: Edicamp, 2002, p. 281.

[476] Sobre o valor da confissão, conferir Cap. 3.3.2, *infra*.

[477] Citem-se, por todos: WUNDERLICH, Alexandre. "A vítima no processo penal: impressões sobre o fracasso da Lei 9.099/95". *RBCCRim*, n. 47, 2004; CARVALHO, Salo de. "Considerações sobre as incongruências da justiça penal consensual: retórica garantista, prática abolicionista". Em: *Diálogos sobre a Justiça Dialogal*. Aury Lopes Jr. *et al*. Rio de Janeiro: Lumen Juris, 2002, p. 129-60; SHECAIRA, Sérgio Salomão. "Controle social punitivo e a experiência brasileira". In: *Processo penal e Estado de Direito*. Fauzi Hassan Choukr e Kai Ambos (coords.). Campinas: Edicamp, 2002, p. 309-26; PRADO,

opção que se acrescenta ao leque de oportunidades defensivas conferido ao acusado. A aceitação da proposta de imediata imposição de uma pena mais leve, necessariamente não privativa de liberdade, configuraria o exercício de uma estratégia de defesa que o imputado, devidamente assistido por um advogado, pode entender como a mais conveniente para o seu caso. Pode-se dizer, por isso, que o direito de não se conformar com a acusação significa, no ordenamento jurídico brasileiro, o direito de não ser compelido ou ludibriado a aceitar uma proposta de transação penal, já que esse comportamento processual equivale, nos aspectos essenciais, a contribuir para a ocorrência da principal consequência jurídica daquilo que se entende por "condenação": a aplicação de uma pena.

A hipótese da transação penal reafirma de modo muito claro a conexão do direito de não se autoincriminar com os direitos a um procedimento correto e à ampla defesa. Ela diz respeito a uma atuação do imputado exclusivamente como sujeito processual, pois mais que simplesmente renunciar ao direito de não provar contra si, a aceitação da proposta acarreta a própria liberação da parte contrária de comprovar a acusação. A recusa da transação não deixa de ser, portanto, o exercício do direito de não contribuir para a aplicação do direito penal contra si próprio em um de seus aspectos mais básicos.

Intervir na liberdade de não aderir à proposta de transação penal significa, com efeito, embaraçar a própria atuação do acusado como agente capaz de dirigir-se racionalmente à obtenção, pelos instrumentos processuais disponíveis, do reconhecimento de que não deve receber o tratamento de culpado. Considera-se intervenção nessa liberdade de autodeterminação no âmbito do procedimento qualquer ato estatal capaz de constranger o acusado a aceitar a proposta de transação penal, como a promessa de adoção de restrições indevidas à condição de inocente no curso da apuração, seja quanto à norma de tratamento (*v.g.*, proibição desproporcional de ausentar-se da sede do juízo,), seja quanto à norma de julgamento (*v.g.*, sugestão de que a recusa influirá desfavoravelmente no convencimento judicial).

2.3.2.2. Direito de não depor contra si

O acusado pode ser instado a dar esclarecimentos sobre a sua conduta em diversos momentos da atividade estatal de perseguição ao crime. A liberdade de declaração, em seu aspecto positivo, é uma expressão do direito à ampla defesa, sobretudo, pois permite que o imputado dê

Geraldo. *Elementos para uma análise crítica da transação penal.* Rio de Janeiro: Lumen Juris, 2003, especialmente p. 177 e seguintes.

sua versão dos fatos e, com isso, possa influir ativamente no resultado do procedimento. No seu aspecto negativo, ela se extrai da imbricação do direito à ampla defesa com a presunção de inocência e a com a asseguração da liberdade moral[478] do acusado, esta entendida no sentido de querer e poder determinar o próprio comportamento sem imposições externas.

A opção por silenciar diante de perguntas que se lhe fizerem a respeito de uma conduta tida como delituosa consiste no exercício da liberdade de declaração em sua dimensão negativa. O direito de permanecer calado, como expressão do direito à não autoincriminação, abrange a proibição de compelir alguém a *confessar*, ou seja, a admitir a prática do fato imputado; a *revelá-lo*, quando as autoridades não tiverem notícia de que houve o crime ou de quem possa ser o seu autor; e a *dar qualquer informação* sobre uma conduta penalmente tipificada, ainda que para negar sua prática.

A proteção da comunicação verbal do imputado é a dimensão mais facilmente identificável do direito à não autoincriminação. Como ninguém pode falar por outra pessoa, o depoimento do próprio acusado é um meio de prova que não admite sucedâneos, nem pode ser obtido senão pelos processos volitivos internos que possibilitam a emissão dos signos linguísticos sonoros daquilo que é conhecido pelo falante. A declaração é um ato moral da personalidade e, como tal, pressupõe liberdade.[479] A imprescindibilidade de um comportamento ativo, voluntário e racional para que alguém faça uso da linguagem verbal conta em favor da consideração da liberdade de declaração do imputado como uma concretização do respeito à dignidade do homem. Se somente a pessoa humana é capaz de pensar de modo complexo e expressar-se com palavras, implica violar sua dignidade compeli-la a utilizar as capacidades que a distinguem dos objetos e dos animais para a obtenção de um fim não colimado por ela.

O ato processual em que se toma o depoimento de quem é apontado como indiciado ou réu chama-se interrogatório. No processo penal, apesar de ser eventual meio de prova, o interrogatório é também (e so-

---

[478] De acordo com VASSALI, a liberdade moral compreende a liberdade de conservar a própria liberdade psíquica, a liberdade de raciocinar, de formar a própria fé religiosa, política ou social. O autor distingue-a da liberdade pessoal, concebendo esta como o direito de manter a própria imobilidade corporal ou de movimentar-se e de não ser constrangido a fazer certos movimentos, mas não descarta a existência de situação em que a ofensa à liberdade pessoal atinge também a liberdade moral. VASSALI, Giuliano." Il dirito alla libertà morale (contributo alla teoria dei diritti della personalità)" *Scritti giuridici*. Milano: Giuffrè, 1997, p. 289-90 e 306-7. *Apud* QUEIJO, Maria Elisabeth. *O direito...*, p. 189, np. 317.

[479] FERREIRA, Manuel Cavaleiro de. *Curso de processo penal*, vol. II, p. 319. *Apud* RISTORI, Adriana Dias Paes. *Sobre o silêncio do arguido no interrogatório no processo penal português*. Coimbra: Almedina, 2007, p. 100.

bretudo) meio de defesa,[480] pois tem a função de dar vida ao contraditório, permitindo ao acusado refutar a imputação ou aduzir argumentos para justificar sua conduta.[481] A atuação do defendente no interrogatório é uma das formas mais importantes de expressar sua estratégia processual. Ciente dos elementos de prova já produzidos contra si no bojo do inquérito ou da ação penal, o acusado avalia se é conveniente manifestar-se sobre a acusação: se decide responder as perguntas sobre o fato a ele atribuído, permite que suas declarações sejam utilizadas, como meio probatório, no juízo sobre a instauração ou não instauração da ação penal (no caso do interrogatório policial) ou na sentença que encerra o caso com uma condenação ou uma absolvição (no caso do interrogatório judicial); se decide silenciar, opta por confiar na insuficiência das provas incriminantes ou dar prevalência a outros interesses que possa reputar, naquele momento, mais importantes. A postura do acusado sobre converter-se ou não se converter em fonte de prova reflete, inegavelmente, uma escolha assumida na condição de sujeito processual.[482]

A legislação brasileira restringe o direito ao silêncio ao interrogatório de mérito, negando sua incidência no interrogatório de qualificação,[483] mas a aplicação dessa barreira exige um exame cauteloso da situação concreta. Ainda que responder às perguntas sobre sua pessoa não configure, em muitos casos, uma forma de o réu contribuir para a própria condenação, a opção pela teoria ampla do tipo normativo demanda que a proteção contra essa exigência não seja *prima facie* alijada do âmbito de proteção do direito à não autoincriminação. Se o direito definitivo a abrangerá, isso é tarefa da ponderação: quanto mais próxima for a relação das perguntas da qualificação com a decisão sobre a gravidade da sanção a ser aplicada ou mesmo sobre o juízo de reprovação do fato, mais razões haverá em favor da proteção definitiva.[484]

---

[480] "El interrogatorio del acusado, que es al que se refiere propiamente la no obligación de declarar, con lo que la declaración del acusado debe contemplarse más como un medio de defensa del mismo que como una carga procesal o un medio de prueba. Si la declaración del acusado depende exclusivamente de la voluntad del mismo y es un medio de defensa, esa declaración no guarda relación alguna con el interrogatorio de las partes en el proceso civil, pues éste sí que es principalmente un medio de prueba." MONTERO AROCA, Juan. "Principio acusatorio...", p. 51.

[481] FERRAJOLI, Luigi. *Direito e razão*, p. 486.

[482] Sobre o exercício do direito de autodefesa no interrogatório e sua influência no convencimento judicial, conferir: Cap. 3.3.2 e Cap. 3.3.3, *infra*.

[483] CPP, art. 186 (grifos acrescentados): "*Depois de devidamente qualificado* e cientificado do inteiro teor da acusação, o acusado será informado pelo juiz, antes de iniciar o interrogatório, do seu direito de permanecer calado e de não responder perguntas que lhe forem formuladas."

[484] Assim, por exemplo, informações relativas aos antecedentes do réu e à sua renda podem acarretar exasperação da pena-base (CP, art. 59, *caput*), no primeiro caso, e do valor do dia-multa (CP, art. 60, *caput*), no segundo. Situações específicas também devem ser consideradas, com possível influência no convencimento judicial sobre a própria existência de fato típico, como, por exemplo, a informação

Além do interrogatório policial, prestado na fase investigativa, e do interrogatório judicial, prestado durante a ação penal, o direito à não autoincriminação abrange o direito a não prestar declarações no âmbito de qualquer diligência estatal tendente à obtenção de informações no âmbito de outros procedimentos estatais, como nas comissões parlamentares de inquérito, ou em sindicâncias e procedimentos disciplinares. A adoção da teoria ampla exige que se compreenda, no âmbito de proteção da não autoincriminação, a faculdade de todo investigado, sindicado ou atuado de não declarar sobre fatos que, além de mera infração administrativa, se subsumam a algum tipo penal. A negativa de prestar declarações cai sob a proteção *prima facie* do direito contra a autoincriminação sempre que elas puderem ser utilizadas em uma apuração criminal, ainda que a tomada do depoimento tenha a finalidade precípua de instruir um procedimento não penal.[485]

Como o direito fundamental protege a liberdade de "não se descobrir", sob o aspecto criminal, aquele que se encontre na condição de não indiciado ou testemunha propriamente dita somente pode invocar o direito à não autoincriminação se o depoimento puder contribuir para colocá-lo na condição de indiciado ou réu.[486] Embora o bem protegido – liberdade de declaração – diga respeito unicamente a fatos próprios, ninguém pode ser obrigado a depor sobre condutas de terceiros quando a elucidação destas for indissociável da revelação de condutas delituosas do próprio depoente.[487]

---

sobre o patrimônio do acusado pelo crime de lavagem de dinheiro, sobre o estado civil do denunciado por bigamia, sobre o próprio nome daquele que está sendo acusado de falsificar seus documentos de identidade etc. Nesse sentido, com menção a outros exemplos, ver: HADDAD, Carlos Henrique Borlido. *Conteúdo e contornos...*, p. 191.

[485] HADDAD, Carlos Henrique Borlido. *Conteúdo e contornos...*, p. 141-2.

[486] Não se pode concordar com a jurisprudência do STJ que coloca sob o abrigo do direito à não autoincriminação condutas que nem remotamente dizem respeito à possibilidade de contribuição para uma condenação penal (ver Cap. 2.1.3, *supra*). A pretensão do servidor público de não prestar declarações no âmbito do procedimento administrativo ou de prestá-las independentemente de compromisso de dizer a verdade, não encontra proteção sob o tipo normativo do direito de não se autoincriminar se não há possibilidade de "autoincriminação", embora se reconheça que tais condutas podem estar *prima facie* protegidas diretamente pela conexão do direito ao procedimento correto com outros direitos fundamentais. A propósito, quando a pretensão do servidor de não produzir provas contra si colidir com o bem coletivo de apurar infrações administrativas, prestar um serviço público adequado e manter nos quadros da administração apenas as pessoas que tenham idoneidade para ocupá-los, razões decorrentes da peculiaridade dessa relação de administração devem ter peso na determinação do direito definitivo. Assim, nessa ponderação, deverá ser considerado, por exemplo, que as restrições aos deveres de lealdade e veracidade do servidor público acusado de uma infração meramente administrativa são *ceteris paribus* menos extensas que as do réu particular acusado de uma infração penal. Sobre a justificação constitucional de barreiras ao direito à não autoincriminação, ver Cap. 2.3.3, *infra*.

[487] Quanto à possibilidade de recusa em colaborar à persecução penal relativa a parentes da testemunha, sem as restrições previstas no art. 206 do CPP (HADDAD, Carlos Henrique Borlido. *Conteúdo e contornos...*, p. 135), poderia ser justificada a existência de um direito fundamental a não contribuir

Caracterizam intervenção no direito à não autoincriminação quaisquer atos estatais que embaracem o exercício da liberdade de declaração. O emprego de torturas e ameaças[488] é o exemplo mais óbvio, mas também pode se intervir no direito fundamental pela utilização de meios fraudulentos ou enganosos (*v.g.*, omissão da cientificação do direito ao silêncio antes do início do interrogatório, elaboração de perguntas sugestivas, tendenciosas ou capciosas, promessas de vantagens indevidas),[489] clandestinos (*v.g.*, interrogatórios informais ardilosamente tomados por pessoas da confiança do acusado),[490] ou que afetem de qualquer modo a liberdade de o indivíduo declarar apenas o que deseja conscientemente ser declarado, seja por métodos químicos (*v.g.*, narcoanálise)[491] ou psíquicos (*v.g.*, indução a estados hipnóticos,[492] utilização de polígrafo[493] etc.).

---

para a condenação de familiares próximos pela conexão dos princípios da dignidade humana e do procedimento correto com o da proteção constitucional da família (CF-88, art. 226). O enfrentamento adequado dessa questão, contudo, reclamaria aprofundamentos que refogem ao tema objeto deste livro.

[488] De acordo com o art. 1º da Convenção contra a Tortura, celebrada no âmbito da ONU em 10-12-1984 (ratificada pelo Brasil em 28-9-1989), a expressão *tortura* designa "qualquer ato pelo qual dores ou sofrimento agudos, físicos ou mentais, são infligidos intencionalmente a uma pessoa, com o fim de se obter dela ou de uma terceira pessoa informações ou confissão; de puni-la por um ato que ela ou uma terceira pessoa tenha cometido ou seja suspeita de ter cometido; de intimidar ou coagir ela ou uma terceira pessoa; ou por qualquer outra razão baseada em discriminação de qualquer espécie, quando tal dor ou sofrimento é imposto por funcionário público ou outra pessoa no exercício de funções públicas, ou ainda por instigação dele ou com o seu consentimento ou aquiescência".

[489] Sobre essas intervenções no direito de não se autoincriminar, conferir, na literatura brasileira: QUEIJO, *O direito de não produzir...*, p. 222-27; COUCEIRO, *A garantia constitucional...*, p. 135; GOMES FILHO, *Direito à prova*, p. 116.

[490] ROXIN, Claus. *Derecho procesal...*, p. 197; HADDAD, Carlos Henrique Borlido. *Conteúdo e contornos...*, p. 227.

[491] "A narcoanálise ou exploração farmacodinâmica consiste na utilização de medicamentos que criam um estado de inconsciência ou subconsciência, diminuindo a capacidade de autodeterminação e podendo gerar na mente do sujeito um estado fantasioso, alterando a vontade e a verdade. É a utilização do chamado *soro da verdade* ("truth serum")." NUCCI, Guilherme de Souza. *O valor da confissão...*, p. 117. Sobre erros judiciários ocorridos devido à valoração de informações obtidas mediante narcoanálise: YANT, Martin. *Presumed guilty – When Innocent people are wrongly convicted*, New York: Prometheus Books, 1991, p. 86. *Apud* NUCCI, Guilherme de Souza. *O valor da confissão...*, p. 117.

[492] Estados hipnóticos são "estados neuropsicopáticos provocados, nos quais o sujeito apresenta alterações mais ou menos profundas da consciência, da inteligência ou da vontade". NUCCI, Guilherme de Souza. *O valor da confissão...*, p. 117.

[493] O polígrafo (*lie detector*) é um aparelho que registra movimentos respiratórios, pulsação, pressão arterial, secreção transpiratória. Com base em estudos pelos quais esses sinais corporais apresentam variações quando alguém está mentindo, o monitoramento das reações físicas de alguém que está sob interrogatório poderia indicar se o depoente está ou não está falando a verdade. Conferir: RISTORI, Adriana Dias Paes. *Sobre o silêncio...*, p. 142. Contudo, não há precisão nas constatações feitas com base na utilização de polígrafos, nem se pode descartar que as variações detectadas não possam decorrer do estado de nervosismo ou de outras causas físicas ou psicológicas. Citando doutrina de MONTALBANO, assevera HUERTAS MARTÍN que "el miedo de quien es sometido al *lie detector* por ser inculpado de la comisión de un delito puede surgir tanto si el mismo es culpable como si es inocente: es decir, no siempre el estado emocional verificado con las mutaciones gráficas de las funciones fisiológicas está ligado a la culpabilidad: y por otro lado, la falta de un estado emocional de

Embora no direito fundamental à não autoincriminação se ponha de manifesto, sobretudo, sua oponibilidade contra o Estado (caráter subjetivo), não se pode olvidar que sua proteção seja estendida também contra atos praticados por terceiros (caráter objetivo). Assim, também podem caracterizar intervenções no direito fundamental aquelas condutas que, apesar de praticadas por quem não age em nome do Estado, possam afetar a liberdade de uma pessoa em não colaborar para a própria incriminação. Exemplifique-se com a hipótese em que um particular tortura um acusado para dele extrair uma declaração autoincriminatória. Ainda que essa admissão, prestada fora do ato formal de interrogatório, não seja propriamente uma "confissão", sua obtenção por meios proibidos pode afetar a liberdade do acusado de decidir sobre contribuir ou não contribuir para a producão de provas em seu desfavor, já que a inquirição do interlocutor ou a apresentação do registro fonográfico da conversa seriam meios de prova em tese aptos a, sob o aspecto estritamene cognitivo, introduzir no processo a informação extorquida do acusado. Por isso, o dever de proteção ao direito à não autoincriminação exige, além de instrumentos idôneos a prevenir e reprimir essa conduta por parte de outras pessoas, que a utilização, contra o acusado, das provas assim colhidas seja *prima facie* proibida.[494]

Entende-se que há intervenção no direito de não se autoincriminar, ainda, tomar a opção de não declarar como fundamento suficiente para exasperação da pena fixada na sentença[495] ou para decreto de prisão preventiva.[496] Por fim, também pode intervir no direito fundamental a utilização do silêncio do réu no discurso judicial relativo à aceitabilidade das hipóteses fáticas levantadas no processo.[497]

A previsão de atenuante genérica para o caso de confissão (CP, art. 65, III, *d*) e de causa de diminuição de pena previstos em leis esparsas para o caso de colaboração (Lei n. 8.072/90, art. 8°, parágrafo único; Lei n.

---

miedo u outro estado análogo no siempre está ligada a la inocencia, ya que en algunos individuos sucede que la mentira se acompaña de valor y no de miedo, en cuyo caso la máquina no registrará ningún movimiento en las funciones fisiológicas del imputable culpable y mentiroso sometido al experimento". HUERTAS MARTÍN, M. Isabel. *El sujeto pasivo...*, p. 328, nota de rodapé n. 409.

[494] Sobre o tema da proibição da circulação de provas, com especial crítica à utilização, pelo Estado, de meios probatórios obtidos mediante conduta ilícita de particulares ("doutrina da bandeja de prata"), ver: KNIJNIK, Danilo. *A prova...*, p. 77-81.

[495] Nesse sentido: DIAS, Jorge de Figueiredo. *Direito processual...*, p. 449; ROXIN, Claus. *Derecho procesal...*, p. 211; QUEIJO, Maria Elisabeth. *O direito à não-autoincriminação...*, p. 218; e GREVI, Vittorio. *Nemo tenetur se detegere.* Milano: Giuffrè, 1972, p. 126. *Apud* COUCEIRO, João Cláudio. *A garantia...*, p. 183, nota de rodapé 35.

[496] HADDAD, Carlos Henrique Borlido. *Conteúdo e contornos...*, p. 214.

[497] Esta última modalidade interventiva, bem como os critérios para a sua justificação constitucional, será estudada detalhadamente no Cap. 3.3.3, *infra*.

9.034/95, art. 6º; Lei n. 9.613/98, art. 1º, § 5º; e Lei n. 9.807/99, art. 13) não caracterizariam intervenção na liberdade de declaração, pois a concessão de uma vantagem não se equipara a uma extorsão.[498] Contudo, tal como ocorre em relação à transação penal,[499] a validade da confissão e de outras formas de colaboração depende do modo como são realizadas. O juiz somente deve utilizar as informações fornecidas pelo acusado se este tinha conhecimento da sua situação processual concreta e das possíveis consequências do acordo quanto à fixação judicial dos fatos imputados.

2.3.2.3. *Direito de não contribuir para a produção de outras provas*

Outros comportamentos do acusado, requeridos em outras diligências probatórias, podem ser equiparados ao interrogatório, em maior ou menor medida, quanto à expressão de sua atuação como sujeito processual capaz de dirigir sua vontade, pelo exercício das faculdades processuais disponíveis, à obtenção de uma decisão judicial favorável.

No âmbito do processo, a consecução da paridade de armas deve se realizar não somente pela concessão das mesmas oportunidades formais de atuação, mas também por meio da supressão do desequilíbrio decorrente de uma posição processual inicialmente desvantajosa do imputado. O Estado não pode exigir que o acusado faça prova em seu desfavor, porque a escolha entre produzir ou não produzir provas que dependam do seu comportamento ativo e voluntário é um ato que se insere no exercício de uma competência conferida ao indivíduo na qualidade de parte não submetida aos interesses da parte contrária.

Não há dúvida, nessa linha, que constitui intervenção no direito à não autoincriminação exigir do indivíduo a prática de condutas ativas como as de simular a reconstituição do fato, aportar documentos incriminantes ou apresentar armas, roupas ou outros objetos utilizados pelo inculpado, por exemplo. A imposição ao acusado do dever de realizar tais ações pode caracterizar uma afetação no direito fundamental tão intensa quanto à que o obriga a depor contra si, pois em todos esses casos, o próprio acusado, como sujeito processual, é chamado a introduzir a informação que será considerada pelo juiz na sentença.

Em outras hipóteses, como na realização de exame grafotécnico ou de voz, a informação que será diretamente conhecida pelo julgador é in-

---

[498] COUCEIRO, João Cláudio. *A garantia...*, p. 135; ROXIN, Claus. *Derecho procesal...*, p. 101. Em sentido contrário, defendendo a inadmissibilidade de estímulos à colaboração do acusado: GOMES FILHO, Antonio Magalhães. *Direito à prova...*, p. 113; KIRSCH, Stefan. "Derecho a no autoinculparse?" *La insostenible situación del derecho penal*. Granada: Universidad Pompeu Fabra, 2000, p. 260-3. FERRAJOLI, Luigi. *Direito e razão*, p. 487.

[499] Conferir: Cap. 2.3.2.1, *supra*.

troduzida nos autos por um auxiliar do juízo, e não pelo imputado. Contudo, se para a realização da perícia for exigido que o acusado forneça padrões gráficos ou de voz, também haverá uma (elevada) intervenção no direito contra a autoincriminação, pois essa prova somente pode ser produzida com base em dados ou registros de um ato de comunicação cuja prática não se pode dar senão por meio dos processos volitivos internos que possibilitam a escrita ou a emissão da voz de uma pessoa.

Também nos casos em que se requer somente, ou em maior grau, uma postura omissiva por parte do acusado, como nas diligências de reconhecimento e nas investigações corporais, a pretensão do indivíduo de não se submeter à produção da prova está *prima facie* protegida. Uma pessoa não é instrumento para a própria condenação apenas quando colabora mediante uma conduta ativa, querida e livre, mas também quando, contra a sua vontade, tem de tolerar que o próprio corpo ou imagem seja utilizada para o fim de possibilitar a produção de uma prova.[500] A intervenção no direito à não autoincriminação será tanto menos grave quanto menor for o grau de atividade exigido do imputado, mas não podem ser excluídas da proteção do direito fundamental, antes de qualquer ponderação, as condutas que, embora predominantemente passivas, de algum modo digam respeito à liberdade de acusado para autodeterminar-se como parte. A existência de razões para a submissão do acusado a uma diligência probatória não faz apagar, por completo, sua condição de sujeito processual. Não obstante a distinção conceitual entre sujeito processual e o objeto da prova, essa dupla condição se reúne, quando o problema se coloca, em uma única pessoa, cuja dignidade deve ser respeitada. A questão reside em apurar o grau de intervenção no exercício da condição de sujeito processual e se, mediante o critério da proporcionalidade, essa intervenção estaria justificada.

Se a diligência probatória cogitada exigir a utilização da pessoa na qualidade de *agente*, ou seja, se a sua realização depende necessariamente do concurso de uma ação a ser praticada pelo imputado, o embaraço à sua liberdade de não colaborar para a própria condenação será elevada; mas se a produção da prova não exigir a utilização da pessoa como agente, é dizer, se puder ser realizada independentemente do exercício, pelo acusado, das faculdades cognitivas que permitem considerar o ser humano *autor* de uma determinada ação e seu efeito,[501] a afetação do direito à não autoincriminação será menos intensa. É que, no primeiro caso,

---

[500] WOLFLAST, G. "Beweisführung durch heimliche Tonbandaufzeichnung", *NStZ* 1987, p. 103-4. *Apud* COSTA ANDRADE, *Sobre as proibições de prova...*, p. 126-7.

[501] VAN WEEZEL, Alex. "Persona como sujeto de imputación y dignidad humana". *Derecho penal del enemigo – El discurso penal de la exclusión.* Cancio Meliá – Gomez-Jara Díez (coords.). v. 2. Buenos Aires: Edisofer, 2006, p. 1058.

a conduta que se requer do indivíduo não pode ser suprida por nenhuma outra ação estatal; no segundo, a conduta que se pretende obter do indivíduo pode ser, em tese, suprida por um ato de força. Quanto maior o grau de voluntariedade do comportamento exigido, e quanto mais ativa for a postura do indivíduo para a sua prática, tanto maiores serão as razões em favor do direito definitivo de não realizar a conduta potencialmente incriminatória.

Além de deveres estatais de não intervenção, cuja observância pode ser exigida por meio de uma pretensão subjetiva exercível no curso da investigação ou da ação penal, o direito fundamental de não se autoincriminar também vincula os poderes estatais em sua atuação anterior ou independente da persecução penal. Em seu aspecto objetivo, o princípio da inexigibilidade da autoincriminação fundamenta permissões de condutas omissivas dirigidas à não revelação de um crime, ainda quando não haja uma investigação criminal instaurada.[502] Contudo, é importante enfatizar que, em muitos casos, essas permissões poderão ter a estrutura de mandamentos *prima facie*, devendo ser aplicadas mediante ponderação com outros princípios incidentes. Deveras, omissões de autoincriminação podem colidir não apenas com o dever de eficiência da justiça penal, mas também com outros princípios extraprocessuais, *v.g.*, relativos ao regular funcionamento do sistema financeiro, à solidariedade no trânsito e à igualdade tributária.[503] Nesses casos, deverá ser considerado que maiores

---

[502] Sobre a exigência de apresentação de documentos em processos cíveis, por exemplo, dispõe o CPC: "Art. 363. A parte e o terceiro se escusam de exibir, em juízo, o documento ou a coisa: [...] III – se a publicidade do documento [...] lhes representar perigo de ação penal [...]".

[503] Para afirmar, por exemplo, que não existe crime na conduta de deixar de registrar operações fraudulentas nos demonstrativos contábeis de instituições financeiras (Lei n. 7.492/86, art. 10), com fundamento no direito à não autoincriminação, seria preciso aduzir razões que permitissem desconsiderar que a assunção do poder de gerência de uma instituição financeira implica uma necessária submissão ao conjunto de obrigações próprias de uma atividade para cujo exercício avultam os deveres de lealdade e transparência. Da mesma forma, sustentar que a omissão em socorrer a vítima não poderia majorar o crime de lesão corporal culposa na direção de veículo automotor (Lei n. 9.503/97, art. 303, parágrafo único) exigiria uma justificação que pudesse pôr de lado o reconhecimento de que quem se dispõe a conduzir um veículo em vias públicas necessariamente se submete a uma regulamentação que impõe ao motorista deveres positivos fundados na segurança viária e na própria proteção da vida humana. Por fim, quem defender, com fundamento na proteção contra a autoincriminação, a não incidência da norma que tipifica a omissão de rendimentos tributáveis (Lei n. 8.137/90, art. 1°, I), quando estes decorrerem de atividades ilícitas, deve enfrentar o argumento de que a aplicação de tal entendimento provocaria um tratamento tributário desigual em relação aos contribuintes cujos rendimentos provêm de fontes lícitas. Em alguns casos, a concordância prática entre os princípios da não autoincriminação e de princípios de outros ramos do direito pode ser obtida mediante a admissão da exigibilidade da conduta omissiva sob o aspecto administrativo, com uma correlata institucionalização de proibição de utilização das informações decorrentes do cumprimento do dever administrativo sob o aspecto penal; em outros casos, porém, essa solução poderá não passar no teste de proporcionalidade, seja na variante da proibição do excesso, seja na variante da proibição da insuficiência. Não é objeto do presente livro discorrer minuciosamente sobre a que resultado a ponderação deveria levar nesses casos. Sobre os critérios gerais para a justificação constitucional do direito à não autoincriminação, ver item seguinte (Cap. 2.3.3, *infra*).

serão as razões pela intervenção estatal nos casos em que a conduta potencialmente autoincriminatória é ordenada por meio de normas gerais cujo fundamento não diz respeito à apuração de crimes, mas a uma ordenação compatível com exigências funcionais e procedimentais de outros ramos do direito.[504]

Comportamentos exclusivamente ativos, ainda que praticados com o objetivo de obstaculizar a atuação dos órgãos persecutórios, não se subsumem ao tipo normativo do direito de não se autoincriminar, já que este confere proteção apenas a condutas (em algum grau) passivas. Não se descarta, todavia, que ações positivas do imputado podem estar *prima facie* protegidas, sob uma teoria ampla do tipo normativo, no direito fundamental à ampla defesa.[505]

2.3.3. Justificação constitucional das barreiras ao direito de não se autoincriminar

O direito fundamental à não autoincriminação, estruturado normativamente como uma norma do tipo princípio, está sujeito a uma realização gradual, pois pode colidir com outros princípios de estatura constitucional,[506] particularmente o bem coletivo que ordena o funcionamento eficiente da justiça penal.

A determinação da existência de uma posição jusfundamental definitiva de não colaboração ou não submissão a uma determinada diligên-

---

[504] Na hipótese de não declaração de rendimentos obtidos com a atividade criminosa (Lei n. 8.137/90, art. 1º, I), por exemplo, a conduta do agente é uma violação de uma norma geral para cuja aplicação não importa a origem dos rendimentos auferidos, de modo que as razões em favor da não incidência da norma penal serão menores, por exemplo, que na hipótese de não apresentação de documentos à fiscalização tributária (Lei n. 8.137/90, art. 1º, V, e parágrafo único) nos casos em que a exigência estatal de uma ação do contribuinte dá-se por meio de uma norma individual emanada pela autoridade no âmbito de um procedimento fiscal em curso. Sobre o problema do tratamento tributário dos rendimentos ilícitos, conferir: ZANOTTI, Marco. *"Nemo tenetur se detegere:* profili sostanziali", p. 174-213, *Rivista italiana di diritto e procedura penale,* nuova serie – anno XXXII, Milano, 1989, Giuffrè, p. 209. Sobre o problema da exigência de documentos incriminantes pela fiscalização tributária e a sua utilização no processo penal, ver: KNIJNIK, Danilo. *A prova...,* p. 79; HADDAD, Carlos H. B. *Conteúdo e contornos...,* p. 153.

[505] Hipóteses extremadas como a produção e a utilização de documentos falsos (CP, arts. 297, 298 e 304) e o suborno ou a coação de testemunhas (CP, arts. 343 e 344), por exemplo, devem ser situadas naquilo que ALEXY chama de *casos potenciais* de direitos fundamentais, de modo que a proibição dessas condutas, inclusive sob o aspecto penal, são barreiras à ampla defesa tão facilmente justificáveis que sequer é preciso recorrer a uma argumentação jusfundamental. Outras hipóteses, como a simples mentira do acusado no interrogatório, podem ser tratadas como *casos atuais* de direito fundamental. Sobre casos atuais e potenciais de direto fundamental, ver Cap. 1.1.3, *supra.* Sobre a questão relativa à existência de um "direito defnitivo de mentir", em especial quanto à influência de declarações falsas do imputado no convencimento judicial, ver Cap. 3.3.2, *infra.*

[506] Sobre colisões de princípios constitucionais e os critérios para suas soluções, ver Cap. 1.1.2, *supra,* e Cap. 1.3.1, *supra.*

cia persecutória pode reclamar do aplicador do direito o percurso de três etapas. Na primeira, deve se analisar se a consequência jurídica buscada, no caso, a proibição de se exigir do imputado uma determinada conduta, ativa ou omissiva, no âmbito do procedimento, forma parte do conteúdo do direito *prima facie*. Na segunda, verifica-se se existem barreiras à posição jusfundamental de não colaboração. Se não houver normas que de algum modo a afetem ou a eliminem, reconhece-se a proibição definitiva de exigir do imputado a conduta cogitada. Se houver barreiras, será necessário ultrapassar uma terceira etapa, na qual ocorre a ponderação entre os princípios colidentes. Com base no critério da proporcionalidade, então, deve-se avaliar, por meio do cotejo de razões e contrarrazões, se a aplicação das barreiras está justificada constitucionalmente. Se, no caso concreto, as barreiras não passarem no teste da proporcionalidade, impõe-se a proteção definitiva da posição jusfundamental de não colaboração e, correlatamente, a proibição definitiva de o Estado nela intervir.

Considerando que a teoria ampla do tipo normativo dos direitos fundamentais recomenda uma interpretação ampla dos bens protegidos e das intervenções proibidas, todo comportamento individual que possa caracterizar alguma contribuição para colocar a si próprio na situação de acusado, ou agravar essa situação, é capaz de fazer incidir o tipo normativo do direito à não autoincriminação. Até mesmo certas condutas não totalmente omissivas, se estiverem de algum modo conectadas a uma opção de não colaboração como parte processual, estão *prima facie* protegidas. Podem ser consideradas intervenções no bem protegido todos os atos estatais que afetem a liberdade de atuação do imputado no âmbito do procedimento, ainda que, no comportamento exigido do particular, a condição de sujeito processual esteja presente em menor grau. Em contrapartida, se a opção por uma teoria ampla do tipo normativo exige a tomada de posição por uma teoria ampla também das barreiras, o teste de proporcionalidade das barreiras que ordenam intervenções mais intensas no direito à não autoincriminação exigirá razões *ceteris paribus* mais fortes que as exigidas no teste de barreiras que ordenam intervenções mais leves. Uma proteção *prima facie* amplamente estendida do princípio contra a autoincriminação, como este estudo defende, acarreta a necessidade de reconhecer, também em larga medida, a existência de barreiras justificáveis a essa ampla proteção ideal.[507]

A justificação constitucional de barreiras do direito de não se autoincriminar deve ser feita no plano dos princípios, pelos critérios de solução das colisões de princípios. O conteúdo dessas barreiras, ainda quando

---

[507] Conferir Cap. 1.1.3 e Cap. 1.1.4, *supra*.

elas estiverem veiculadas por regras,[508] sustenta-se, na maioria dos casos, no bem coletivo que consiste na realização eficiente da justiça penal.

As normas que impõem o dever de o acusado escrever sob ditado da autoridade, para fins de realização de perícia grafotécnica,[509] o dever de comparecer ao interrogatório, ao reconhecimento e a outros atos nos quais pode haver produção de prova[510] e o dever de o motorista se submeter a exames para constatação de uso de álcool ou substância de efeitos análogos[511] são exemplos de barreiras do direito à não autoincriminação que, embora estabelecidas por regras, não estão completamente desvinculadas da dimensão do peso, já que à sua base está um mandamento de otimização da eficiência persecutória que ordena uma busca da verdade tão célere e completa quanto possível. Em alguns casos, o exame da proporcionalidade determinará que a realização do bem coletivo, por meio das diligências previstas em cada uma das regras mencionadas, poderia estar justificada, ainda que à custa do sacrifício do direito do acusado a não colaborar com a autoincriminação. Sob outras circunstâncias, as medidas coercitivas não poderiam ser justificadas, e então o direito individual prevalecerá.

O exame da justificação de uma intervenção no direito à não autoincriminação passa, primeiramente, pelos subpreceitos da adequação[512] e da necessidade,[513] que expressam a otimização das possibilidades fáticas.

---

[508] "También las colisiones de reglas/principios se juegan en la dimensión del peso, siempre que se haga necesaria una ponderación de un principio con otros principios que sustentan el contenido de la regla." BOROWSKI, Martin. *La restricción...*, p. 36, nota de rodapé n. 32.

[509] CPP, art. 174. "No exame para o reconhecimento de escritos, por comparação de letra, observar-se-á o seguinte: [...] IV – quando não houver escritos para a comparação ou forem insuficientes os exibidos, a autoridade mandará que a pessoa escreva o que lhe for ditado. [...]". Sobre essa hipótese, registre-se que a jurisprudência do STF já firmou entendimento no sentido da inconstitucionalidade superveniente da norma, negando a possibilidade de sua aplicação em qualquer caso (ver Cap. 2.1.3.2, *supra*). O exemplo permanece útil, contudo, para efeitos didáticos, para ilustrar o exemplo de uma intervenção grave no direito à não autoincriminação.

[510] CPP, art. 260: "Se o acusado não atender à intimação para o interrogatório, o reconhecimento ou qualquer outro ato que, sem ele, não possa ser realizado, a autoridade poderá mandar conduzi-lo à sua presença."

[511] Lei n. 9.503/97, art. 277 (redação dada pela Lei n. 11.275/2006): "Art. 277. Todo condutor de veículo automotor, envolvido em acidente de trânsito ou que for alvo de fiscalização de trânsito, sob suspeita de dirigir sob a influência de álcool será submetido a testes de alcoolemia, exames clínicos, perícia ou outro exame que, por meios técnicos ou científicos, em aparelhos homologados pelo CONTRAN, permitam certificar seu estado. § 1º Medida correspondente aplica-se no caso de suspeita de uso de substância entorpecente, tóxica ou de efeitos análogos."

[512] A título de exemplo, sequer passaria pelo primeiro passo do preceito da proporcionalidade a pretensão de submeter o acusado a polígrafos ou a outros "detectores" de mentira em face da conhecida inidoneidade de tais aparelhos para determinar, com um mínimo de precisão, a veracidade ou falsidade das declarações de alguém. Sobre o baixo fundamento gnoseológico do resultado da utilização de tais aparelhos, conferir Cap. 2.3.2.2, *supra*.

[513] Por exemplo, não seria necessária a submissão compulsória do acusado a uma colheita compulsória de impressões digitais ou ao fornecimento de padrões gráficos de seu punho escriturador se os

Nisso não se trata, ainda, de ponderação, mas de verificar se a eficiência persecutória pode ser alcançada sem a adoção de intervenções evitáveis no direito fundamental de negar colaboração à persecução penal contra si (*otimidade-Pareto*).[514] A ponderação dá-se com a aplicação do subpreceito da proporcionalidade em sentido estrito, que expressa a otimização das possibilidades jurídicas. Com o refinamento da *fórmula peso*, contam a favor da prevalência do direito de não se autoincriminar, além do peso abstrato do próprio princípio, o grau da intensidade da intervenção, associado ao grau epistêmico das premissas apoiadoras da não intervenção no direito individual. Contam a favor da prevalência do dever de eficiência persecutória, por sua vez, a par do peso abstrato deste princípio, o grau de prejuízo que a não intervenção acarretaria para a realização do dever persecutório associado ao grau epistêmico das premissas apoiadoras da intervenção.[515]

O reconhecimento de uma primazia *prima facie* em favor dos direitos de defesa[516] exige que se atribua um peso abstrato maior à proteção do direito à não autoincriminação que à realização do dever de funcionalidade da justiça penal. A gravidade da pena prevista para o crime e o abalo social causado pelo fato podem, contudo, autorizar que se atribua uma importância elevada para a eficiência persecutória em determinado caso. É possível defender, ainda, que haja um redimensionamento do peso abstrato da otimização do dever de realização da justiça penal[517] em relação a crimes praticados contra crianças e adolescentes, dada a primazia abstrata conferida pela CF-88 à proteção penal nestes casos, ou a crimes praticados por organizações criminosas, especialmente quando fazem uso de um alto poder de intimidação para submeter comunidades inteiras ao seu controle.

Em relação à intensidade da intervenção, alguns exemplos ajudam a ilustrar como esse componente entra na fórmula da ponderação: exigir que o imputado tolere uma rápida e indolor coleta de amostra de saliva consiste numa intervenção leve ou levíssima no direito de não se incriminar; obrigar alguém a soprar em um aparelho que verifica sinais de embriaguez seria uma intervenção aparentemente moderada, já que pressupõe algum grau de atividade do examinando; por fim, compelir o

---

elementos necessários à realização, respectivamente, de perícia datisloscópica e grafotécnica, estiverem disponíveis às autoridades persecutórias em arquivos ou bancos de dados públicos.

[514] ALEXY, Robert. "A fórmula peso". *In Constitucionalismo discursivo*, p. 132. Conferir Cap. 1.3.1.1, *supra*.

[515] ALEXY, Robert. "A fórmula peso". *In Constitucionalismo discursivo*, p. 151. Conferir Cap. 1.3.1.1, *supra*.

[516] Conferir Cap. 1.3.5, *supra*.

[517] Conferir Cap. 1.3.5, *supra*.

imputado a participar da reconstituição do fato, simulando a repetição de sua conduta, seria uma intervenção grave.

No que se refere ao grau de probabilidade com que se espera que a medida interventiva contribua para a realização de uma justiça penal eficiente, contam fatores como a segurança científica do exame, a experiência e a formação técnica dos peritos, o grau de idoneidade das amostras disponíveis ou passíveis de obtenção, a importância do resultado da perícia para a solução do caso, dentre outras variáveis. Assim, por exemplo, deve-se considerar que o resultado da identificação genética por moléculas de DNA tem uma grande aceitabilidade científica, ao passo que a segurança do resultado do teste de sopro nos etilômetros geralmente usados por agentes policiais e de trânsito está sujeita a contestações mais severas. Contudo, nem sempre pode se esperar que um exame dotado de alta segurança científica vá contribuir de maneira elevada para a apuração do crime: a comparação da amostra dos fluidos recolhidos do imputado com os vestígios de sêmen recolhidos do corpo da vítima pode confirmar ou refutar, com elevado grau de probabilidade, a hipótese de autoria em um caso de estupro, por exemplo; já a identificação dos dados genéticos presentes em um fio de cabelo encontrado em área pública e a uma distância não muito próxima de onde um crime de homicídio foi praticado, de seu turno, não poderia conduzir, sem a sucessão de várias outras inferências, ao conhecimento da autoria.[518]

Quando vários princípios estiverem em jogo, e somente uma solução pode ser tomada, todos os princípios correspondentes devem se integrar à ponderação. Isso exige a adoção de uma *fórmula peso ampliada*.[519] Assim, pode-se dizer que a justificação de barreiras relativas a condutas predominantemente ativas, como no caso da exigência de atos comunicativos, encontra dificuldades muito maiores, *ceteris paribus*, que a de barreiras referentes a condutas predominantemente omissivas, como no caso das investigações corporais, mas nestas, contudo, outros direitos fundamentais, como os relativos à proteção da integridade física ou de certas expressões da vida privada,[520] podem associar-se ao direito à não autoincriminação,

---

[518] É dizer: se o resultado da perícia tiver aptidão para servir diretamente à confirmação da autoria ou materialidade delitiva, a expectativa de que a diligência contribuirá para a realização eficiente da justiça penal será *ceteris paribus* maior que na hipótese de o resultado da perícia servir apenas à comprovação de um fato secundário (indício) a partir do qual se pode chegar ao conhecimento do fato principal por meio de um raciocínio inferencial. Ver, a propósito, Cap. 3.2.2.3, *infra*.

[519] ALEXY, Robert. "A fórmula peso". *In Constitucionalismo discursivo*, p. 152.

[520] No caso das investigações corporais, os avanços científicos no campo da medicina molecular suscitam a questão da "privacidade genética", que exigiria restrições quanto ao compartilhamento de informações genéticas para outros fins e à regulação da destinação que se deve dar às amostras usadas, mesmo quando houver justificativa constitucional para realização do exame. Sobre o assunto, ver: HADDAD, Carlos Henrique Borlido. *Conteúdo e contornos...*, p. 317-9; LIMA NETO, Francisco

reforçando o peso em favor da não intervenção. Quanto mais invasivas[521] ou perigosas[522] forem as diligências necessárias à produção da prova, mais razões estarão enfeixadas em prol do direito de defesa definitivo, de modo que a justificação das barreiras exigirá mais e melhores razões em favor da realização da medida interventiva.

Embora no decorrer desta obra tenham sido expostos os critérios com que se devem solucionar as colisões de princípios, a análise pormenorizada das diversas barreiras do direito à não autoincriminação refoge ao âmbito temático proposto. Será objeto deste livro, tão somente, investigar se a possibilidade de o silêncio do acusado no interrogatório judicial constituir elemento para a formação do convencimento do juiz,[523] conforme previsão da lei processual brasileira, é uma barreira ao direito de não se autoincriminar e, sendo o caso, se ela pode ser constitucionalmente justificada. Essas questões serão tratadas, com a devida atenção, no capítulo seguinte.

Vieira. "Obtenção de DNA para exame: direitos humanos *versus* exercício da jurisdição". Em *Grandes temas da atualidade: DNA como meio de prova da filiação – aspectos constitucionais, civis e penais*. Eduardo de Oliveira Leite (coord.). Rio de Janeiro: Forense, 2002, p. 115-24.

[521] Exames retais e ginecológicos, por exemplo, caracterizam intervenções corporais, *ceteris paribus*, mais intensas que exames não invasivos, como os que exigem apenas procedimentos superficiais.

[522] "Las intervenciones corporales pueden ser de diferente intensidad, según el grado de afetacción de la integridad física del sujeto, pues no es lo mismo obtener saliva, extraer un cabello o cortar una parte de una uña, o incluso unas gotas de sangre, que parcticar una punción lombar o realizar otras pruebas más agressivas." MORENO CATENA, Victor. "Los elementos probatorios obtenidos con la afestación de derechos fundamentales durante la investigación penal", p. 75-106. Em: *Prueba y proceso penal*. Juan Luis Gomes Colomer (coord.) *et al*. Valência: Tirant lo Blanch, 2008, p. 97. Esses critérios, porém, podem ser muito variáveis: em circunstâncias normais, a extração de pequena amostra de sangue afeta a integridade física de uma pessoa apenas em grau levíssimo, mas se o examinando for hemofílico, se ele estiver em más condições de saúde, se a coleta não for feita com o material apropriado e por pessoal habilitado, por exemplo, mais razões em favor da aplicação das barreiras devem ser exigidas.

[523] CPP, art. 198: "O silêncio do acusado não importará confissão, mas poderá constituir elemento para a formação do convencimento do juiz."

3. Liberdade de declaração e fixação judicial dos fatos: o exercício da autodefesa no convencimento do juiz penal

Apesar de a aplicação do direito de não se autoincriminar suscitar variadas questões que poderiam ser enfrentadas com apoio nas bases teóricas até aqui desenvolvidas, o objeto de nosso estudo neste capítulo estará delimitado ao mais antigo dos problemas relativos ao tema: o direito de não depor contra si no interrogatório judicial.

A investigação acerca das possíveis consequências do exercício do direito de permanecer calado para o convencimento judicial realiza-se sob o influxo de acesas polêmicas no mundo todo. As duas posições básicas sobre a viabilidade de se extraírem inferências do silêncio do acusado, uma que a admite, outra que a rejeita, podem ser desmembradas cada qual em outras duas. A primeira posição subdivide-se entre a que considera o silêncio do réu como indício de culpa, independetemente da conexão desta conduta com outras provas; e a que considera a possibilidade de tomar o silêncio como indício de culpa, em determinados casos, se houver conexão com outras provas de acusação. A segunda posição, por sua vez, pode ser subdividida entre: a que defende a impossibilidade de valoração do silêncio do acusado como prova, embora admita a possibilidade de o exercício dessa opção defensiva acarretar consequências prejudiciais ao imputado no exame judicial dos elementos de refutação da hipótese acusatória; e a que defende a impossibilidade de o silêncio do réu ser objeto de valoração e também de ser mencionado, em qualquer caso, no discurso judicial sobre a aceitabilidade da hipótese acusatória.

Dada a assunção de uma teoria ampla do tipo normativo, à qual corresponde uma teoria ampla das barreiras,[524] a permissão de o exercício do direito de calar influir ou ser considerado, de algum modo, na formação do convencimento do juiz penal pode caracterizar uma intervenção do direito fundamental à não autoincriminação. A análise acerca da existên-

---

[524] Conferir Cap. 1.1.3, *supra*.

cia dessa intervenção, bem como, sendo o caso, da sua extensão e de sua justificação constitucional, é a tarefa proposta neste capítulo. Para tanto, começa-se discorrendo sobre as bases de uma teoria do discurso racional (item 1); segue-se com o estudo sobre a fixação judicial dos fatos em um modelo probatório cognoscitivista (item 2); e, por fim, avaliam-se as possíveis consequências do exercício ativo e passivo da autodefesa do imputado no convencimento do juiz penal (item 3).

3.1. DISCURSO JURÍDICO E RACIONALIDADE

3.1.1. A teoria da argumentação jurídica

Surgida em meados do século passado, e em pleno desenvolvimento nos dias atuais,[525] a teoria da argumentação jurídica visa a propiciar ou incrementar os instrumentos de controle da racionalidade do discurso jurídico, evitando ou reduzindo o espaço para arbitrariedades na aplicação do direito. Em sua base está a ideia de que a legitimidade das decisões judiciais e o próprio caráter científico do direito[526] dependem da existência de procedimentos racionais de afirmação e justificação dos juízos de fato lançados no processo.

O procedimento do discurso jurídico define-se pelas regras e formas do discurso prático geral, complementadas e limitadas pelas regras e formas específicas do discurso jurídico, tais como a sujeição à lei, aos precedentes e à dogmática.[527] A argumentação que se desenvolve no âmbito de um procedimento judicial destaca-se, particularmente, por não permitir que algumas questões sejam submetidas à discussão, pelas limitações temporais e pela necessidade de observância de regras processuais que vinculam o modo de atuação das partes.

---

[525] Costuma-se atribuir a Theodor Viehweg, em sua obra *Topik und Jurisprudenz*, de 1953, a primazia dos estudos sobre a insuficiência do silogismo dedutivo e a revitalização da tópica aristotélica no raciocínio jurídico. De acordo com ATIENZA, as contribuições de Luis Recaséns Siches, Joseph Esser, Chaîm Perelman e Obrecht-Tyteca, Stephen Toulmin, Neil MacCormik, Robert Alexy, Aulis Aarnio e Alexsander Peczenik formam, junto com a obra pioneira de Viehweg, o conjunto das principais ideias relativas à teoria da argumentação jurídica (ATIENZA, Manuel. *As razões do direito* – Teorias da Argumentação Jurídica. 3a edição. Trad: Maria Cristina G. Cupertino. São Paulo: Landy, 2003, p. 14, 117-9 e 59-60). Adota-se, neste livro, a concepção Robert Alexy, consoante o qual o discurso jurídico é um caso especial do discurso prático geral cujas regras devem perpassar as três fases em que se pressupõe a pretensão de correção do direito: a criação estatal de normas jurídicas, a dogmática jurídica e o processo judicial (*Teoria de la argumentación jurídica*, p. 23).

[526] ALEXY, *Teoria de la argumentación jurídica*, p. 19.

[527] ALEXY, Robert. *Teoria de la argumentacion jurídica*, p. 201.

Adotando terminologia de Wróblewski, é possível ressaltar dois aspectos na justificação das decisões jurídicas: o interno e externo. Na justificação interna, trata-se de ver se a decisão se segue logicamente das premissas que se aduzem como fundamentação; o objeto da justificação externa, por sua vez, é a correção dessas premissas.[528]

Na lógica clássica, âmbito em que se situa a justificação interna, "temos uma *implicação*, ou uma *inferência lógica* ou uma *argumentação válida* (dedutivamente) quando a conclusão necessariamente é verdadeira se as premissas são verdadeiras".[529] Contudo, o silogismo judicial não propicia uma reconstrução adequada do processo de argumentação jurídica, sobretudo pela insuficiência dos critérios lógico-formais para a justificação das próprias premissas de que se parte[530] – em especial nos casos para cuja solução é necessária ponderação de princípios[531] ou valoração de elementos probatórios complexos.[532]

A superação da complexidade das premissas[533] não é uma questão de lógica formal, e sim do estabelecimento de um procedimento adequado às peculiaridades do caráter fortemente institucionalizado do raciocínio jurídico e da conexão do direito com a moral.[534] O resultado de um discur-

---

[528] *Apud* ALEXY, Robert. *Teoria de la argumentacion jurídica,* p. 214.

[529] ATIENZA, Manuel. *As razões do direito,* p. 27.

[530] "Nenhum dador de leis pode criar um sistema de normas que é tão perfeito que cada caso somente em virtude de uma simples subsunção da descrição do fato sob o tipo e uma regra pode ser solucionado. Para isso existem vários fundamentos. De importância fundamental são a vagueza da linguagem do direito, a possibilidade de contradições normativas, a falta de normas sobre as quais a decisão deixa apoiar-se e a possibilidade de, em casos especiais, também decidir contra o texto de uma norma. Existe, nesse aspecto, uma necessária abertura no direito." ALEXY, Robert. "A institucionalização da razão". *In Constitucionalismo discursivo,* p. 36.

[531] A aplicação dos princípios é discursiva porque "na ponderação, sentenças sobre intensidades de intervenção, pesos abstratos e graus de segurança são enlaçados um com os outros com a pretensão de correção". *Constitucionalismo discursivo,* p. 16

[532] Na lição de MACCORMICK, os chamados *hard cases* (casos difíceis) caracterizam-se por apresentar problemas de interpretação (definição do conteúdo da norma), pertinência (verificação da existência de uma norma), prova (estabelecimento da premissa menor) e qualificação (seleção dos fatos ou questões relevantes para a decisão). Apud ATIENZA, Manuel. *As razões do direito,* p. 123-5.

[533] No âmbito da justificação externa, ALEXY distingue diferentes tipos de premissas a que correspondem diferentes métodos de fundamentação: regras de direito positivo, enunciados empíricos e premissas que não são nem regras de direito positivo nem enunciados empíricos. "La fundamentación de uma regla entanto regla de Derecho positivo consiste en mostrar su conformidad con los critérios de validez del ordenamiento jurídico. En la fundamentación de premisas empíricas puede recorrir a un escala completa de formas de proceder que va desde los métodos de las ciencias empíricas, pasando por las máximas de presunción racional, hasta las reglas de la carga de la prueba en el proceso. Finalmente, para la fundamentación de las premisas que no son ni enunciados empíricos ni reglas de Derecho positivo sirve lo que puede designar-se como 'argumentación jurídica'". *Teoría de la argumentación jurídica,* p. 222.

[534] "É uma suposição central da teoria do discurso, que a aprovação no discurso, primeiro, pode depender de argumentos e que, segundo, entre a aprovação universal sob condições ideais e os conceitos de correção e de validez moral existe uma relação necessária." ALEXY, Robert. "A institucionalização da razão". *In Constitucionalismo discursivo,* p. 27.

so não pode decidir-se nem por coação lógica, nem por coação empírica, senão pela força do melhor argumento.[535]

Sobre os requisitos para um bom argumento, convém transcrever esta sucinta lição de Alexy:

> Argumentos não são indivíduos isolados, mas formam sempre um sistema, também quando isso, em passos de argumentação particulares, não ou mal se expressa. Isso, porém, significa que a qualidade de um argumento depende, essencialmente, da qualidade da conexão sistemática no qual ele está, explícita ou implicitamente. Existem dois critérios formais da qualidade de um sistema argumentativo: a consistência e a coerência. A consistência é um critério negativo. Ele está cumprido quando o sistema não mostra nenhuma contradição. A coerência é um critério positivo. Ele exige conexões positivas tão fortes quanto possível entre os elementos do sistema.[536]

A avaliação da correção dos argumentos no âmbito de um procedimento no qual os participantes se inter-relacionam comunicativamente desenvolve-se no curso das diversas fases em que a atuação destes é exigida ou esperada. Os participantes referem-se uns aos outros por sequências de ações e reações a outras ações cujo sentido não se obtém por si mesmas, mas pela outra parte da conduta à qual elas se referem: em quase toda "resposta", encontra-se a "pergunta", que por sua vez desafia uma nova "resposta".[537] Pode-se dizer, portanto, que o procedimento se estrutura dialeticamente, desde que se tome *dialética*, aqui, no sentido gadameriano da obtenção do conhecimento pela arte do perguntar.[538] Uma vez que perguntar significa colocar algo em suspenso e aberto, a dialética não é a arte de "atingir o ponto fraco daquilo que foi dito", nem de "ganhar de todo mundo na argumentação", mas sim a arte de ir colocando afirmações à prova, buscando atribuir-lhe sua verdadeira força.[539]

A teoria da argumentação, há que reconhecer, tem suas limitações. A observância das regras do discurso "ainda não garante a qualidade dos argumentos"[540] e nem, portanto, pode assegurar absolutamente a verdade das premissas utilizadas. Essas regras limitam-se a estabelecer critérios de correção *procedimental*, e não substancial, da busca da verdade.[541] O

---

[535] HABERMAS, Jürgen. *Teoría de la acción comunicativa...*, p. 140.

[536] ALEXY, Robert. *Constitucionalismo discursivo*. Porto Alegre: Livraria do Advogado, 2007, p. 14.

[537] HASSEMER, *Introdução...*, p. 177-8 e 181-2.

[538] A dialética de GADAMER é a condução de uma conversação pela "arte de juntar os olhares para a unidade de uma perspectiva (*synoran eis en eidos*). Conferir: *Verdade e método I*, p. 480.

[539] GADAMER, H. G. *Verdade e método I*, p. 478-9.

[540] ALEXY, Robert. *Uma concepção teórico-discursiva da razão prática*. Trad.: Luis Afonso Heck (no prelo).

[541] Assim a lição de TOULMIN, citado por ATIENZA: "A correção de um argumento não é... uma questão formal, quer dizer, algo que dependa exclusivamente da forma das premissas e da conclusão [...], e sim é uma questão de procedimento, no sentido de que algo precisa ser julgado de acordo com critérios (substantivos e historicamente variáveis) apropriados para cada campo de que se trate." (*As*

que a teoria do discurso pretende é aumentar "a probabilidade de que em uma discussão se chegue a uma conclusão correta, é dizer, racional".[542] A importância das regras do discurso reside, pois, em sua função regulativa,[543] cabendo ao juiz presidir o procedimento de forma a conduzir o discurso das partes e o próprio discurso judicial a uma aproximação tão alta quanto possível do discurso ideal.

No juízo de fato que há de ser afirmado no âmbito do processo, a par das regras de inferência próprias da argumentação dedutiva, das regras de experiência e das regras processuais de avaliação da prova, também as regras do discurso, próprias da *argumentação pragmática* de que trata Alexy, devem integrar o raciocínio judicial. Daí a estreita conexão entre o direito probatório, no qual se inserem as normas sobre o convencimento judicial, e a teoria da argumentação jurídica.

3.1.2 Argumentação jurídica e convencimento do juiz penal

No âmbito processual, pode-se utilizar a expressão *convencimento*[544] em dois diferentes sentidos. Em um deles, convencimento designa o processo de aquisição do conhecimento que o juiz desenvolve no âmbito do processo; no outro, convencimento diz respeito à aceitabilidade da afirmação judicial sobre o conhecimento obtido. No primeiro sentido, trata-se de algo que ocorre no contexto do descobrimento (*context of discovery*); no segundo, de algo referente ao contexto da justificação (*context of justification*).[545]

---

razões do direito, p. 94). Essa concepção está de acordo com a proposta de HABERMAS, pela qual a justificação da pretensão de correção que se coloca com atos de fala só pode ser obtida *discursivamente* (*apud* ALEXY, *Teoría de la argumentación...*, p. 117).

[542] ALEXY, Robert. *Teoría de la argumentación...*, p. 238.

[543] Sobre as limitações da teoria do discurso e sua importância como ideia regulativa, ver ALEXY, Robert. "A institucionalização da razão". *In Constitucionalismo discursivo*, p. 28.

[544] Embora na doutrina não seja incomum a utilização, como sinônimos, das expressões convencimento e convicção, neste livro o termo convencimento é empregado para designar a aceitação objetiva de um enunciado com base em argumentos bem fundados, reservando-se ao termo *convicção* o significado de crença ou opinião a respeito de algo, com base em provas ou razões íntimas. Nas citações transcritas literalmente foi preservada a opção terminológica dos autores.

[545] Na epistemologia científica, identifica-se o descobrimento com a formulação ou sugestão da hipótese e a justificação com a sua posterior comprovação ou verificação. A transposição dessa distinção à teoria processual não é livre de problemas e exige adaptações importantes. Na atividade judicial, a atenção se projeta não sobre o momento da formulação da hipótese de partida (já levantada pela parte autora), senão sobre o momento de sua aceitação ou não aceitação (a decisão do juiz). Por isso, no âmbito processual, a distinção não diz respeito à função que se realiza (formular-sugerir ou comprovar-verificar), mas do ponto de vista a partir do qual se analisa a afirmação de que a hipótese sugerida é ou não é verdadeira, ou seja, se o enunciado fático objeto do processo é dado por comprovado ou não comprovado pelo juiz. GASCÓN ABELLÁN, Marina. *Los hechos...*, p. 113-4.

Na teoria processual, é possível falar em contexto do descobrimento quando nos perguntamos *como se chegou* a uma afirmação; e em contexto da justificação, quando nos perguntamos *quais são as razões* que justificam uma afirmação. A diversidade entre contexto do descobrimento e contexto da justificação não seria somente estrutural e funcional, mas sobretudo fenomenológica: o primeiro consiste numa atividade; o segundo, num discurso.[546]

Nesta obra se utilizará a expressão *formação do convencimento* para designar a atividade de obtenção do conhecimento, que se identifica com o contexto do descobrimento (primeiro sentido); e a expressão *justificação do convencimento*, ou simplesmente *convencimento*, para designar a aceitabilidade da afirmação judicial sobre a hipótese fática, que se identifica com o contexto da justificação (segundo sentido).

Apesar desse apuro terminológico, não se pode levar a dicotomia descobrimento/justificação a extremos, pois o processo de descobrimento de uma hipótese não é estritamente independente do processo para a sua validação.[547] Se não é possível negar que fatores emotivos e ideológicos possam influenciar na solução do caso, é possível defender que a consciência do dever de justificação favorece a que o juiz, na expectativa de uma aceitação intersubjetiva de sua atividade, condicione a formulação da própria decisão, submetendo esta a controles racionais e jurídicos.[548] A controlabilidade do discurso por meio da exigência de argumentos práticos e jurídicos adequados[549] impede uma separação estanque entre o con-

---

[546] TARUFFO, Michele. *La motivazione de la sentenza civile*. Padova: Cedam: 1975, p. 213-4. *Apud* GOMES FILHO, Antonio Magalhães. *A motivação das decisões penais*. São Paulo: Editora Revista dos Tribunais, 2001, p. 112.

[547] GASCÓN ABELLÁN, Marina. *Los hechos...*, p. 111-2. Complementa a autora: "[E]l descubrimiento de una hipótesis no tiene por qué ser el campo de la pura emotividad o de la inventiva; en el descubrimiento de una hipótesis pueden aparecer sin duda elementos de irracionalidad o de emotividad, pero están (o pueden estar también presentes elementos de aceptación o validación de la misma, pues no parece lógico pensar que, si puede justificarse una decisión, se haya adoptado ésta prescindiendo por completo de las razones que constituyen esa justificación. Por eso, no resulta descabellado pensar que la exigencia de motivar 'retroactue' sobre el próprio *iter* de adopción de la decisión, reforzando su racionalidad; es decir, provocando la expulsión de los elementos de convicción no suscetibles de justificación; propiciando, en fin, que la adopción de la decisión se efectúe conforme a criterios aptos para ser comunicados, en detrimento de la 'corazonada' que resultará más difícil de justificar." GASCÓN ABELLÁN, Marina. *Los hechos...*, p. 202. No mesmo sentido: ALEXY, Robert. *Teoría de la argumentación...*, p. 221.

[548] TARUFFO, *Il vertice ambiguo*, p. 139. *Apud* GASCÓN ABELLÁN, Marina. *Los hechos...*, p. 202.

[549] "Efetivamente, a exigência de motivação responde a uma finalidade de controle do discurso [...] do juiz, com o objetivo de garantir até o limite do possível a racionalidade de sua decisão, no marco da racionalidade legal. Um controle [...] não só de procedência externa, senão que não pode carecer dessa projeção interna sobre o próprio operador ao qual nos referimos; e cujo fim é, como se viu, implicá-lo [...] ou comprometê-lo, para evitar a aceitação acrítica, como convicção, de alguma das 'perigosas sugestões da certeza subjetiva'". IBAÑEZ, Perfecto Andrés. *Valoração da prova e sentença penal*. Rio de Janeiro: Lumen Juris, 2006, p. 107. Nesta citação, entende-se que a expressão "motivação" não

texto do descobrimento e o contexto da justificação, contribuindo para que a afirmação sobre os enunciados fáticos ocorra apenas com base em *razões confessáveis.*[550]

O conceito de convencimento judicial, por isso, não pode ser desvinculado da ideia de racionalidade e, mais além, da concepção consoante a qual as decisões judiciais promovem uma *pretensão de correção*. Essa concepção não é refutada pelo fato de, em alguns casos (ou mesmo em *muitos* casos) o direito seja aplicado pelo juiz de forma equivocada. Que a decisão judicial promova uma pretensão de correção significa, primeiro, que a ela se une uma afirmação implícita de sua correção quanto ao conteúdo e ao procedimento; segundo, que ela abarca uma garantia de fundamentabilidade por meio da qual essa correção pode ser controlada; terceiro, que ela se faz acompanhar da esperança do reconhecimento de sua correção sob o ponto de vista do sistema jurídico respectivo.[551]

A tese da pretensão de correção pode ser ilustrada com o exemplo, formulado por Alexy, de uma sentença penal absurda, que dissesse algo como: "Condeno o réu, *em uma interpretação equivocada do direito vigente*, a uma pena privativa de liberdade".[552] A absurdidade da proposição reside na contradição entre o que está implícito (pretensão de correção da decisão) e o que está explícito (atribuição de uma incorreção à decisão).[553] Abrir mão da pretensão de correção permitiria aceitar que os provimentos jurisdicionais possam se apoiar em manipulações exitosas e convicções irracionais. O lugar da pretensão de correção, assim, poderia ser ocupado por algo como uma "pretensão de poder".[554]

O reconhecimento de que o direito promove uma pretensão de correção não implica assumir que, para cada caso objeto de apreciação judicial, exista apenas uma única resposta correta e justificável. Embora a ideia da única decisão correta exerça uma importante função regulativa

---

está empregada no sentido de um processo psicológico (contexto do descobrimento), mas no mesmo sentido em que esta obra utiliza a expressão "fundamentação" (contexto da justificação).

[550] GOMES FILHO, *A motivação...*, p. 113.

[551] ALEXY, Robert. "A institucionalização da razão". *Constitucionalismo discursivo*, p. 20-1 e 23.

[552] ALEXY, Robert. "A institucionalização da razão". *Constitucionalismo discursivo*, p. 22. Mantida a ideia fundamental, a redação do exemplo foi ligeiramente modificada para adaptá-la à linguagem que no Brasil se utiliza cotidianamente em sentenças penais.

[553] ALEXY, Robert. "A institucionalização da razão". *Constitucionalismo discursivo*, p. 23.

[554] ALEXY, Robert. "A institucionalização da razão". *Constitucionalismo discursivo*, p. 24. Transcreve-se, a propósito, o seguinte trecho: "Nós podemos tentar despedir as categorias da verdade, da correção e de objetividade. Se isso desse-nos bom resultado, nosso falar e nosso atuar, porém, seriam algo essencialmente diferente como é agora. O preço não seria só alto. Ele compor-se-ia, em um certo sentido, de nós mesmos." (Obra citada, p. 24-5)

na atuação discursiva das partes e do juiz,[555] é possível admitir soluções diversas para um mesmo caso, igualmente justificáveis, de acordo com as regras da argumentação racional. O que se pode aspirar, no máximo, é a melhor justificação *possível*.[556]

A justificação (externa) do convencimento judicial ocorre por meio da exposição dos fundamentos que possibilitam a aceitabilidade de uma decisão tomada no exercício da atividade jurisdicional.[557] Como instrumento jurídico apoiado na interdição da arbitrariedade, o dever de fundamentar conecta-se com o princípio do Estado de Direito.[558] Nas sociedades modernas, a base para o uso do poder pelo juiz reside na aceitabilidade de suas decisões, e não na posição de poder que ela possa ter.[559] A exigência de fundamentação busca atender ao ideal de que o processo judicial, muito além de simplesmente absorver tensões sociais e garantir a ordem social,[560] cumpre também o papel de estabelecer soluções aceitáveis do ponto de vista da correção jurídica. O dever do Estado de tratar seus cidadãos de forma racional, conforme o mandamento da dignidade humana, abrange o dever de apresentar as razões que apoiam uma decisão contrária aos interesses de um indivíduo.[561]

---

[555] "El que no se pueda justificar la tesis de la existencia de una única respuesta correcta para cada cuestión práctica no significa que el concepto de corrección tenga un carácter absoluto desde todos los pundos de vista. Sólo tiene un carácter absoluto en cuanto ideia regulativa, el concepto de corrección no presupone que exista ya para cada cuestión práctica una respuesta correcta que sólo haya que descubrir. La única respuesta correcta tiene más bien el carácter de un fin al que hay que aspirar. Los participantes en un discurso práctico, con independencia de si existe una única respuesta correcta, deben plantear la pretensión de que su respuesta es la única correcta. En otro caso, careceria de sentido sus afirmaciones y fundamentaciones." ALEXY, Robert. *Teoría de la argumentación...*, p. 302.

[556] AARNIO, Aulis. "La respuesta correcta única y el principio de la mayoria". *In Derecho, racionalidad y comunicación social: ensayos sobre filosofía del derecho*. Cidade do México: Fontanamara, 1995, p. 58. *Apud* GOMES FILHO, Antonio Magalhães. *A motivação...*, p. 127.

[557] Fundamentar, conforme doutrina de GIANFORMAGGIO, "significa justificar, e justificar significa justistificar-se, dar razão ao próprio trabalho admitindo em linha de princípio a legitimidade das críticas potenciais, a legitimidade de um controle" (GIANFORMAGGIO, Letizia. "Modelli di ragionamento giuridico. Modello deduttivo, modello indutivo, modello retorico". U. Scarpelli (org.). *La teoria generale del diritto. Problemi i tendenze attuali. Studi dedicati a Norberto Bobbio* Milano: Edizione di Comunità, 1983, p. 136. *Apud* IBAÑEZ, Perfecto. *Valoração da prova...*, p. 107). Essa lição complementa-se pela de PERFECTO IBAÑEZ: "A decisão poderá ou não convencer, mas, idealmente [...], deverá ter sido bem e suficientemente explicada. A seu destinatário por antonomásia, o acusado, às demais partes, mas ainda mais, também a eventuais leitores alheios à relação processual e ao caso concreto." (*Valoração da prova...*, p. 122).

[558] GASCÓN ABELLÁN, Marina. *Los hechos...*, p. 191.

[559] A. AARNIO, *Lo racional como razonabel*, p. 29. *Apud* GASCÓN ABELLÁN, Marina. *Los hechos...*, p. 193.

[560] ALEXY, Robert. *Teoría de la argumentación...*, p. 210. O autor refere-se às insuficiências da teoria da legitimação pelo procedimento de NIKLAS LUHMANN (*Legitimation durch Verfahren*, p. 121).

[561] LADD, J. "The place of the pratical reason in judicial decision". *Rational decision*, Nomos vol. 7, C.J Friedrich. Nova York, 1964, p. 144. *Apud* ALEXY, Robert. *Teoría de la argumentación...*, p. 210.

A pretensão da correção da decisão judicial abarca tanto a matéria de fato como a matéria de direito. Embora a distinção entre *quaestio facti* e *quaestio iuris* corra sob uma linha de demarcação flutuante,[562] estabelecida dinamicamente pela própria circularidade hermenêutica,[563] ela é útil para pôr de manifesto os diferentes aspectos da correção almejados na atividade judicial: justificar um enunciado normativo consiste em sustentar com razões sua *validez* ou sua *justiça*; justificar um enunciado fático consiste em aduzir razões que permitam sustentar que ele é *verdadeiro* ou *provável*.[564]

Assumida a conexão entre direito e moral, pode-se dizer que a falta de pretensão de correção de uma decisão sob o aspecto normativo não a priva, necessariamente, de seu caráter de decisão judicial *válida*, mas a torna *defeituosa* em um sentido relevante não apenas moralmente.[565] De modo semelhante, a falta de pretensão de correção de uma decisão sob o aspecto fático, embora também não a torne *inválida*, faz com que ela também seja *carente de correção* por instâncias revisoras. Embora o exame das questões de direito não possa ser inteiramente dissociado do exame das questões de fato (e vice-versa), no convencimento judicial sobre a matéria de direito avulta, em primeiro plano, a necessidade de uma teoria da interpretação jurídica;[566] no convencimento judicial sobre a matéria fática, por sua vez, a de uma teoria epistemológica sobre a fixação judicial dos fatos.[567]

Interessa ao presente livro, sobretudo, esta modalidade de convencimento que diz respeito à matéria fática.[568] Seu objeto não são

---

[562] GUASTINI, R. *Dalle fonti alle norme*. Torino: Guappichelli, 1992, p. 52. *Apud* IBAÑEZ, Perfecto Andrés. *Valoração...*, p. 128.

[563] IBAÑEZ, Perfecto Andrés. *Valoração...*, p. 128.

[564] GASCÓN ABELLÁN, Marina. *Los hechos...*, p. 216. Sobre o objeto da justificação de direito e da justificação de fato, conferir: TARUFFO, Michele. "Il significato costituzionale dell'obligo di motivazione". Em: *Participação e processo*, p. 37-50. Ada Pellegrini Grinover, Cândido Rangel Dinamarco, Kazuo Watanabe (coords.) *et al.* São Paulo: Revista dos Tribunais, 1988, p. 44-5.

[565] ALEXY, Robert. *Teoría de la argumentación...*, p. 209.

[566] Sobre o método e o objeto da interpretação jurídica, ver: ALEXY, Robert. *A interpretação jurídica*. Trad. Luís Afonso Heck (no prelo).

[567] Essa teoria epistemológica será tratada no Cap. 3.2, *infra*.

[568] Embora por muito tempo os juristas tenham centrado seus estudos apenas no problema da interpretação das normas, assumindo, explícita ou implicitamente, que o conhecimento dos fatos não estaria submetido a controles de qualquer tipo, atualmente há uma tendência de reconhecer que o juízo de fato é tão ou mais complicado que o juízo de direito (GASCÓN ABELLÁN, Marina. *Los hechos...*, p. 195-6). Seria defensável afirmar, até mesmo, que a institucionalização menos intensa dos procedimentos de aquisição de um conhecimento sobre as questões fáticas, comparada à profusão de normas jurídicas sobre como devem ser resolvidas as questões de direito, exigiria, *ceteris paribus*, uma maior "responsabilidade discursiva" do julgador quanto ao convencimento relativo à matéria de fato, sobretudo pela abertura inevitavelmente maior desse aspecto da justificação da decisão à utilização de argumentos práticos gerais.

propriamente as coisas ou eventos que acontecem no mundo, e sim as proposições que os enunciam.[569] Nesse sentido, entende-se por "fato principal" o enunciado que afirma a existência de circunstâncias potencialmente idôneas para fazer incidir a norma jurídica. De seu turno, entende-se por "fato secundário" o enunciado que, embora não diga respeito a circunstâncias descritas na norma, pode ser relevante para a conclusão sobre a existência ou inexistência das circunstâncias que integram o fato principal.[570]

No processo penal, o fato principal é a afirmação, formulada pelo órgão acusador, sobre a prática de uma conduta tipificada como crime.[571] Instaurada a ação, o discurso das partes fica direcionado à confirmação ou refutação da hipótese fática alegada na denúncia. Que acusação e defesa possam aduzir circunstâncias cuja comprovação seja potencialmente apta a contribuir para o convencimento judicial sobre a verdade ou falsidade do fato principal não altera o objeto do processo: com isso se trata apenas de concretizar uma regra argumentativa pela qual se deve assegurar a todo falante, quando requerida uma fundamentação daquilo que ele afirma, a possibilidade de introduzir qualquer asserção em seu discurso.[572] Devem ser objeto do conhecimento judicial, portanto, não somente o fato principal, isoladamente considerado, mas também todos os fatos secundários que possam ser importantes para a aceitabilidade da hipótese relativa ao fato principal.

3.1.3. O caráter institucionalizado do discurso e a atuação da defesa do acusado

A amplitude e os tipos de limitações do discurso jurídico são muito distintos em suas diferentes formas. A argumentação desenvolvida no curso de um procedimento penal é a que apresenta as maiores peculiaridades em relação ao discurso prático geral. Além das exigências formais e temporais presentes em qualquer discussão judicial, o discurso jurídico praticado no âmbito de um procedimento em que se apura a responsabilidade penal de alguém é posto diante de restrições adicionais decorrentes

---

[569] Ver Cap. 1.2.3, *supra*, em especial a notas de rodapé n. 162 e 165.

[570] Sobre fato principal e fato secundário, ver: TARUFFO, Michele. *La prueba...*, p. 119-20.

[571] IBAÑEZ, Perfecto Andrés. *Valoração da prova...*, p. 38.

[572] Dentre as regras de razão relativas ao discurso prático geral, que se aplicam no processo penal com as limitações decorrentes de sua institucionalização, aqui devem ser destacadas as seguintes: "(2) Todo hablante debe, cuando se le pide, fundamentar lo que afirma, a no ser que pueda dar razones que justifiquen el rechazar una fundamentación. [...] (2.1)...(a) Todos pueden problematizar cualquier aserción." (ALEXY, Robert. *Teoría de la argumentación jurídica*, p. 283).

grau de coatividade da participação do acusado e da limitação do dever de veracidade.[573]

Esses obstáculos à obtenção da "situação ideal de diálogo" no processo penal são assim descritos por Hassemer:

- O Processo Penal deve se ocupar com um objeto que se possa designar como fato punível, censurável pela acusação, ou injusto criminal; se ele não faz isto, continua sem cumprir sua função essencial: os participantes não podem ajustar o objeto do seu discurso livre de dominação.

- O Processo Penal deve ser dimensionado temporalmente, ele deve chegar a uma conclusão: os participantes não podem prolongar o discurso na esperança de um consenso livre de dominação.

- O Direito Processual Penal deve providenciar que – sob certos pressupostos – o Processo Penal possa realizar-se; em caso de necessidade, ele deve intimidar e impor sanções, até pela força física (*körperlicher Gewalt*), para obrigar os participantes a intervirem no Processo: os participantes não podem decidir por competência própria sobre o começo e o fim do seu discurso.

- O Direito Processual Penal e de execução penal devem garantir que o Processo Penal tenha consequências e que estas consequências também sejam realizadas: os participantes não podem dispor sobre as consequências da sua participação no discurso.[574]

Contudo, em que pesem tais limitações inevitáveis, seria errôneo aceitar que o discurso institucional que se realiza no âmbito do processo penal seja apenas uma deturpação do discurso livre de dominação, pois também a situação de diálogo institucional pode ser imaginada de modo ideal.[575] Dentre as tarefas da teoria do discurso está a de investigar como se pode argumentar sob condições limitadoras e como se pode melhorar a possibilidade de argumentar racionalmente sob condições limitadoras.[576]

O modelo de compreensão cênica e o seu caráter obrigatório são pressupostos necessários para que a compreensão tenha êxito e para que "os direitos dos participantes no processo somente sejam colocados em perigo nos limites mais estritos possíveis".[577] A necessidade de mitigar o desequilíbrio da partes justifica a existência de regras processuais que, no intuito de obter uma realização tão aproximada quanto possível de uma "situação ideal de diálogo", aprofundam ainda mais o caráter especial do discurso jurídico desenvolvido no âmbito do procedimento penal.

---

[573] ALEXY, *Teoría de la argumentación jurídica*, p. 206.

[574] HASSEMER, Winfried. *Introdução...*, p. 190.

[575] HASSEMER, Winfried. *Introdução...*, p. 190-1.

[576] ALEXY, Robert. *Teoria de la argumentación...*, p. 133, em comentário sobre as críticas dirigidas à teoria do discurso de J. HABERMAS.

[577] HASSEMER, W. *Introdução...*, p. 192.

Apesar de todo discurso empírico estar sujeito a restrições que excluem o reconhecimento da situação ideal de diálogo, pode-se falar em uma *realização suficiente* de condições discursivas se a aplicação de regras institucionais puderem compensar a distribuição assimétrica de atos de fala ou neutralizar as consequências negativas que poderiam surgir dessa assimetria.[578] A regra de julgamento que assegura o benefício da dúvida em favor do réu, por exemplo, insere-se no feixe de compensações institucionais à posição geralmente desvantajosa da defesa em relação à produção probatória. A inexistência de previsão de sanções para a mentira do acusado no interrogatório, por sua vez, também cumpre uma função de abrandamento do caráter coativo que decorre da própria condição de imputado, pois neutraliza as consequências negativas que se poderiam extrair, em uma situação ideal de diálogo, da ausência de pretensão de veracidade de um dos participantes do discurso.[579] De modo semelhante, a exigência de realização do interrogatório após ou ao final da instrução, quando as provas já estão colhidas,[580] bem como a concessão, em favor da defesa, do direito de sempre falar por último, visam a otimizar as possibilidades comunicativas da parte presumidamente mais frágil mediante regulação institucional das oportunidades de usar atos de fala.

Reconhece-se que, de uma forma geral, o interesse do acusado no procedimento, sob o ponto de vista subjetivo, está orientado sobretudo à obtenção de um resultado que lhe seja vantajoso, e não que o juízo alcançado seja correto ou justo. Contudo, o ponto decisivo é que os participantes do discurso, ainda que não "queiram" argumentar racionalmente, ao menos devem construir seus argumentos de tal maneira que, sob condições ideais, poderiam encontrar o acordo de todos.[581] Se, quando instada a se manifestar sobre as robustas provas produzidas em apoio à tese acusatória, a defesa se limitasse a expressar o interesse subjetivo do réu – o desejo de não ser condenado –, não estaria argumentando racionalmente. Como o juiz não decide visando a dar o que é do interesse das partes, e

---

[578] Conferir, sobre o tema: HABERMAS, Jürgen. *Teoría de la acción...*, p. 154-5.

[579] Sobre os limites do dever de veracidade no processo penal, lecionou CASTANHEIRA NEVES: "O que ninguém hoje exige, superadas que foram as atitudes degradantes do processo inquisitório (a recusar ao réu a qualidade de sujeito do processo e a vê-lo apenas como meio e objeto de investigação), é o heroísmo de dizer a verdade autoincriminadora." (NEVES, A. Castanheira. *Sumários de processo criminal*, Coimbra, 1968, p. 176. *Apud* ANDRADE, Manuel da Costa. *Sobre as proibições...*, p. 121)

[580] Nesse sentido, a Lei n. 11.719/2008, que determinou a realização do interrogatório do acusado após a colheita das provas de acusação e de defesa (CPP, art. 400, nova redação), propiciou ao imputado uma otimização do seu potencial comunicativo na compreensão cênica.

[581] ALEXY, *Teoría de la argumentación jurídica*, p. 317.

sim a aplicar corretamente o direito, a argumentação desenvolvida pelos "interessados" deve se nortear por critérios de correção jurídica.[582]

Com efeito, o modelo procedimental de Alexy pressupõe regras de condução do discurso que se conectam à pretensão de correção do direito. Aquele que fala deve poder justificar o seu discurso. Nisso está contida a ideia de uma validade universal para todos os casos em que as mesmas circunstâncias relevantes estejam presentes. A necessidade de assegurar que os argumentos em favor do acusado sejam racionais e, portanto, potencialmente eficazes para o êxito dos interesses subjetivos do imputado no processo, fundamenta a indispensabilidade da defesa técnica. A garantia de que, em qualquer caso, um profissional dotado de habilitação equivalente à do órgão acusador falará em favor do imputado[583] permite que a tese defensiva possa se apoiar em uma pretensão de validez intersubjetiva, mesmo quando o acusado, em sua autodefesa, opta por permanecer silente ou por responder as perguntas formuladas de modo não veraz.

Em sua atuação como parte processual, o trabalho da defesa consiste em utilizar os instrumentos processuais disponíveis – apresentação e impugnação de provas, formulação de perguntas e quesitos a testemunhas e peritos, introdução e refutação de argumentos etc. – no sentido de promover ou supeditar um discurso em favor da tese da inocência. Nesse discurso, ao afirmar que o réu não deve ser punido, ou que deve sê-lo com uma pena mais baixa que a requerida ou esperada, está implícita a enunciação de que em todos os casos nos quais a imputação for a mesma e o acervo probatório tiver força equivalente, aquele que estiver na condição de acusado deverá obter uma decisão tão favorável quanto à que o defendente em questão merece.[584] É dizer: se a absolvição (ou a aplicação de uma sanção leve) constitui, naquele caso, uma aplicação correta do direito, essa mesma decisão estará correta em todos os outros casos em que

---

[582] "Las partes o sus abogados plantean con sus intervenciones una pretensión de corrección, aunque sólo persigan intereses subjetivos. Lo que exponen como razones en favor de una determinada decisión podría, al menos en principio, estar incluido en un tratado de ciencia jurídica." ALEXY, *Teoría de la argumentación jurídica*, p. 212.

[583] Conferir Cap. 2.2.3.1, *supra*.

[584] Dentre as regras de fundamentação expostas na teoria da argumentação de ALEXY, citem-se as seguintes: "(5.1.1) Quien afirma una proposición normativa que presupone una regla para la satisfacción de los intereses de otras personas, debe poder aceptar las consecuencias de dicha regla también en el caso hipotético de que él se encontrara en la situación de aquellas personas. (5.1.2) Las consecuencias de cada regla para la satisfacción de los intereses de cada uno deben poder ser aceptadas por todos. (5.1.3) Toda regla debe poder enseñarse en forma abierta y general." ALEXY, Robert. *Teoría de la argumentación...*, p. 284.

houver a mesma a situação fático-processual, pois a universalização é um pressuposto transcendental implícito de todo discurso jurídico correto.[585]

3.2. A FIXAÇÃO JUDICIAL DOS FATOS EM UM MODELO COGNOSCITIVISTA

3.2.1. Pretensão de correção da decisão judicial e modelos probatórios

O modo como se concebe a decisão judicial determina, em grande parte, o modelo probatório sobre cuja base o juiz decide o caso. Se se acolhe uma concepção irracionalista da decisão judicial, resulta impossível atribuir qualquer significado à prova dos fatos. O mesmo sucede em relação às concepções pelas quais o processo não deveria se orientar à obtenção da verdade, ou não seria idôneo a alcançar esse resultado, e, ainda, àquelas pelas quais a verdade dos fatos seria em todo caso irrelevante.[586]

Se se entende, porém, que o discurso jurídico se desenvolve sob o influxo de uma pretensão de correção, o fenômeno da prova ganha importância e exige que sua compreensão esteja conectada com esse mesmo ideal. Uma teoria da argumentação jurídica efetivamente racional não se satisfaz com a expectativa de uma decisão meramente "razoável" ou que apenas "ponha fim ao litígio". Mais do que isso, ela deve pressupor uma concepção de prova capaz de propiciar uma justificação adequada da premissa fática integrante do raciocínio judicial[587] que dará solução ao caso. O modelo probatório utilizado para a solução das controvérsias ganha relevância, em suma, porque a justificação das decisões judiciais quanto à matéria fática "não está baseada em outras coisas mais que nas provas

---

[585] LA TORRE, Massimo. "Teorías de la argumentación y conceptos de derecho. Una aproximación". *Derechos y libertades*, año IV, enero 1999, n. 7. Boletín oficial del Estado, p. 303-34, p. 327.

[586] TARUFFO, Michele. *La prueba de los hechos*, p. 80-1.

[587] Não obstante a insuficiência do mero silogismo para o discurso jurídico, já que a lógica clássica não dá critérios para a seleção e justificação adequada das premissas, é possível que a resolução judicial de um conflito seja representada, sob o aspecto formal, como um silogismo prático que, a partir de uma premissa maior (a norma jurídica aplicável) e uma premissa menor (a premissa fática), conclui com uma norma jurídica singular. Essa premissa fática não é um simples enunciado descritivo de um acontecimento, mas o resultado de uma operação judicial mediante a qual se qualificam fatos, no sentido de determinar que eles constituem um caso concreto do tipo normativo (abstrato) em que vão se subsumir. GASCÓN ABELLÁN, Marina. *Los hechos en el derecho – Bases argumentales de la prueba*. 2. edición. Madrid: Marcial Pons, 2004, p. 48.

a partir das quais se realizam as inferências que conduzem à aceitação de uma hipótese como verdadeira".[588]

Não é compatível com a pretensão de correção subjacente à teoria do discurso ora defendida, por exemplo, a adoção de modelos probatórios pelos quais a prova teria, antes de tudo, uma *função persuasiva*.[589] Esses modelos, que retomam os postulados da antiga retórica aristotélica[590] e os inserem no modelo de decisão judicial proposto por Perelman, estão fundamentados em uma concepção demasiadamente restritiva de racionalidade: a prova jurídica não poderia ser mais que um argumento persuasivo por não ter as características da demonstração matemática ou dedutiva.[591] Entretanto, não se deve considerar racional apenas aquilo que é passível de uma demonstração cartesiana. Conforme a doutrina de Taruffo, "existe uma racionalidade menos rígida e estrita que, apesar disso, segue os cânones de coerência e validez lógica e que, portanto, configura modos de raciocínio controláveis e não redutíveis à mera argumentação persuasiva".[592] É possível, sob uma tal concepção de racionalidade, erigir modelos probatórios nos quais avulta o significado da prova como um instrumento para o conhecimento racional dos fatos.[593]

---

[588] WRÓBLEWSKI, Jerzy. "Justification of legal decisions". *Meaning and Truth in Judicial Decision*. Helsinki: A-TIETO Oy, 1983, p. 64. *Apud* GUZMÁN, Nicolás. "Las funciones de la prueba: perspectivas de una teoría cogniscitivista". *Revista de Ciências Jurídicas Más Derecho*, 145-60, p. 146.

[589] Dentre os autores que defendem essa concepção, destaca-se ALESSANDRO GIULIANI, para quem a prova não seria um instrumento para conhecer algo racionalmente, e sim um argumento persuasivo dirigido a fazer crer algo acerca de fatos relevantes para a decisão. *Apud*.TARUFFO, Michele. *La prueba...*, p. 349-50.

[590] GUZMÁN, Nicolás. "Las funciones de la prueba: perspectivas de una teoría cogniscitivista". *Revista de Ciências Jurídicas Más Derecho?*, 145-60, p. 146. Para Aristóteles, a retórica consiste na faculdade de descobrir aquilo que é capaz de persuadir. A persuasão seria obtida por meio de um silogismo, o chamado *entimema*, que se distinguiria do silogismo científico porque, diferentemente deste, extrairia sua conclusão de premissas incertas ou no máximo verossímeis. Nessa concepção, a atividade argumentativa não se propõe a pôr em exame a verdade ou falsidade de um enunciado, e sim a adesão ou não adesão a uma opinião. *Idem*, p. 149-50.

[591] TARUFFO, Michele. *La prueba...*, p. 356.

[592] TARUFFO, Michele. *La prueba...*, p. 356.

[593] Esse conceito permitiria um refinamento que dê conta do caráter polissêmico do termo "prova": a) no sentido de *meio de prova*, a expressão designa tudo aquilo que permite conhecer os fatos relevantes da causa, é dizer, o que permite formular ou verificar enunciados assertivos em que se sustenta a postulação das partes; b) no sentido de *resultado probatório*, a expressão prova designa aquilo que se obtém dos meios de prova, ou seja, o conhecimento já obtido do fato controvertido ou o enunciado fático verificado; c) no sentido de *procedimento probatório*, a expressão conecta os dois significados anteriores, designando o procedimento intelectivo (constatação ou inferência) mediante o qual, a partir dos meios de prova, os fatos relevantes para a decisão são conhecidos, ou seja, formulam-se ou verificam-se os enunciados assertivos sobre os quais se assentam a postulação das partes e a decisão do juiz. Na primeira e na terceira acepção (meio de prova e procedimento probatório), refere-se, sobretudo, ao contexto do descobrimento, no qual avulta a função cognoscitiva da prova; a segunda acepção (resultado probatório), por sua vez, aplica-se sobretudo no contexto da justificação, pois como elemento a ser utilizado para escolher racionalmente entre as diversas asserções formuladas no processo, põe-se de manifesto a função justificatória da prova jurídica. A fim

A concepção retórica dá conta de um aspecto da forma com que os advogados empregam a prova no processo, mas não explica sob que condições a atividade probatória das partes alcança seu objetivo de persuadir o juiz, pois nada diz acerca do modo como o julgador deve utilizar a prova para a determinação dos fatos. Se a persuasão (assim como a não persuasão), não é mais que um fato empírico sobre a situação subjetiva de alguém, é insustentável fazer desse dado contingente o *proprium* definitório da prova jurídica. Uma teoria da prova somente pode ser considerada prescritiva se ela se referir a critérios de aceitação e validez do raciocínio com que o juiz determina os fatos relevantes para a decisão.[594]

A ideia de pretensão de correção do direito contém, em si, a ideia da pretensão de uma reconstrução correta do estado de coisas relevante para a decisão judicial. Se se defende que a sentença deve se basear em premissas corretas, a função própria da prova, antes de qualquer aspecto retórico que ela possa simultaneamente atender, é a de oferecer elementos para a eleição racional da versão dos fatos que se pode definir como verdadeira.[595] Por isso, pode se dizer que a prova cumpre, sobretudo, uma *função confirmatória*[596] da hipótese fática.

Em um modelo probatório cognoscitivista, ora defendido, a aceitabilidade da afirmação sobre a verdade de um enunciado fático depende, por um lado, da conexão entre o material probatório e a hipótese que se sustenta correta e, por outro, de sua maior capacidade explicativa a respeito de outras hipóteses alternativas.[597] A estruturação dialética do procedimento,[598] pelo qual se assegura às partes a possibilidade de influir na decisão judicial por meio de argumentos, não autoriza a conclusão de que a verdade consiste no próprio diálogo, senão que ela tende a ser obtida

---

de reduzir a ambiguidade, esta obra reserva à expressão "prova" o sentido de resultado probatório (segunda acepção), optando por utilizar terminologia distinta para as demais acepções (meio de prova e procedimento de prova, respectivamente). Conferir, a propósito: GASCÓN ABELLÁN, *Los hechos...*, p. 84-5. Em conexão com esses conceitos, é possível utilizar ainda a expressão *fonte de prova* para designar aquilo que introduz os meios de prova no processo (contexto do descobrimento); e a expressão *elemento de prova* para designar um aspecto ou um resultado parcial do conhecimento obtido (contexto da justificação).

[594] TARUFFO, Michele. *La prueba...*, p. 354-5 e 357.

[595] TARUFFO, Michele. *La prueba...*, p. 86.

[596] GUZMÁN, Nicolás. "Las funciones de la prueba..., p. 158. A doutrina utiliza, com maior frequência, a expressão *função demonstrativa*. Como leciona TARUFFO, nesse caso o termo "demonstração" não é utilizado com o significado rigoroso da lógica e da matemática, mas com o significado mais vago que lhe designa o vocabulário comum, no sentido da existência de "elementos ou razões suficientes para assumir uma asserção como fundada". *La prueba...*, p. 441-2.

[597] Nesse sentido: FERRAJOLI, Luigi. *Direito e razão...*, p. 54.

[598] Adota-se, neste livro, a concepção de dialética de GADAMER. Conferir Cap. 3.1.1, *supra*.

mediante a realização do diálogo.[599] O fato de a prova ser utilizada pelos participantes do procedimento para justificar a correção do seu discurso, em vez de negar seu caráter de instrumento de conhecimento, antes o confirma, já que a pretensão de validez universal do discurso jurídico não pode ser concebida sob a base de um ceticismo epistemológico.

3.2.2. Limitações da verdade obtida no processo e os modelos probabilísticos

Conforme discorrido no item anterior, a prova é, essencialmente, um instrumento de conhecimento, já que sua função é a de oferecer elementos pelos quais se pode estabelecer se um enunciado é verdadeiro. Deve se aceitar, no entanto, que embora a aspiração ao conhecimento da verdade seja um objetivo irrenunciável do processo, o conhecimento efetivamente alcançado pelos instrumentos processuais disponíveis será sempre imperfeito ou relativo.[600] Ninguém duvida sensatamente que no âmbito do procedimento não se estabelecem verdades absolutas[601] e que qualquer conclusão a que chegue o juiz dependerá não somente da correção das inferências que fizer na análise das provas, mas também da própria qualidade dos meios de prova introduzidos no processo. A circunstância de o raciocínio judicial valer-se, em larga medida, de inferências indutivas,[602] associada às proibições normativas relativas à obtenção ou valoração de certas provas e às próprias dificuldades das partes na produção de outras tantas, exige o reconhecimento de que o conhecimento obtido no processo não é infalível[603] e está submetido, de qualquer forma, a graus de confirmação.[604]

Que o conhecimento passível de obtenção no processo esteja submetido a limitações, nada diz contra o modelo cognoscitivista. O conceito

---

[599] Em sentido semelhante, N. GUZMÁN: "El examen cruzado que impone el contradictorio puede ser considerado como un juego dialéctico, pero esto no quita que él sea un instrumento para el conocimiento de la verdad y que, por ende, mediante su realización se tienda a dicho fin." Conferir: "Las funciones...", p. 154.

[600] Conforme GASCÓN, essa formulação deve ser atribuída a MICHELE TARUFFO. Conferir: GASCÓN ABELLÁN, Marina. "Concepciones de la prueba – Observación a propósito de *Algunas consideraciones sobre la relación entre prueba y verdad*, de Michele Taruffo." *Discusiones*, año III, n. 3, p. 43-54, p. 47, nota de rodapé n. 11.

[601] MONTERO AROCA, Juan. "Proceso acusatório...", p. 53.

[602] Sobre o conhecimento judicial dos fatos como discurso "ideográfico", porquanto destinado a averiguação e compreensão de acontecimentos particulares do passado, que não podem ser repetidos experimentalmente, mas tão somente reconstruídos pelo raciocínio inferencial sobre as provas, conferir: GASCÓN ABELLÁN, Marina. *Los hechos...*, p. 116-8.

[603] GASCÓN ABELLÁN, Marina. "Concepciones de la prueba...", p. 44 e 46.

[604] TARUFFO, Michele. "Algunas observaciones sobre prueba y verdad." *Discusiones*, año III, n. 3, p. 81-97, p. 32.

de verdade (ou enunciado verdadeiro) traduz, em relação ao conceito de prova (ou enunciado provado), um *ideal*.[605] A distinção entre esses dois conceitos é necessária se se quiser dar conta do caráter autorizado, porém falível, da declaração dos fatos na sentença, e também cumpre um importante papel metodológico, ao pôr de manifesto a necessidade de assegurar que o juízo sobre os fatos se aproxime, na maior medida possível, da verdade.[606] Ainda que a fixação judicial dos fatos esteja sujeita a imperfeições, a verdade é sempre o "norte" que deve orientar o juiz em sua atividade.[607]

Superado o ceticismo que subjaz às correntes que identificam a racionalidade com o método dedutivo, mas sem desconsiderar o caráter relativo e contextualizado da verdade processual, a aceitabilidade do conhecimento obtido no processo deve ser construída a partir do conceito de probabilidade, que permite conceber a fixação judicial dos fatos como uma atividade racional, ainda que se trate de uma racionalidade incapaz de oferecer certezas incondicionadas.[608]

Para assegurar que a formação do convencimento judicial obedeça a exigências de racionalidade, dois distintos modelos probabilísticos de valoração das provas merecem destaque. Eles correspondem às duas principais noções de probabilidade: a matemática ou estatística, que pretende afirmar a probabilidade de um acontecimento de acordo com a frequência relativa da classe de eventos a que pertence; e a lógica ou indutiva, que concebe a probabilidade de um enunciado de acordo com o grau de confirmação que os elementos de prova lhe atribuem.

3.2.2.1. Modelos de probabilidade estatístico-matemática

O intento de levar ao processo o cálculo matemático de probabilidades operou-se fundamentalmente com a aplicação do teorema de Bayes às inferências jurídicas. Em sua formulação mais simples, o teorema de Bayes afirma que a possibilidade de um evento H, dado um evento E, pode se determinar em função da frequência estatística com que "dado H, se verifica E" e da probabilidade precedentemente atribuída ao evento H. O modelo bayesiano de valoração da prova é uma aplicação da teoria convencional da probabilidade estatística a probabilidades subjetivamente determinadas. Sua utilidade no processo residiria na possibilidade de

---

[605] GASCÓN ABELLÁN, Marina. "Concepciones de la prueba...", p. 46.

[606] GASCÓN ABELLÁN, Marina. "Concepciones de la prueba...", p. 46-7.

[607] WALTER, Gerhard. *Libre Apreciación de la Prueba*. Trad. Tomás Banzhaf. Bogotá: Themis, 1985, p. 71.

[608] GASCÓN ABELLÁN, Marina. *Los hechos en el derecho...*, p. 49.

combinar informações estatísticas sobre um certo evento com informação não estatística.[609]

O paradigma em torno do qual os modelos probabilístico-matemáticos vêm sendo debatidos remonta ao caso *People vs. Collins*, julgado pela Suprema Corte da Califórnia. O caso tratava de uma hipótese em que, apesar da existência de descrições, tanto do automóvel utilizado para a fuga após um roubo, como da aparência física do homem e da mulher autores do crime, não pôde haver o reconhecimento formal do casal que, com base nas características descritas, fora levado a julgamento. Calculadas as probabilidades de os dados informados se repetirem, concluiu-se que existiria somente uma possibilidade, em doze milhões, de um casal preencher cumulativamente todos os requisitos descritos. Com base na perícia matemática, os réus foram condenados pelo júri.[610] Na anulação do julgamento pela Suprema Corte da Califórnia, dentre os argumentos utilizados para rejeitar a valoração com base em cálculos estatísticos, destaca-se o de que nenhuma equação matemática poderia provar, além da dúvida razoável, que somente um casal com as características descritas poderia ser encontrado, com o grau de certeza 1:12.000.000, em toda a área do crime.[611]

Embora o modelo estatístico de valoração não se mostre adequado para o controle das inferências judiciais *tout court*, novas reflexões sobre a aplicação do teorema de Bayes no processo têm sido suscitadas mediante o acolhimento de provas científicas de estrutura estatística, como as relativas aos danos à saúde da população (*mass torts*) provocados por fármacos (*toxic torts*) ou por contato com materiais cancerígenos (*exposure torts*).[612] A crescente importância dos modelos estatísticos não se tem limitado, contudo, à fixação dos fatos em casos dessa especificidade. O exemplo mais emblemático dessa tendência, e de grande relevância para o processo penal contemporâneo, é o exame de identificação genética por meio de

---

[609] GASCÓN ABELLÁN, Marina. *Los hechos...*, p. 163-5. No mesmo sentido: KNIJNIK, Danilo. *A prova...*, p. 36.

[610] GOMES FILHO, Antonio Magalhães. *Direito à prova no processo penal*. São Paulo: Ed. Revista dos Tribunais, 1997, p. 49. "O caso pode ser assim resumido: uma senhora foi assaltada em Los Angeles e declarou ter percebido uma moça loira fugindo; uma vizinha da vítima também afirmou ter visto uma jovem branca, com cabelos loiros e 'rabo-de-cavalo', sair do local do crime e entrar em um automóvel amarelo dirigido por um homem negro de barba e bigode; dias depois, policiais conseguiram prender um casal com essas características, mas no julgamento tanto a vítima como a testemunha não puderam reconhecê-los; além disso, a defesa trouxe prova de que a acusada usava roupas claras no dia do roubo, enquanto a vítima e a testemunha diziam que a moça vestia roupas escuras; finalmente, os acusados também apresentaram um álibi, confirmado por uma testemunha de defesa." Obra citada, p. 49.

[611] Sobre o caso *People vs. Collins*, conferir: KNIJNIK, Danilo. "Os *standards*...", p. 47.

[612] GASCÓN ABELLÁN, Marina. *Los hechos...*, p. 169.

comparações de moléculas de DNA,[613] que em muitos casos forma, por si só, a prova do fato principal, e sobre ela recai praticamente todo o peso da decisão.[614] A possibilidade de a pesquisa genética alcançar conclusões de grande aceitabilidade, esteadas em probabilidades estatísticas muito elevadas, conduz a que muitos sustentem uma certa primazia desse tipo de comprovação na atividade de valoração de provas. De qualquer modo, ainda que se deva atribuir um papel destacado à perícia científica no sistema das provas, é preciso salientar a necessidade de se assegurar, em cada exame pericial realizado, um controle rigoroso da metodologia científica escolhida e da sua correta utilização no caso concreto.[615]

3.2.2.2. Modelos de probabilidade lógica ou indutiva

A insuficiência da probabilidade matemática para asseguração da racionalidade das inferências judiciais sobre a prova ensejou a concepção de outros modelos de aferição da verdade. Nos modelos de probabilidade lógica ou indutiva, dos quais se destaca o proposto pelo filósofo Jonathan Cohen, em vez de se pretender quantificar a relação entre os elementos probatórios existentes e o evento pesquisado, busca-se estabelecer o grau de confirmação fornecido pelas provas existentes a respeito de um enunciado fático.[616]

Na verificação da ocorrência de determinado fato alegado, o juiz realiza um procedimento inferencial a partir de proposições particulares fornecidas pelas informações colhidas no procedimento.[617] As inferências judiciais realizam-se mediante generalizações – as comumente chamadas *máximas de experiência*[618] – enunciadas por leis causais do tipo "se ocorre A, normalmente ocorre B".[619] Esse "normalmente" é precisamente o que faz aceitável inferir de um caso particular do antecedente um caso particular do consequente.[620] Contudo, essas generalizações não são infalíveis,

---

[613] KNIJNIK, Danilo. "Os *standards*...", p. 47-8; GASCÓN ABELLÁN, Marina. *Los hechos*..., p. 169.

[614] GASCÓN ABELLÁN, Marina. *Los hechos*..., p. 172.

[615] GASCÓN ABELLÁN, Marina. *Los hechos*..., p. 170-1.

[616] GOMES FILHO, Antonio Magalhães. *Direito à prova*..., p. 52.

[617] GOMES FILHO, Antonio Magalhães. *Direito à prova*..., p. 52.

[618] Conforme o conceito clássico de STEIN, máximas de experiência são "definições ou juízos hipotéticos [...] procedentes da experiência, mas independentes dos casos particulares de cuja observação foram induzidos, e que, para além desses casos, pretendem ter validade para outros casos novos" (tradução livre). Conferir: STEIN, Friedrich. *El conocimiento privado del juez*. Bogotá: Têmis, 1988, p. 27. Na literatura brasileira, conferir: ROSITO, Francisco. *Direito probatório – As máximas da experiência em juízo*. Porto Alegre: Livraria do Advogado, 2007.

[619] GASCÓN ABELLÁN, Marina. *Los hechos*..., p. 175.

[620] GASCÓN ABELLÁN, Marina. *Los hechos*..., p. 175.

de modo que, para determinar o grau de solidez de uma afirmação, é necessário especificar a validade do suporte indutivo que fundamenta a generalização.[621] Deve-se, então, submeter essa generalização a uma série de procedimentos de indução eliminativa pelos quais seja possível constatar a capacidade de resistência da afirmação à interferência de fatores que poderiam conduzir a outras conclusões.[622]

Um interessante exemplo, relativo ao processo penal, é dado por Cohen: um homem que carregava joias em seu bolso é abordado por policiais, de madrugada, quando estava no jardim da casa de onde, pouco tempo antes, aquelas joias haviam sido subtraídas. Nesse caso, a acusação haveria de alegar que o imputado é o autor do furto por meio da generalização de que se um objeto furtado for encontrado, logo após a subtração, no bolso de uma pessoa, é porque esta o pegou deliberadamente. A defesa, por sua vez, intentaria provar que essa generalização não se aplica ao caso particular, mediante o testemunho de alguém que houvesse visto o imputado recolhendo as joias do chão para guardá-la, após o verdadeiro ladrão as ter deixado cair em sua fuga, por exemplo. A acusação, então, para afastar todo resquício de dúvida razoável, teria que destruir a força do testemunho da defesa, provando, por exemplo, que nenhuma outra pessoa havia passado pelo jardim...[623]

O modelo de probabilidade indutiva proposto por Cohen faz referência a um processo lógico de eliminação de hipóteses cujo grande mérito é o de mostrar que o "componente de probabilidade" próprio da atividade judicial de fixação dos fatos exige, também, um "componente de completude".[624] Por isso, a insuficiência de informação sobre os fatos deveria evitar que se atribuísse uma alta probabilidade à afirmação de sua ocorrência, já que a informação faltante, se estivesse disponível, poderia negar a hipótese cogitada.[625]

3.2.2.3. O esquema valorativo do grau de confirmação

Um modelo de probabilidade adequado poderia partir do modelo de indução proposto por Cohen, com a complementação de regras argumentativas especiais que propiciem o estabelecimento das condições que justificam considerar verdadeira uma determinada versão fática. O reconhecimento da correção de um enunciado fático depende da qualidade

---

[621] GOMES FILHO, Antonio Magalhães. *Direito à prova...*, p. 52-3.

[622] GOMES FILHO, Antonio Magalhães. *Direito à prova...*, p. 52-3.

[623] GASCÓN ABELLÁN, Marina. *Los hechos...*, p. 176.

[624] GASCÓN ABELLÁN, Marina. *Los hechos...*, p. 176-7.

[625] GASCÓN ABELLÁN, Marina. *Los hechos...*, p. 176.

das inferências que as provas autorizam realizar (requisito da confirmação) e de sua resistência às contraprovas (requisito da não refutação).

Quanto ao requisito da confirmação, deve-se assinalar que a probabilidade indutiva de uma hipótese aumenta ou diminui conforme: (1) o fundamento cognoscitivo e o grau de probabilidade alcançável pelas generalizações usadas; (2) a qualidade epistêmica das provas que as confirmam; (3) o número de passos inferenciais que compõem a cadeia de confirmação; e (4) a quantidade e a variedade de provas ou confirmações.[626] É possível, portanto, enunciar esses critérios da seguinte forma:

(1) O grau de probabilidade de uma hipótese é diretamente proporcional ao fundamento e ao grau de probabilidade expressado pelas máximas de experiência usadas na confirmação.

(2) A probabilidade de uma hipótese é tendencialmente maior quando confirmada por constatações que quando vem confirmada por hipóteses.

(3) A probabilidade de uma hipótese é menor quanto maior seja o número de passos que compõem o procedimento probatório que conduz à sua confirmação.

(4) A probabilidade de uma hipótese aumenta com a quantidade e a variedade das provas que a confirmam.[627]

Em relação ao critério (1), devem ser esclarecidos alguns pontos. Embora as generalizações (máximas de experiência) estejam inevitavelmente presentes no raciocínio judicial,[628] seu uso deve ser cauteloso, pois é dever do juiz avaliar criteriosamente o seu fundamento cognoscitivo e os graus de probabilidade que elas são aptas a expressar. Essas generalizações podem ser compreendidas como a *tradição* na teoria de Gadamer, no sentido de que elas integram o conjunto de elementos culturais presentes no ponto de partida do intérprete,[629] e que devem, não obstante, se submeter ao teste de racionalidade necessário para que o conhecimento seja adequadamente buscado.[630] Deve-se ter em mente que, enquanto algumas

---

[626] GASCÓN ABELLÁN, Marina. *Los hechos...*, p. 180.

[627] GASCÓN ABELLÁN, Marina. *Los hechos...*, p. 181-4.

[628] Sobre a importância das máximas de convencimento no raciocínio judicial, ver: ROSITO, Francisco. *Direito Probatório – As máximas da experiência em juízo*. Porto Alegre: Livraria do Advogado, 2007, p. 51-2; KNIJNIK, Danilo. *A prova...*, p. 68.

[629] TARUFFO, Michele. "Senso comum, experiência e ciência no raciocínio do juiz." *Revista da Escola Paulista da Magistratura*, v. 2, n. 2, jul./dez. 2001, p. 176.

[630] A questão da qualidade das máximas de experiência, tal como sugere TARUFFO, tem relação com a adequada conceituação do círculo da compreensão tratado pela filosofia hermenêutica. "O círculo não deve ser rebaixado a um *vitiosum*, mesmo que apenas tolerado. Nele se esconde a possibilidade positiva do conhecimento mais originário que, de certo, só pode ser apreendida de modo autêntico se a interpretação tiver compreendido que sua primeira, única e última tarefa é de não se deixar guiar, na posição prévia, na concepção prévia, por conceitos ingênuos e 'chutes'. Ela deve, na elaboração da posição prévia, da visão prévia e da concepção prévia, assegurar o tema científico a partir das coisas elas mesmas." MARTIN HEIDEGGER, *Ser e tempo*, vol. 1, Petrópolis, Vozes, 1989, p. 210.

máximas de experiência expressam relações seguras ou precisas, outras expressam generalizações muito discutíveis. Ademais, enquanto algumas delas possuem um fundamento cognoscitivo sólido (como as que se originam da difusão de conhecimentos naturais ou científicos), outras padecem de fundamento suficiente (como as que reproduzem preconceitos disseminados no meio social).[631] Conforme se verá em tópico apropriado, a inferência de culpa com base no silêncio do réu no interrogatório, por aplicação da máxima segundo a qual "quem cala, tem culpa", é um desses exemplos de generalizações de baixo fundamento cognoscitivo e que produz um juízo de probabilidade pouco confiável.[632]

Sobre o critério da qualidade epistêmica de uma prova (2), pode-se dizer que as "constatações" (assim entendidas as provas que forem o resultado de uma observação direta, como um testemunho presencial) e as "conclusões" (provas que houverem sido obtidas pelo método dedutivo, como muitas provas científicas) possuem uma qualidade epistêmica *ceteris paribus* maior que as "hipóteses" (aqui entendidas as provas obtidas pelo método indutivo). Obviamente, essa precedência relativa supõe a inexistência de erros de percepção, no caso das constatações, e a possibilidade de se afirmar a veracidade das premissas, no caso das conclusões. O depoimento de quem presenciou o crime ("constatação") terá seu valor probatório significativamente reduzido no caso de inimizade capital entre a testemunha e o acusado, por exemplo, assim como um exame pericial que ateste a identificação genética em relação a duas amostras comparadas ("conclusão") não terá grande força confirmatória em favor da tese da acusação se houver dúvida sobre a origem do material periciado. Por outro lado, uma "hipótese" pode ter elevado valor confirmatório se o indício (premissa menor) sobre o qual se faz a inferência e a própria regra de experiência utilizada (premissa maior) tiverem fundamentos sólidos, como no caso de existirem testemunhos, prestados por pessoas isentas, dando conta da prática, pelo imputado, pouco antes da consumação do crime, de atos preparatórios inequívocos e específicos.[633]

Apud GADAMER, Hans-Georg. *Verdade e Método II*. Petrópolis: Vozes, 2002, p. 74. No mesmo sentido, HASSEMER também ressalta que, embora expectativas de sentido e pré-compreensões sejam, antes de tudo, características da sociedade e da cultura, seria ingênuo e perigoso supor que o juiz tentasse "evitá-las". Se a hermenêutica filosófica de HEIDEGGER recomenda, em vez de sair do círculo, "entrar nele de forma correta", para a prática judiciária "isso só pode significar que ela revele as pré-compreensões e, dessa forma, as torne comunicáveis e controláveis, que ela se obrigue à completude da reflexão e argumentação no processo". Conferir: HASSEMER, Winfried. *Direito Penal – Fundamentos, estrutura, política*. Porto Alegre: Sérgio Antonio Fabris Editor, 2008, p. 96-7.

[631] GASCÓN ABELLÁN, Marina. *Los hechos...*, p. 180. No mesmo sentido: IBAÑEZ, Perfecto Andrés. *Valoração da prova...*, p. 101-2.

[632] Ver Cap. 3.3.3.2, *infra*.

[633] GASCÓN ABELLÁN, *Los hechos...*, p. 181. De forma semelhante, PERFECTO IBAÑEZ, ao afirmar que "provam mais as provas que são mais ricas em conteúdo empírico" (*Valoração da prova...*, p. 97).

A probabilidade de uma hipótese, todavia, não depende apenas da qualidade epistêmica das máximas de experiência e das provas que a confirmam, pois também tem relação com o número de passos inferenciais[634] que compõem a cadeia de confirmação (3). Quanto menos inferências forem necessárias para a obtenção do conhecimento, ou seja, quanto menor a distância entre o ponto de partida e o ponto de chegada, maior será o grau de probabilidade da indução probatória.[635] Assim, por exemplo, o registro documental da aprovação pessoal do imputado para a realização de uma série de operações financeiras irregulares comprova a autoria do crime de gestão fraudulenta de uma instituição financeira (Lei n. 7.492/86, art. 4º, *caput*) com um grau de confirmação *ceteris paribus* maior que o registro documental de que o imputado integrava formalmente a diretoria da empresa. No primeiro caso, basta uma única inferência: "dado que o imputado aprovou as operações irregulares, ele agiu deliberadamente no intuito de gerir fraudulentamente a instituição financeira"; no segundo caso, por sua vez, são precisos pelo menos dois passos inferenciais: "dado que o imputado tinha poderes de gestão, ele aprovou as operações irregulares"; e "dado que o imputado aprovou as operações irregulares, ele agiu deliberadamente no intuito de gerir fraudulentamente a instituição financeira".

Por fim, quanto ao critério da quantidade e variedade de provas (4), deve ser considerado que, se a probabilidade indutiva de uma hipótese é equivalente ao seu grau de confirmação pelo conjunto de conhecimentos disponíveis, quanto maior seja o conjunto de confirmações, maior sua probabilidade, pois a variedade de provas proporciona uma imagem mais completa do ocorrido.[636] Assim, por exemplo, a existência de provas documentais, testemunhais e científicas que complementam ou aumentam a força confirmatória umas das outras conduz a um grau de probabilidade mais elevado que a existência de uma prova despida de conexões probatórias relevantes.

Aos critérios que integram o requisito da confirmação, expostos acima sem pretensão de exaurir o tema, devem-se associar procedimentos idôneos ao atendimento do requisito da não refutação. Para dar uma hipótese como provada, é preciso que, além de se apoiar em provas de

---

[634] "Inferir, no contexto da prova, é realizar um processo discursivo pelo que se passa de uma informação (que produz um estado de conhecimento), mediante o uso de regras que são generalizações do saber empírico, a outro estado de conhecimento. Por isso, a inferência não é uma alternativa à prova, senão uma meio de obtenção de saber empírico, de utilização habitual e imprescindível no desenvolvimento da atividade probatória." IBAÑEZ, Perfecto Andrés. *Valoração da prova...*, p. 29.

[635] Sobre a importância do número de inferências para a probabilidade do conhecimento alcançado, ver: IBAÑEZ, Perfecto Andrés. *Valoração da prova...*, p. 97.

[636] GASCÓN ABELLÁN, *Los hechos...*, p. 184.

confirmação, ela seja resistente a provas de refutação existentes no processo.[637]

Se o réu alega um fato incompatível com o fato principal, a confirmação da hipótese defensiva implica a refutação da hipótese acusatória; contudo, a não confirmação da hipótese alternativa levantada pela defesa mantém em aberto o problema da confirmação do fato principal. Com efeito, o réu que não alega ou não comprova um álibi pode, a despeito disso, ser absolvido, se não houver provas aptas a ensejar a confirmação suficiente do fato principal, ou se houver outras provas que conduzam à diminuição do grau de confirmação da hipótese alegada pela acusação ou ao aumento do grau de confirmação de qualquer hipótese incompatível com o fato imputado na denúncia.[638] Enquanto a confirmação da tese acusatória exige uma pluralidade de provas em seu favor, em quantidade impossível de ser de antemão determinada, à sua refutação basta uma única contraprova.[639]

O requisito da não refutação, que guarda estreita relação com o princípio da ampla defesa, exige a institucionalização de regras epistêmicas que assegurem a contraditoriedade. Note-se, porém, que a refutabilidade de uma imputação não se restringe, necessariamente, a hipóteses alegadas pela defesa. Embora as possibilidades meramente teóricas de refutação não devam conduzir a tentativas inúteis de falsificação da tese acusatória, deve o juiz, sempre que as circunstâncias do caso recomendarem a adoção de diligências para contrastabilidade empírica das provas incriminatórias, determinar de ofício as medidas necessárias para o esclarecimento mais completo possível das questões fáticas.[640] A busca das provas de refutação deve ser tão prestigiada quanto a busca das provas de confirmação.[641]

Em suma, pode-se dizer que o juízo de aceitabilidade de uma hipótese é um juízo sobre sua confirmação e não refutação: se a hipótese não se confirmar pelas provas disponíveis, ela deve ser abandonada; e ainda quando confirmada, deve submeter-se à refutação mediante exame dos possíveis fatos que a invalidariam ou a tornariam menos provável.[642]

---

[637] IBAÑEZ, Perfecto Andrés. *Valoração da prova...*, p. 97.

[638] "El fracaso de la prueba de una coartada [...], o la refutación de una afirmación de descargo [...] todavía no pueden ser valoradas por sí solas como indicio de la autoría del acusado [...]." ROXIN, Claus. *Derecho procesal...*, p. 106. Sobre o problema da comprovação das defesas afirmativas, ver: KNIJINIK, Danilo. *A prova...*, p. 102-3.

[639] FERRAJOLI, Luigi. *Direito e razão...*, p. 121.

[640] A possibilidade de o juiz determinar a produção de provas de ofício é prevista na lei brasileira (CPP, art. 156), alemã (StPO, § 155, II), e na maioria dos demais países da tradição romano-germânica.

[641] FERRAJOLI, Luigi. *Direito e razão...*, p. 121.

[642] GASCÓN ABELLÁN, *Los hechos...*, p. 184-5.

3.2.3. O princípio do livre convencimento racional no modelo cognoscitivista

3.2.3.1. Livre convencimento racional e dever de eficiência da justiça penal

Dá-se o nome de *livre convencimento racional* ao princípio pelo qual a afirmação judicial dos enunciados fáticos relevantes para a resolução do caso penal deva ser, tanto quanto possível, desprendida de obstáculos epistêmicos. Esse conceito se assenta na ideia de que a fixação formal dos fatos será tanto mais próxima da verdade quanto mais livre de restrições à obtenção do conhecimento for o procedimento cognitivo utilizado para a sua realização. A consecução ótima dessa tarefa judicial, portanto, não deve ocorrer mediante o exercício de uma liberdade subjetiva, que poderia ser confundida com arbítrio ou irracionalismo, mas sim por meio de uma liberdade objetiva[643] cujo fundamento se vincula à pretensão de correção do juízo.

Se a proteção jurídica devida pelo Estado impõe um dever de otimização dos meios probatórios, deve-se reconhecer que imponha também um dever de otimização dos meios que possibilitam uma correta *valoração* da prova. Como expressão da proteção de um bem coletivo de hierarquia constitucional, o princípio do livre convencimento racional exige uma ampliação *prima facie* dos mecanismos de aferição racional da verdade e, simultaneamente, uma proscrição *prima facie* de qualquer entrave a essa aferição racional.

No processo penal, estando em jogo a proteção de bens jurídicos indispensáveis ao exercício dos direitos fundamentais no meio social, de um lado, e a proteção da liberdade individual do imputado, de outro, põe-se de manifesto a necessidade de fazer uso de critérios epistêmicos apropriados para, em uma medida ainda maior que no processo civil, evitar o erro na fixação judicial dos fatos.

Em um modelo de estabelecimento dos fatos que se funda em uma aproximação tão alta quanto possível da verdade, não há espaço para valorações formais predeterminadas por um juízo superior e prévio ao do próprio julgador, tal como nos sistemas de prova legal.[644] A valoração

---

[643] KNIJNIK, Danilo. "Os *standards* do convencimento judicial: paradigmas para seu eventual controle". *Revista Forense*,. Rio de Janeiro, n. 353, p. 33, jan./fev. 2001.

[644] No sistema das provas legais procurava-se racionalizar as técnicas de acertamento dos fatos "por meio de um intrincado sistema em que cada prova tinha seu valor previamente determinado, além do que somente a combinação delas, resultando em uma certa quantidade de prova, poderia autorizar a condenação criminal" (GOMES FILHO, Direito à prova..., p. 22). Sobre o sistema inquisitório da prova legal como intento original de minimizar arbitrariedades, convém transcrever trecho da lição de HASSEMER: "Certamente a regulamentação legal da prova era conduzida por uma desconfiança saudável contra os penalistas e formuladas, como diríamos hoje, com a boa intenção de 'racionali-

antecipada das provas, por meio de normas jurídicas abstratas, vulnera o objetivo de busca da verdade próprio de um modelo cognoscitivista. Se se admite que os meios de prova garantem resultados apenas prováveis, é possível que, em um caso concreto, o grau de probabilidade alcançado por uma determinada prova resulte insuficiente para justificar racionalmente uma decisão, por mais que o legislador lhe haja atribuído um valor específico.[645]

Também não se afigura compatível com o modelo cognoscitivista aceitar que a fixação judicial dos fatos ocorra sem a sujeição a critérios ou controles de qualquer tipo, como no sistema da íntima convicção.[646] Se se entende que a avaliação das provas é completamente livre, o convencimento do julgador em nada se afastaria de uma experiência mística ou extática,[647] e então não se poderia mais falar de uma atividade racional.

Disso resulta que o livre convencimento racional, embora repila valorações predeterminadas, não implica uma total refração a regras. Presumem-se compatíveis com ele todas as regras que se fundamentam na manutenção ou no aprimoramento da racionalidade da tarefa de estabelecimento dos fatos. Contudo, deve-se reconhecer que o princípio do livre convencimento racional reclamaria uma boa dose de cautela na imposição de critérios de valoração pela via legislativa, seja pela dificuldade de estabelecimento de um catálogo de regras de avaliação suficientemente amplo para prever as diversas peculiaridades que se podem apresentar nos casos concretos, seja pela possibilidade de um contínuo aperfeiçoamento, especialmente em decorrência dos avanços da investigação científica, dos meios de obtenção e afirmação da verdade.

---

zar' o processo de produção dos fatos; certamente ela foi, à sua época, uma resposta inteiramente correta contra um direito inseguro, arbitrário e disperso, que produzia espontaneamente violações ao direito. No entanto, a regulamentação legal da prova, de sua parte, causou lesões sistemáticas ao Direito. Ela perdeu de vista os fatores que são eficazes na formação da convicção humana, o papel da pré-compreensão na compreensão, na medida em que, por um lado, eles proibiam ao juiz uma condenação quando ele não tinha ou uma confissão ou duas boas testemunhas, mas, por outro lado, se satisfaziam com uma boa testemunha pela imposição de tortura." (HASSEMER, Winfried. *Introdução...*, p. 166). No mesmo sentido: IBANEZ, Perfecto Andrés. *Valoração...*, p. 88-9; ROXIN, Claus. *Derecho procesal...*, p. 103.

[645] GASCÓN ABELLÁN, Marina. *Los hechos en el derecho...*, p. 157-8.

[646] No sistema da íntima convicção, há uma propensão a "reduzir a atividade cogniscitiva do juiz a um fenômeno de pura consciência, que se exaure no plano íntimo e imprescrutável da mera subjetividade" (NOBILI, Massimo. *Il principio del libero convincimento del giudice*. Milano: Giuffrè, 1974, p. 7. *Apud* KNIJNIK, "Os *standards*...", p. 31). Embora ainda existam resquícios do sistema da íntima convicção em procedimentos como o do tribunal do júri, por exemplo, pode-se argumentar contrariamente a um tal modelo, mesmo sob o ponto de vista do direito probatório vigente, pois o que importa é a tendência geral do sistema. Nesse sentido: VARELA, Casimiro. *Valoración de la prueba*. 2ª ed. Buenos Aires: Astrea, 1999, p. 154.

[647] GASCÓN ABELLÁN, Marina. *Los hechos en el derecho...*, p. 159.

3.2.3.2. O livre convencimento racional e a estrutura da fundamentação sobre a matéria fática

Sob a concepção de que as decisões judiciais promovem uma pretensão de correção, não haveria sentido falar de livre convencimento acerca dos fatos se este conceito não estivesse conectado com a exigência de fundamentar. Uma liberdade de convencimento racional só se pode alcançar mediante institucionalização de meios aptos a propiciar um controle intersubjetivo do exercício do poder jurisdicional. Abrir mão da exigência de fundamentação implicaria resignar-se a um convencimento subjetivo e arbitrário, pelo qual se abandonaria o cognoscitivismo para entrar no campo do mais puro decisionismo judicial.[648]

Assim, ainda que o dever de fundamentação não seja propriamente uma garantia epistêmica, ele indiretamente cumpre esse papel,[649] na medida em que permite o controle *possível* de ser exercido sobre o convencimento judicial a respeito dos fatos.

Se fundamentar uma decisão quanto aos fatos significa elaborar uma justificação específica da opção consistente em afirmar sua comprovação ou sua não comprovação,[650] põe-se o problema da *forma* com que essa justificação deve ser feita. Remete-se, então, a dois estilos, técnicas ou modelos de fundamentação sobre os quais a doutrina sói debater. No *modelo holista*, a fundamentação consiste em uma exposição conjunta dos fatos por meio de um relato que os põe em conexão narrativa. No *modelo analítico*, a fundamentação é estruturada em uma exposição pormenorizada de todas as provas produzidas, do valor probatório que o juiz lhes confere e da cadeia de inferências que conduzem ao convencimento judicial.[651]

A deficiência do modelo holístico consiste em permitir que o relato se apoie na simples declaração apodíctica de certos fatos como provados.[652] No mais das vezes, o relato globalizante *pressupõe* a verdade dos enunciados que o compõem, de modo que sua adoção favorece o risco de uma decisão insuficientemente fundamentada.[653] Sob uma prática jurisdicional ainda fortemente impregnada pela invocação da "imediação" e da

---

[648] GASCÓN ABELLÁN, Marina. *Los hechos...*, p. 196. Sobre a relação entre o dever de fundamentação judicial com a pretensão de correção do direito, ver Cap. 1.1.2, *supra*. Sobre as críticas ao decisionismo, conferir Cap. 1.1.3, *supra*.

[649] GASCÓN ABELLÁN, Marina. *Los hechos...*, p. 199.

[650] IBÁÑEZ, Perfecto Andrés. *Valoração da prova...*, p. 48.

[651] GASCÓN ABELLÁN, Marina. *Los hechos...*, p. 224.

[652] IBÁÑEZ, Perfecto Andrés. *Valoração da prova...*, p. 103; GASCÓN ABELLÁN, Marina. *Los hechos...*, p. 225.

[653] GASCÓN ABELLÁN, Marina. *Los hechos...*, p. 225.

"valoração conjunta da prova" como recursos retóricos supostamente suficientes para a justificação do convencimento judicial, esse perigo tende a se potencializar de forma não desprezível.

A *imediação* consiste no contato direto do juiz com as fontes de prova, em particular as de caráter pessoal. Sua função visa a garantir que a relação dos sujeitos processuais, entre si e com os elementos probatórios, não seja mediada por terceiros e se mantenha, portanto, livre de interferências. Ela tem, certamente, um importante papel no modelo de compreensão cênica do processo penal, sobretudo ao impedir que o juiz utilize em seu julgamento provas obtidas por outros sujeitos e em outros momentos processuais, as quais seriam passíveis de repetição. Contudo, a maneira de compreender a imediação vem sendo frequentemente contaminada por uma concepção irracionalista do princípio do livre convencimento.[654] Se este for entendido apenas como a captação emocional ou intuitiva daquilo que é objeto da atividade probatória, a valoração das declarações colhidas pelo juiz neste "encontro sublime com suas fontes de informação" sequer poderia ser justificável e fiscalizável.[655]

Não se nega, também, a importância da *valoração conjunta* da prova na fixação judicial dos fatos. É certo que quanto mais intensa for a conexão dos indícios que apoiam um enunciado fático, maior será, *ceteris paribus*, o grau de confirmação da respectiva hipótese. O que não se pode admitir é o emprego da expressão "valoração conjunta" à guisa de artifício retórico para dissimular a ausência de uma fundamentação adequada.[656] É preciso que o juiz, em sua decisão, identifique as provas consideradas em seu convencimento e exponha as razões por que a valoração destas se encaminha em favor da confirmação ou da refutação do fato principal ou de fatos secundários cuja comprovação for relevante para o desfecho do processo. Dizer simplesmente que a valoração conjunta das provas levou ao convencimento, sem a indicação das razões que justificam essa afirmação, implica incorrer na falácia da *petição de princípio*, pela qual o falante apoia uma demonstração sobre a própria afirmação que pretendia demontrar.

---

[654] "La *inmediación* vendría, pues, a garantizar la exposición del juez a una serie de *factores emocionales o arracionales* sobre los que va a poder fundar su *íntima convicción*, que no es por ello mismo susceptible de ser expresada y mucho menos controlada. El principio de inmediación instituye así una 'zona opaca al control racional' que contradice profundamente la cultura de la motivación, pues que las intuiciones existan y tal vez sean inevitables no significa que puedan ser esgrimidas como justificación de una decisión o, más exactamente, como excusa para la no justificación." GASCÓN ABELLÁN, Marina. *Los hechos...*, p. 198.

[655] IBÁÑEZ, Perfecto Andrés. *Valoração da prova...*, p. 3-6.

[656] MONTERO AROCA, Juan. "Proceso acusatorio...", p. 64.

A adoção do modelo holista não significa, por si só, que se fará uso meramente retórico da imediação e da valoração conjunta da prova, mas ela abre um caminho pelo qual subjetividades e arbitrariedades intersubjetivamente não controláveis possam escapar na direção do convencimento judicial. Defende-se, por isso, que a estrutura de fundamentação mais acorde com o modelo cognoscitivista é a analítica.[657] Uma exposição clara dos atos de prova produzidos, dos critérios de valoração utilizados e do resultado dessa valoração permite, de modo mais eficiente, obstaculizar a entrada furtiva de elementos de informação inaceitáveis ou insuficientemente justificados na sentença, bem como controlar as inferências que compõem a cadeia de justificação do convencimento judicial.[658]

Pelo modelo analítico, o resultado de cada meio de prova deve ser considerado, primeiramente, em sua individualidade, como se fosse o único.[659] Com esse exame inicial não se pretende extrair o valor definitivo de cada um dos meios examinados (tarefa que somente se completa quando se colocam uns em face dos outros), mas assegurar que poderá servir como meio de prova apenas aquilo que tiver aptidão jurídica e epistêmica para apoiar racionalmente a justificação de uma hipótese. A *seleção* dos meios de prova (qualificação do que pode ser um meio idôneo), deve preceder à *interpretação* dos elementos de prova (determinação do significado da informação obtida dos meios de prova) e à *valoração* desses elementos de prova (atribuição da sua força de convencimento). O enfrentamento transparente de questões problemáticas sobre quais meios de prova podem ser justificados favorece a que sejam excluídos do convencimento judicial o que for inaceitável sob o aspecto jurídico (*v.g.*, provas repetíveis produzidas com ofensa ao contraditório) e epistêmico (*v.g.*, provas de "ouvir dizer").

A valoração conjunta dá-se, na estruturação analítica, em um momento posterior à seleção dos meios de prova e à interpretação do seu resultado parcial, quando os elementos probatórios aptos a integrar a fundamentação da decisão são avaliados mediante consideração recíproca.[660] Essa interferência mútua pode levar a que eles se excluam, se com-

---

[657] GASCÓN ABELLÁN, Marina. *Los hechos...*, p. 225. Sobre a maior compatibilidade da fundamentação analítica com o modelo cognoscitivista, aduz TARUFFO que "la diferencia entre el método holista y el método analítico parece situarse en que el prmeiro otorga preferencia a una perspectiva psicológica mientras que el segundo se basa en una análisis racional del juicio; el método analítico, además, tiende a explicita y razcionalizar lo que la concepción holista deja genérico e implícito". TARUFFO, Michele. *La prueba...*, p. 309.

[658] GASCÓN ABELLÁN, Marina. *Los hechos...*, p. 226.

[659] IBAÑEZ, Perfecto Andrés. *Valoração da prova...*, p. 42.

[660] "Isto não quer dizer que no curso da análise deva/possa prescindir-se da perspectiva global do quadro probatório. De forma natural o resultado de cada meio probatório irá produzindo seu efeito na consciência do juiz, lhe dará um grau de informação, gerando um estado de conhecimento aberto

plementem ou se mantenham neutros entre si. Dessa apreciação conjunta da prova exsurge o grau de confirmação definitivo da hipótese acusatória e das demais hipóteses levantadas no processo.

A preferibilidade do modelo analítico avulta diante da inevitável importância das provas indiretas[661] ou indiciárias[662] para o convencimento judicial. A fundamentação holista parece compatível com a corrente pelas qual os requisitos da gravidade, precisão e concordância das provas indiciárias[663] possam ser exigidos ou considerados mediante uma análise global, não precedida de uma avaliação individualizada de cada uma delas. De seu turno, a fundamentação analítica permite a adoção do entendimento pelo qual somente aquelas provas indiciárias que, isoladamente consideradas, são certas em seu ponto de partida (requisito da precisão do indício ou fato-base) e que decorrem da utilização de regras de experiência comum, lógica ou científica dotadas de um fundamento gnoseológico minimamente aceitável (requisito da gravidade) podem complementar o valor probatório umas das outras (requisito da concordância), mediante uma valoração conjunta.[664]

à integração de novos dados precedentes dos restantes meios de prova. Mas é inescusável que em algum momento cada um destes seja analisado como se fosse o único disponível para avaliá-lo de forma individualizada. Só uma vez examinado desse modo o resultado da totalidade da prova proposta, deverá o julgador proceder de forma reflexiva à avaliação global do mesmo." IBAÑEZ, Perfecto Andrés. *Valoração da prova...*, p. 44.

[661] Se a distinção entre prova direta e indireta se funda no caráter mediato ou imediato do conhecimento dos fatos que se provam, todas as provas sobre fatos passados são indiretas (ou indiciárias). O conhecimento judicial nunca se dá pela observação imediata do fato a que o enunciado se refere, e sim por meio de um processo inferencial que permite chegar a um fato a partir de outro. Contudo, se em vez de tratar do procedimento probatório (contexto do descobrimento), se quiser fazer uma classificação sob a base do resultado obtido por meio de tal procedimento (contexto da justificação), pode-se dizer que uma prova (asserção justificada) é direta se versa sobre o fato principal, e indireta se versa sobre um fato secundário que pode levar ao conhecimento do fato principal mediante outro procedimento probatório. Mesmo sob esta segunda classificação, que dá algum sentido à distinção entre provas diretas e indiretas, deve ser reconhecida a grande importância das provas indiretas para a comprovação dos fatos no processo. Sobre esses e outros possíveis critérios para diferenciação de provas diretas e indiretas, ver: GASCÓN ABELLÁN, Marina. *Los hechos...*, p. 86-93.

[662] O termo *indício* pode ser utillizado em pelo menos três acepções: a) como sinônimo de presunção, para designar o argumento mediante o qual se vinculam dois fatos, extraindo de um deles consequência para o outro; b) para designar meios de provas dotados de baixo grau de confirmação; c) para designar o fato-base ou a fonte que constitui a premissa menor da inferência presuntiva (conferir: TARUFFO, Michele. *La prueba...*, p. 479-80; BADARÓ, Gustavo H. I. *O ônus da prova...*, p. 278-80). Neste livro, reserva-se a expressão indício o significado de fato conhecido (provado) que serve de base para se chegar ao conhecimento (comprovação) de outro fato (terceira acepção); e reserva-se a expressão prova indiciária para designar a inferência obtida com o raciocínio presuntivo.

[663] TARUFFO, Michele. *La prueba...*, p. 472-8.

[664] Nesse sentido: KNIJNIK, Danilo. *A prova...*, p. 51.

3.3. EXERCÍCIO DA AUTODEFESA PELO ACUSADO E A LIBERDADE DE CONVENCIMENTO DO JUIZ

3.3.1. As relações entre os princípios relativos à proteção da personalidade do acusado e o princípio do livre convencimento racional

O reconhecimento do caráter inevitavelmente institucionalizado da busca processual da verdade põe de manifesto que outros princípios importantes do ordenamento jurídico podem exigir a criação ou a aplicação de regras que, de algum modo, interfiram na tarefa judicial de valoração das provas. Conforme o tipo de interferência na averiguação correta dos fatos, tais regras podem ser classificadas como regras ou garantias institucionais epistêmicas (se contribuem à averiguação da verdade), regras ou garantias institucionais não epistêmicas (se ao menos não produzem menoscabo à averiguação da verdade), e regras ou garantias institucionais contraepistêmicas (se dificultam ou entorpecem a averiguação da verdade).[665]

O conjunto dos direitos de defesa do imputado impõe deveres de omissão estatal que formam uma especial proteção da liberdade individual. O convencimento do juiz a respeito da imputação de um fato criminoso, portanto, pode ser condicionado por exigências contraepistêmicas em medida elevada. Nisso se avulta uma possível tensão entre eficientismo e garantismo,[666] a qual deve ser colocada sob a forma de uma colisão de princípios. A busca da concordância prática entre o ideal de racionalidade da fixação dos fatos e a realização de outros fins juridicamente relevantes exigirá, portanto, soluções de acordo com os critérios próprios da teoria dos princípios.

Indispensável, nessa trilha, estudar o modo como se manifestam as relações entre o plexo de direitos individuais que asseguram a proteção da condição de inocente, em especial por meio do direito à não autoincriminação, e o dever estatal de proteção penal para cuja realização se exige a adoção de critérios de decisão exclusivamente orientados à aproximação mais alta possível da verdade.

3.3.1.1. *Proteção da inocência e a regulação relativa a quem cabe o ônus de provar*

Uma das expressões do princípio da presunção de inocência, sob o aspecto da comprovação dos enunciados fáticos alegados no processo,

---

[665] GASCÓN ABELLÁN, Marina. *Los hechos...*, p. 121-2.
[666] Ver Cap 1, *supra*.

diz respeito à regulação normativa sobre o ônus da prova. Deve-se ressaltar que a inexistência de ônus probatório a cargo do réu diz respeito, sobretudo, à questão do ônus objetivo,[667] no sentido de determinar que o acusado não sofrerá as consequências da não comprovação do fato a ele imputado. Contudo, essa norma de juízo, que estabelece como o magistrado deve solucionar o caso penal se a hipótese acusatória não estiver confirmada, indiretamente enseja uma direção ao comportamento processual das partes. Pode-se dizer, então, que a presunção de inocência também ganha relevância na questão do ônus subjetivo.[668]

A existência de um ônus da prova subjetivo é, apesar disso, bastante contestada.[669] Deveras, sua admissão está condicionada à consideração de certos temperamentos impostos pelo modelo cognoscitivo, em especial pelo reconhecimento da relatividade das provas e da estruturação dialogal do processo. É possível, com efeito, que o imputado deixe de exercer qualquer iniciativa probatória em favor da tese da inocência e, ainda assim, obtenha uma absolvição, caso a hipótese sobre a qual se assenta a imputação não esteja suficientemente confirmada pelas provas existentes no processo.[670] Daí a afirmação frequente de que a condenação penal deve ser precedida de uma mínima atividade probatória[671] a cargo do órgão acusador. Contudo, se a acusação introduz, em favor do enunciado fático veiculado na denúncia, elementos dotados de alto grau de confirmação *prima facie*,[672] cabe à defesa do réu, na dialética do processo, introduzir

---

[667] O ônus da prova, sob o aspecto objetivo, é uma regra de julgamento, pois "em que pese também servir para as partes, na direção de sua atividade instrutória, sua finalidade-mor é auxiliar o juiz na definição do litígio, resolvendo, assim, o 'estado de incerteza' diante da ausência de prova suficiente para formar seu convencimento". USTÁRROZ, Daniel. *Prova no processo civil.* Porto Alegre: Verbo Jurídico, 2007, p. 48).

[668] Sob o aspecto subjetivo, o ônus da prova funcionaria como um estímulo para as partes, visando à produção das provas que possam levar ao conhecimento do juiz sobre a verdade dos fatos. Conferir: BADARÓ, Gustavo H. R. Ivahy. *Ônus da prova...,* p. 182.

[669] Sobre as controvérsias doutrinárias acerca do aspecto subjetivo do ônus da prova no processo penal, conferir, HUERTAS MARTÍN, M. Isabel. *El sujeto pasivo...,* p. 36-40. Na doutrina nacional, ver: BADARÓ, Gustavo Henrique Righi Ivahy. *O ônus da prova no processo penal.* Editora Revista dos Tribunais, 2003, p. 181-90, 230-5 e 239-41.

[670] Nesse sentido, fazendo referência à jurisprudência do Tribunal Constitucional da Espanha: MONTAÑES PARDO, Miguel Angel. *La presunción de inocencia.* Pamplona: Editorial Arazandi, 1999, p. 46.

[671] JAÉN VALLEJO, Manuel. "La presunción de inocencia". *Revista de derecho penal y proceso penal,* Buenos Aires, 2004, fasc. 2, p. 356.

[672] Provas dotadas de alto grau de confirmação *prima facie* não devem ser confundidas com o que boa parte da doutrina chama simplesmente de provas *prima facie*. Enquanto o tema da prova *prima facie* diz respeito aos casos em que a decisão judicial pode ser justificada à base de um juízo de verossimilhança (afirmação conforme uma "aparência" de veracidade), o tema das provas dotadas de alto grau de confirmação *prima facie*, aqui tratado, insere-se em um modelo cognoscitivo em que a decisão judicial deve ser justificada à base de um juízo de probabilidade obtido mediante procedimentos argumentativos de confirmação e refutação. A força *prima facie* de uma prova, no sentido utilizado neste livro, não diz respeito a uma mera qualidade de sua aparência, mas ao caráter *não definitivo* da

elementos aptos a enfraquecer a probabilidade da hipótese acusatória. O processo é diálogo, não monólogo. A determinação da força da tese acusatória dá-se não somente pelo "valor intrínseco" que se possa atribuir às provas apresentadas em seu apoio, senão que pelo grau de confirmação definitivo resultante da ponderação dos pesos relativos das provas de acusação e de defesa.

Por isso, não obstante a atribuição do ônus da prova subjetivo à parte que acusa, a inércia probatória do acusado pode lhe acarretar consequências desfavoráveis, pois ela faz desperdiçar a oportunidade de trazer elementos que enfraqueçam a tese da culpabilidade. É dizer: se as provas incriminantes e corroborantes das incriminantes não tiverem força *prima facie* para determinar a condenação do réu, nenhuma atividade probatória pode ser requerida da defesa; mas se ditas provas tiverem força inicial suficiente para fazê-lo, caberá ao acusado, guiado pelo interesse em sua absolvição, produzir provas dirimentes, infirmantes das incriminantes e, eventualmente, corroborantes das dirimentes.[673]

Vê-se, portanto, que a atribuição do ônus da prova à acusação não basta para uma proteção eficaz da inocência, porque não diz sob que condições se deverá entender que a parte acusadora se desincumbe do ônus probatório que lhe cabe. Coloca-se, então, o problema da qualidade e da quantidade das provas necessárias para a comprovação daquilo que é afirmado pela acusação e pela defesa. Se no modelo cognoscitivo a aceitação de um enunciado fático pode se dar de acordo com graus variados de probabilidade, a proteção da inocência exige regras relativas não apenas sobre *quem* deve sofrer as consequências de não provar, mas também sobre *como* se pode provar e sobre *quanto* se deve provar.

3.3.1.2 Proteção da inocência e a regulação sobre como provar

A asserção de que o ônus da prova pertence à acusação deve ser complementada, primeiramente, com a exigência de que a prova capaz de conduzir à condenação deve ser produzida e valorada de acordo com determinados requisitos.[674] A questão relativa a *como se pode provar* refere-se à conformidade dos meios de obtenção e de valoração das provas a

---

probabilidade a que ela conduz, ou seja, à sua refutabilidade mediante contrastabilidade empírica no decorrer do processo. Sobre o conceito de prova *prima facie* na doutrina processual, ver: GASCÓN ABELLÁN, Marina. *Los hechos...*, p. 140, nota de rodapé n. 52. Sobre a diferença entre verossimilhança e probabilidade, ver: TARUFFO, Michele. *La prueba...*, p. 183-93.

[673] Conforme a doutrina de GASCÓN ABELLÁN, pelos procedimentos de confirmação e refutação que levam ao convencimento judicial, "la probabilidad inductiva de una hipótesis suficientemente confirmada disminuye si se demuestra la existencia de otras hipótesis plausibles antagonistas a la misma" (*Los hechos...*, p. 183).

[674] MONTERO AROCA, Juan. "Proceso acusatório...", p. 49.

normas processuais (*v.g.*, contraditoriedade ou refutabilidade pela parte adversa) e materiais (*v.g.*, proteção da condição de inocente e de outros aspectos da personalidade do acusado).[675]

Se, na perspectiva cognoscitivista, o critério que rege a investigação dos fatos é a busca de informação livre e sem restrições, conforme o critério epistêmico pelo qual "qualquer elemento que permita aportar informação relevante sobre os fatos que se julgam deve poder usar-se",[676] a realização do dever de eficiência persecutória pode reclamar a adoção de medidas que possivelmente afetem a liberdade de participação do acusado em diligências probatórias. O problema desloca-se, então, à questão das exigências sobre o modo de se comprovar *validamente* um enunciado fático relevante para o processo.

Algumas proibições probatórias fundadas na proteção contra a autoincriminação, em vez de colidir com o princípio da eficiência persecutória, podem favorecer a sua realização. O exemplo mais claro de garantia epistêmica que realiza essa *otimidade-Pareto*[677] é o da inadmissibilidade de confissões obtidas mediante tortura, pois ao mesmo tempo em que visa à proteção da personalidade do acusado, também se justifica para evitar a obtenção de uma verdade distorcida.[678]

Outras limitações probatórias, entretanto, ao excluir a possibilidade de utilizar certas provas, como a proibição da prova ilicitamente obtida, pugnam com o objetivo cognoscitivista de averiguação processual da verdade.[679] O problema da participação compulsória do acusado em diligências probatórias como o reconhecimento, a acareação e a reprodução simulada dos fatos, por exemplo, que se coloca sob a forma de uma colisão entre o dever estatal de maximizar os meios aptos ao esclarecimento da verdade e o direito fundamental do acusado de não contribuir para a própria condenação, exige que o aplicador do direito proceda à ponderação dos princípios em jogo. Se, no exame de proporcionalidade da medida, a intervenção no direito à não autoincriminação resultar consti-

---

[675] No tema das proibições probatórias, o direito à não autoincriminação, como expressão do direito ao procedimento correto, frequentemente enfeixa-se com outros direitos individuais de defesa, como os direitos à intimidade, à inviolabilidade do domicílio, ao sigilo das comunicações, à integridade corporal, dentre outros. Nesses casos, esses princípios aos quais a proteção da inocência se associa aduzem razões adicionais em favor do reconhecimento de restrições probatórias. Sobre a "fórmula peso ampliada" necessária para ponderação de plexos de princípos, conferir: Cap. 1.3.1.1, *supra*. Sobre justificação constitucional de intervenções no direito à não autoincriminação e em outros direitos conexos, conferir: Cap. 2.3.3, *supra*.

[676] GASCÓN ABELLÁN. *Los hechos...*, p. 128-9.

[677] Conferir Cap. 1.3.1.1, *supra*.

[678] FORNER, J. P. *Discurso sobre la tortura*, p. 182. *Apud* GASCÓN ABELLÁN. *Los hechos...*, p. 131.

[679] GASCÓN ABELLÁN. *Los hechos...*, p. 131-2.

tucionalmente injustificável, a prova deve ser considerada ilícita e, como tal, não pode ser valorada.[680]

No tema do convencimento judicial, para além da questão da inadmissibilidade de valoração de provas obtidas por meios ilícitos, o princípio da proteção da inocência forma deveres também quanto àquilo que pode ser propriamente considerado "prova", no sentido de elemento de informação à base do qual pode se dar um fato como confirmado. Nisso se coloca a discussão relativa à possibilidade de se extraírem inferências do comportamento processual das partes, em especial do réu. Em procedimentos cíveis, nos quais a aproximação das condições ideais de discurso pode ser obtida por meio de uma institucionalização menos intensa, há quem defenda a possibilidade de a recusa de uma das partes em participar de uma diligência probatória servir como meio de prova, "por não ser expressamente ilegal nem moralmente ilegítimo".[681] Em procedimentos penais, contudo, sustentar essa possibilidade torna-se problemática, pois a valoração da inatividade probatória da parte teoricamente mais frágil

---

[680] De acordo com a doutrina de ROXIN, a proibição de produção de prova não acarreta "necessariamente" a proibição de sua valoração, quando colhida irregularmente (ROXIN, Claus. *Derecho procesal...*, p. 192. Essa problemática diz respeito a uma tomada de posição sobre se a norma da inadmissibilidade das provas ilícitas se estrutura como regra ou como princípio. No Brasil, embora a jurisprudência do STF considere a norma que se extrai do art. 5º, LVI, da CF-88 como uma determinação absoluta, insuscetível de ponderação (Cap. 1.3.3, *supra*), a possibilidade de a proibição das provas ilícitas colidir com outros princípios constitucionais, em especial o relativo ao dever de busca da verdade, exigiria que tal norma fosse tratada como um mandamento *prima facie*, sem prejuízo de que a ela se atribuísse um peso abstrato *ceteris paribus* mais elevado que o de outros princípios concorrentes na ponderação (Cap. 1.3.5, *supra*).

[681] Sobre o tema, ver, por todos: BUCHILI, Beatriz da Conceição. "Meios e fontes de prova no processo de conhecimento", p. 65. In *Prova Judiciária – Estudos sobre o novo direito probatório*. KNIJKIK, Danilo (coord.) e outros. Porto Alegre: Livraria do Advogado, 2007. No processo civil, especificamente sobre a negativa de submissão a exame determinado pelo juízo, dispõe o art. 231 do CC: "Aquele que se nega a submeter-se a exame médico necessário não poderá aproveitar-se de sua recusa". Sobre esse enunciado, leciona J. C. BARBOSA MOREIRA, citado por DANIEL USTÁRROZ: "Se bem compreendemos o art. 231, caso o juiz ordene a extração de material orgânico para pesquisa do DNA, e a parte não aquiesça, impossível será compeli-la pela força a sujeitar-se à diligência; em compensação, não lhe adiantará argumentar com a falta do elemento probatório cuja obtenção sua resistência impediu. O art. 231 vai além: permite que se equipare a própria recusa à prova que se pretendia conseguir mediante o exame. A lei não autoriza o juiz a fundar a sentença no resultado de uma prova que não se fez, mas é como se houvesse feito, com sucesso desfavorável à parte recalcitrante." (USTÁRROZ, Daniel. *Prova no processo civil* Porto Alegre: Verbo Jurídico, 2007, p. 128). Nesse sentido, o STJ editou a Súmula n. 301: "Em ação investigatória, a recusa do suposto pai a submeter-se ao exame de DNA induz presunção *juris tantum* de culpabilidade." Contudo, a consideração da recusa do réu em deixar-se examinar, no âmbito de um procedimento penal, como sucedâneo de prova suficiente para a condenação, não propiciaria uma realização adequada nem do princípio da busca da verdade nem da presunção de inocência, pois implicaria a desconsideração simultânea tanto das razões para otimização da busca da verdade no grau mais alto possível (o que só se alcançaria, no exemplo, com a obtenção do resultado do exame) como das razões para a otimização do poder do acusado de conduzir-se autonomamente como parte processual (o que só se alcançaria com o respeito à opção de passividade do réu). Remete-se, novamente, às curvas de indiferença de ALEXY, pois não se pode justificar o prejuízo à realização de um princípio se não for para favorecer a aplicação de outro (*Teoría de los derechos...*, p. 161).

176

Paulo Mário Canabarro Trois Neto

(o acusado) tenderia a afetar em grande medida a realização do ideal de equiparação dos poderes processuais dos sujeitos do processo.

3.3.1.3. Proteção da inocência e a regulação sobre quanto provar

A questão relativa a *quanto se deve provar*, por sua vez, diz respeito aos critérios de suficiência de uma prova ou de um conjunto de provas para que se possa reconhecer o êxito da parte acusadora em se desincumbir do ônus que lhe cabia. Uma vez admitido que a verdade obtida no processo é sempre probabilística, é preciso determinar qual grau de probabilidade deve ser exigido para dar um fato como provado em um determinado tipo de procedimento.

A tarefa judicial consistente em examinar a verdade de uma hipótese fática passível de subsunção a uma norma cujas consequências jurídicas dizem respeito a uma grave intervenção nos direitos fundamentais de uma pessoa (imposição de uma sanção penal) acrescenta um importante aspecto no modelo probatório cognoscitivista: o princípio da presunção de inocência exige que a culpabilidade do acusado seja afirmada apenas diante de um elevadíssimo grau de confirmação da tese acusatória. A regra do ônus da prova objetivo (*in dubio pro reo*) complementa-se, assim, com a institucionalização de critérios sob os quais o juiz deve dar por provada a hipótese acusatória.

O problema do grau de suficiência probatória necessário para afirmar o cumprimento do ônus da prova pela parte onerada põe-se de modo muito claro quando, após a submissão dos enunciados fáticos relevantes para o desfecho do processo aos procedimentos de confirmação e refutação, ainda assim resulte que duas hipóteses incompatíveis entre si estejam de algum modo fundadas. Em casos assim, há quem sugira a utilização judicial de critérios como os da "simplicidade", formulado por Copi, e o da "coerência narrativa", de autoria de Maccormick. O primeiro sustenta que, se duas hipóteses rivais forem prováveis, o juiz deve decidir em favor da hipótese mais simples ou mais "natural"; o segundo, por sua vez, pugna seja adotado o relato mais "crível" da história, de acordo com os princípios explicativos do atuar racional, intencional e motivacional do homem.[682]

Embora a simplicidade e a coerência narrativa sejam aspectos importantes da racionalidade do discurso jurídico das partes e do juiz, no processo penal não se pode afirmar a verdade de uma imputação apenas porque a versão acusatória tem a seu favor o argumento da singeleza ou ordinariedade, pois a realização do dever de proteção à condição

---

[682] GASCÓN ABELLÁN, Marina. *Los hechos...*, p. 221-2.

de inocente impõe que o grau de confirmação e não refutação da versão sustentada pela acusação seja consideravelmente maior que o grau de confirmação e não refutação da versão sustentada pela defesa.[683] É dizer, uma certa robustez probatória deve ser exigida para confirmar a hipótese acusatória, mas não para a refutar.

No processo penal, o convencimento acerca dos fatos deve ocorrer no âmbito de um modelo de compreensão que dê ao réu da ação penal uma proteção maior que à conferida aos réus de ações não penais. Com efeito, enquanto no âmbito cível pode se entender que a "mera preponderância de prova" seja suficiente para autorizar o reconhecimento de que a parte onerada se desincumbiu do seu ônus probatório, no âmbito penal exige-se que o reconhecimento da culpabilidade do imputado ocorra sob um juízo de altíssima probabilidade, nos quais a dúvida sobre o fato criminoso, ou mesmo sobre eventuais circunstâncias excludentes, dirimentes ou eximentes, sempre favoreça o réu.

Sob a perspectiva epistemológica, a presunção de inocência possui duas vertentes que interessam ao problema do convencimento judicial. Por um lado, ela exige que a tese fática em que se funda a sentença condenatória preencha certas exigências epistêmicas, e nesse aspecto ela desempenha o papel de uma garantia epistêmica. Por outro, ela dispensa a que a tese fática em que se funda a sentença absolutória preencha as mesmas exigências epistêmicas, e nesse aspecto ela é uma garantia (não epistêmica) de liberdade.[684]

---

[683] Adota-se, neste livro, a lição de GASCÓN ABELLÁN: "[T]enga-se en cuenta que la mayor confirmación que cualquier otra hipótesis sobre los mismos hechos es una cuestión de grado. Cosa distinta son las exigencias institucionales que puedan existir neste punto, que pueden imponer requisitos más o menos severos para aceptar una hipótesis. La mayor o menor severidad de estos requisitos dependerá de los objetivos que se persigan y/o de los valores que estén en juego. Es decir, dependerá de la importancia que se dé 'a evitación de los dos tipos de error que pueden cometerse: rechazar la hipótesis que se está contrastando, aunque sea verdadera, y aceptarla, aunque sea falsa'. Así, mientras que en los procesos civiles suele bastar con que el resultado de la prueba sea una probabilidad *preponderante*, en los procesos penales suele exigirse un resultado (probabilístico) *más allá de toda duda razonable*." GASCÓN ABELLÁN, Marina. *Los hechos...*, p. 223 (grifos da autora). Registre-se, contudo, a proposta de KNIJNIK, dando conta da existência de quatro modelos de constatação do juízo de fato ("preponderância de prova"; "prova clara e convincente"; "prova acima da dúvida razoável"; e "prova incompatível com qualquer hipótese que não a da acusação"), de modo que, no processo penal, a condenação não poderia ser justificada pela simples inexistência de dúvida razoável, mas apenas quando for *praticamente impossível que algo* (no caso, o crime imputado) *não tenha ocorrido*. Menciona precedente do STJ em que se afirma que "a condenação requer certeza, *sub specie universalis*, alcançada com prova válida, não bastando a alta probabilidade ou a certeza subjetiva do julgador" (Resp n. 363548/SC, Rel. Min. FELIX FISCHER, 5ª Turma). Conferir: KNIJNIK, Danilo. *A prova...*, p. 37-45. Embora seja interessante o refinamento defendido por KNIJNIK, prefere-se designar o modelo de suficiência probatória em casos criminais com a consagrada expressão "além da dúvida razoável", já que esta traz consigo a ideia de que o exame de compatibilidade de outras hipóteses deve ter em conta as limitações do conhecimento humano e a consequente impossibilidade de se chegar a certezas absolutas.

[684] GASCÓN ABELLÁN, Marina. *Los hechos...*, p. 144.

A exigência de um elevado grau de confirmação para que se possa aceitar a verdade do enunciado fático sustentado pelo órgão acusador não afeta o princípio da eficiência persecutória. Eficiência persecutória, no modelo cognoscitivista, diz respeito à otimização dos meios pelos quais o direito penal pode ser corretamente aplicado, não à obtenção de condenações a qualquer custo. No caso de restar alguma *dúvida razoável* sobre a aceitabilidade da hipótese acusatória, não obstante a realização de todas as medidas possíveis para obtenção e afirmação da verdade, o acusado deve ser absolvido, pois a ampliação dos riscos de condenação de inocentes em nada favoreceria uma (efetiva) proteção dos bens jurídicos que fundamentam a intervenção penal do Estado.

3.3.2. Exercício ativo da autodefesa e convencimento judicial

Apesar de o acusado não prestar juramento ou compromisso de dizer a verdade, não se pode dizer que suas declarações sejam aprioristicamente indignas de confiança. Na valoração das declarações do acusado, tal como na interpretação jurídica de uma forma geral, o juiz deve buscar a cautela de "proteger-se contra a arbitrariedade da ocorrência de felizes ideias e contra a limitação dos hábitos imperceptíveis do pensar, e orientar a sua vista às coisas elas mesmas".[685] Responder ao interrogatório é uma estratégia processual que pode ser usada tanto pelo inocente como pelo culpado. O valor probatório da versão do imputado, portanto, depende da sua aptidão para refutar ou confirmar as hipóteses fáticas em apreciação e da sua compatibilidade com outros elementos de prova colhidos no procedimento.

Embora sejam diversos os motivos que possam levar alguém a confessar um crime, supõe-se que, dadas as previsíveis consequências de uma condenação penal, a admissão de um fato criminoso não seja, na generalidade dos casos, falsa. Se se reconhece o imputado como alguém capaz de conduzir-se de forma livre e racional na busca do que entende melhor para si, e se a opção por confessar for feita após a oportunização de um adequado aconselhamento técnico, tem-se que a confissão pode contribuir de forma elevada, no mais das vezes, para a obtenção de um alto grau de confirmação da hipótese fática. A admissão espontânea da prática de um fato penalmente relevante sugere o argumento de que, com a colaboração espontânea do acusado para a consecução de uma prestação jurisdicional eficiente, se obteria uma aproximação *ceteris paribus* maior do ideal de paz jurídica no qual se assenta a aplicação do direito penal. Nisso se fundamentaria, apesar de muitas críticas da doutrina, a

---

[685] GADAMER, Hans Georg. *Verdade e método I. Traços fundamentais de uma hermenêutica filosófica.* 6. edição. Trad. Flávio Paulo Meurer. Petrópolis: Vozes, 2004, p. 402).

legitimidade da previsão legislativa de redução de pena para o confessor.[686]

É importante enfatizar, contudo, a impossibilidade de se determinar antecipadamente o valor da confissão no sistema das provas. A admissão do fato pelo réu deve sempre passar pelo crivo da racionalidade, pois é pela sua capacidade de esclarecer as circunstâncias do fato, associada à sua conexão com as demais provas colhidas, que se verificará a extensão de sua contribuição para o convencimento judicial.[687]

Quanto à questão da possibilidade de a mentira no interrogatório poder ser valorada em desfavor do réu, sua compreensão deve ser colocada à vista das limitações discursivas que, por meio de regras procedimentais peculiares, acentuam a especialidade do discurso jurídico praticado no processo penal. A exigência de equiparação de armas no modelo de compreensão do processo penal impõe atenuações ao dever de veracidade do imputado, de modo que a determinação da consequência jurídica da mentira do acusado depende de uma ponderação. Afirmações falsas que não ofendam a honra alheia, nem a persecução penal em face de terceiros, não se subsumem a nenhuma norma sancionadora,[688] mas podem ter alguma influência, sob o aspecto cognitivo, no convencimento judicial relativo aos fatos objeto do processo no âmbito do qual elas foram proferidas. Essa possível consequência depende, sobretudo, da conexão da afirmação falsa com a sustentação da tese defensiva: uma afirmação inverídica sobre aspectos irrelevantes não teria aptidão para derrubar ou enfraquecer, por si só, com a versão do réu sobre o fato imputado;[689] mas

---

[686] Sobre o problema dos estímulos estatais à colaboração do acusado, ver: Cap. 2.2.3.1 e Cap. 2.2.3.2, *supra*.

[687] "Normalmente la confesión tendrá una importante fuerza probatoria [...]. Pero la confesión no produce una prueba absolutamente segura; puede ser falsa por los motivos más diversos, p. ej. porque el imputado no es normal o es apático, porque quiere ir a prisión o conseguirse una coartada para outro hecho más grave o porque quiere ser penado en lugar del autor real." ROXIN, Claus. *Derecho procesal...*, p. 106.

[688] Sobre as consequências jurídico-penais da mentira do réu, fortes razões podem ser encontradas em favor da justificação constitucional da criminalização da calúnia (CP, art. 138) e da autoacusação falsa (CP, art. 341), porquanto nesses casos a eventual proteção definitiva de um "direito de mentir" implicaria um favorecimento do exercício do direito de defesa em um grau *ceteris paribus* muito menos elevado que o prejuízo à proteção da honra alheia (no caso da calúnia) ou da eficiência persecutória em face de terceiros (no caso da autoacusação falsa). Já em relação à conduta de atribuir a si próprio falsa identidade, com o objetivo de livrar-se de uma investigação penal (CP, art. 307), embora o STJ venha afirmando que a atipicidade da conduta, nesses casos, seja uma imposição do direito à não autoincriminação (conferir Cap. 2.1.3.2, *supra*), a questão não poderia ser tratada com base em tal princípio, já que se trata de uma conduta exclusivamente ativa.

[689] Assim a doutrina de ROXIN, com base na jurisprudência alemã: "[...] Tampoco las mentiras del acusado prueban, sin má razón, su culpabilidad, ya que no es estraño que un inocente tenga la expectativa de poder mejorar a través de mentiras [...]. De la comprobación de haber participado de un hecho no se puede inferir, sin más, la participación en outro [...]. La nueva jurisprudencia del BGH acentúa, en medida creciente, con razón, este componente objetivo de la formación de la convicción,

uma mentira sobre uma circunstância que tenha conexão com a negativa relativa ao fato principal pode enfraquecer os argumentos de refutação à tese acusatória. Com isso, não se impõe nenhuma sanção à conduta não veraz do réu, apenas trata de levar a sério, sob o aspecto da racionalidade discursiva, os seus atos de fala conscientemente praticados. Como sujeito processual livre para decidir sua estratégia de defesa, não se pode deixar de reconhecer que o acusado pode se ver prejudicado pelas más escolhas que tomar.

Sobre as expressões corporais e emocionais do imputado durante o seu interrogatório, como o riso, o choro, o olhar, o grau de segurança na fala, dentre outras, embora haja na doutrina quem defenda a possibilidade de sua influência no convencimento judicial, delas não se deve extrair nenhuma inferência relevante para o desfecho do caso,[690] pois cada pessoa tem uma reação diversa em um momento como o interrogatório.[691] Aquilo que alguns podem interpretar como indicativo de uma postura mentirosa, como o piscar de olhos compulsivo, a fala confusa ou a gagueira temporária, pode não ser mais que características de comportamento pessoal, limitações cognitivas ou comunicativas ou, ainda, meros reflexos de um estado de nervosismo. Em um modelo probatório em que a formação do

---

a cuja función de control – comparada con la convicción subjetiva de la época anterior – no se puede renunciar [...]" ROXIN, Claus. *Derecho procesal...*, p. 104. No mesmo sentido, HUERTAS MARTÍN sustenta que "[...] el juez o tribunal no ha de extraer siempre y necesariamente dichas consecuencias desfavorables de esta conducta mendaz, porque la misma puede obedecer a múltiples razones diferentes a la razonable ocultación de la propia responsabilidad [...]". HUERTAS MARTÍN, M. Isabel. *El sujeto pasivo...*, p. 308.

[690] Não se pode compartilhar, por exemplo, o entendimento de OLIVEIRA E SILVA, citado por TOURINHO FILHO: "O calor ou a frieza das primeiras respostas, a emoção ou a displicência com que fala, o gesto vivo ou fatigado e, principalmente, o clarão ou o fogo morto de suas pupilas, a sequência, lenta ou vertiginosa, dos seus raciocínio e, às vezes, a eloquência borbulhante da paixão, a que se inflama, tudo pode ser o elemento da revelação moral, sentimental e mental do indivíduo, a quem o Juiz interroga...". *Curso de processo penal*, Rio de Janeiro: Freitas Bastos, 1956, p. 78. *Apud* TOURINHO FILHO, Fernando da Costa. *Processo penal*. v. 3. 19ª ed. São Paulo: Saraiva, 1997, p. 185. Considerar os trejeitos e outras expressões emocionais do interrogando não parece contribuir para o incremento da racionalidade do convencimento judicial. A propósito, poderiam ser mencionadas pesquisas empíricas dando conta de que "o descobrimento da mentira é mais fácil se o observador tem acesso unicamente à explicação verbal da comunicação, quer dizer, quando se prescinde da explicação visual" (NEUBURGER, Cataldo. *Esame e controexame nel processo penale*. Padova: Cedam, 2000, p. 13. *Apud* IBAÑEZ, Perfecto Andrés. *Valoração da prova...*, p. 18). Esses estudos conduziram alguns doutrinadores estrangeiros a defender a conveniência de, nos processos cometidos aos tribunais do júri, "apresentar aos jurados só as transcrições das declarações, como situação idônea para detectar se o que uma testemunha declare é certo ou não" (QUECUTY, Alonso. "Creencias erróneas sobre testigos y testimonios: sus repercusiones en la práctica legal". Em G. Alvarez (coord.). *Delitos contra la libertad sexual*. Madrid: CGPJ, 1997, p. 431. *Apud* IBAÑEZ, Perfecto Andrés. *Valoração da prova...*, p. 18).

[691] Conforme HUERTAS MARTÍN, "las reacciones del individuo no siempre se relacionan con su consciencia de inocencia o de culpabilidad, sino que muchas veces son expresión de un temperamento particular, reactivo o apático, por el cual, a igualdad de situación procesal, se puede dar un contenido absolutamente diferente". HUERTAS MARTÍN, M. Isabel. *El sujeto pasivo...*, p. 308.

convencimento judicial deve se dar mediante critérios de racionalidade, não há espaço para duvidar do baixíssimo valor epistêmico da máxima "quem não deve, não teme". Por outro lado, não se imagina como as impressões do juiz sobre o modo de o acusado se expressar poderiam ser intersubjetivamente controláveis.[692] A aceitação do "fator intuição"[693] na valoração da prova implicaria admitir a validade de uma decisão judicial sem mais justificação do que um *ato de fé* ou uma simples relação empática do juiz com um determinado depoente.[694]

3.3.3. Exercício passivo da autodefesa e convencimento judicial

3.3.3.1. A legislação processual penal brasileira sobre a influência do silêncio na fixação judicial dos fatos

Como se não bastassem as divergências doutrinárias sobre a influência do exercício do direito ao silêncio no convencimento judicial, alterações pontuais no CPP sobre a realização do interrogatório judicial promovidas pela Lei nº 10.792/03 contribuíram para agravar as dificuldades interpretativas que o tema suscita no Brasil.

O art. 186 do CPP apresentava, até 2003, a seguinte redação: "Antes de iniciar o interrogatório, o juiz observará ao réu que, embora não esteja obrigado a responder às perguntas que lhe forem formuladas, o seu silêncio poderá ser interpretado em prejuízo da própria defesa".[695] Com a reforma introduzida pela Lei nº 10.792/03, o dispositivo passou a conter o seguinte enunciado: "Art. 186. Depois de devidamente qualificado e

---

[692] O exagerado valor que a doutrina tradicional dá ao princípio na imediação (intervenção pessoal e direta do juiz na coleta da prova) e a consequente diminuição da controlabilidade do convencimento judicial quando se admite um juízo fundado em impressões pessoais são criticados por GASCÓN ABELLÁN: "[E]s evidente que las 'impresiones' recibidas por el juez no pueden ser comunicadas, com lo cual el principio de libre valoración, interpretado com el tamiz de la inmediación, se carga de irracionalidad y subjetivismo y anula por completo la posibilidad de motivar." *Los hechos...*, p. 197-8. Sobre os problemas relativos à compreensão equivocada do princípio da imediação, ver: Cap. 3.2.3.2, *supra*.

[693] Embora utilize expressões diversas das empregadas pela teoria hermenêutica, ALTAVILLA ressalta o perigo de a intuição do juiz atuar como um pré-juízo negativo: "Às vezes este juízo antecipado cristaliza-se tão potentemente na consciência do juiz, que não só as conclusões processuais não conseguirão modificá-lo, mas até ele, inconscientemente, se esforçará por adaptar esses resultados à sua convicção." Adiante, complementa: "Acrescente-se que a vulgar intuição não é mais, muitas vezes, que uma enganadora impressão de simpatia ou de antipatia, que gera um apressado juízo de inocência ou de culpabilidade." (ALTAVILLA, Enrico. *Psicologia Judiciária* – vol. 1. 3ª edição. Coimbra: Armênio Amado, 1981, p. 510-1). Isso conduz ao reconhecimento do dever judicial de analisar criticamente as intuições que venham à sua mente, a fim de que sua compreensão se atenha às coisas tais como elas são (GADAMER, Hans-Georg. *Verdade e método I*, p. 355). Sobre necessidade de tais elementos subjetivos passarem pelo crivo da racionalidade, conferir: Cap. 3.2.2.3, *supra*.

[694] IBAÑEZ, Perfecto Andrés. *Valoração da prova e sentença penal*. Rio de Janeiro: Lumen Juris, 2006, p. 54.

[695] Grifos não constantes no original.

cientificado do inteiro teor da acusação, o acusado será informado pelo juiz, antes de iniciar o interrogatório, do seu direito de permanecer calado e de não responder perguntas que lhe forem formuladas. Parágrafo único. *O silêncio, que não importará em confissão, não poderá ser interpretado em prejuízo da defes".*[696]

Não obstante a modificação do art. 186, para perplexidade de vários autores,[697] o legislador de 2003 manteve inalterado o art. 198 do CPP, assim redigido: "Art. 198. O silêncio do acusado não importará confissão, mas poderá constituir elemento para a formação do convencimento do juiz".[698]

Há quem defenda a tese de que houve um mero "cochilo" do legislador, de modo que a norma referente à segunda parte do art. 198 teria sido implicitamente revogada pela norma introduzida pela segunda parte do parágrafo único do novo art. 186 do CPP.[699] Se se entender que a permissão para que o silêncio constitua "elemento para a formação do convencimento do juiz" é uma consequência jurídica incompatível com a proibição de interpretação do silêncio em prejuízo da defesa, essa posição de fato não poderia ser ilidida (*lex posterior derogat lex prior*). Todavia, as diferentes concepções sobre o papel do exercício passivo da autodefesa na formação do convencimento judicial indicam que a questão não pode ser solucionada em bases tão simples. Para verificar se o enunciado do art. 198 é compatível com o novo enunciado do art. 186, parágrafo único, é preciso examinar, primeiramente, se eles tratam das mesmas etapas da atividade judicial de valoração da prova.

---

[696] Grifos não constantes no original.

[697] Dentre os quais deve ser citado: COUCEIRO, João Claudio. *A garantia constitucional do direito ao silêncio*, p. 125.

[698] Grifos não constantes no original.

[699] Também os autores que defendem que o art. 186 do CPP, em sua redação original, não havia sido recepcionado pela CF-88 devem ser incluídos nessa corrente. Citem-se: AZEVEDO, David Teixeira de. "O interrogatório do réu e o direito ao silêncio", 2001, p. 133-150. Atualidades no direito e processo penal. São Paulo: Método, 2001, p. 149; SANDEVILLE, Lorette Garcia. "O direito ao silêncio". *Revista da Procuradoria Geral do Estado de São Paulo*, n. 36, dez. 1991, p. 243; GOMES, Mariângela Gama de Magalhães. "O direito ao silêncio na prisão em flagrante". *Revista dos Tribunais*, a. 94, v. 836, jun. 2005, p. 402; GRINOVER, Ada Pellegrini. "O interrogatório como meio de defesa (Lei 10.792/2003)". *RBCCrim*, n. 53, mar./abr. 2005, p. 188; CARVALHO, José Theodoro Corrêa. "As inovações do interrogatório no processo penal". *Revista da Fundação Escola Superior do Ministério Público do Distrito Federal e Territórios*, a. 12, v. 23, jan./dez. 2004, p. 147-8; MÉDICI, Sérgio de Oliveira. "Interrogatório do réu e direito ao silêncio". *Revista Jurídica*, a. XLI, n. 194, dez. 1993, p. 38; COLTRO, Antônio Carlos Mathias. "O silêncio, a presunção de inocência e sua valoração", p. 291-305, 1999. Em: PENTEADO, Jaques de Camargo (coord.). *Justiça penal* – 6. São Paulo: Revista dos Tribunais, 1999, p. 299; MOURA, Maria Thereza Rocha de Assis; MORAES, Maurício Zanoide de. "Direito ao silêncio no interrogatório". *Revista Brasileira de Ciências Criminais*. São Paulo, v. 2, n. 6, abr./jun. 1994, p. 136; NUCCI, Guilherme de Souza. *O valor da confissão...*, p. 168; QUEIJO, Maria Elisabeth. *O direito de não produzir provas...*", p. 107-8.

A formação e a justificação do convencimento judicial constituem uma atividade complexa, mas que pode ser dividida, sob o aspecto funcional, em diversas fases.[700] Na primeira, dá-se a seleção probatória, ou seja, o juiz constata quais são os meios de prova constantes no processo, momento em que verifica, por exemplo, se há depoimentos testemunhais sobre a matéria fática relevante para o desfecho do caso. A segunda fase consiste na tarefa de interpretação probatória, pelo qual o juiz estabelece o conteúdo dos elementos de prova, como quando verifica o que disse determinada testemunha. Na terceira, dá-se a valoração propriamente dita do material probatório, momento em que o julgador estabelece a importância das provas para o desfecho do caso, como, por exemplo, quando avalia a credibilidade dos testemunhos.[701] Com o percurso dessas três fases, o juiz pode justificar, por procedimentos discursivos de confirmação e refutação, a aptidão das provas para um juízo condenatório, cotejando a força dos elementos de prova presentes nos autos com a força que seria necessária para o reconhecimento da responsabilidade penal do imputado.

A permissão para que o silêncio *fosse interpretado* em prejuízo do réu significava que as consequências jurídicas da norma extraída do enunciado original do art. 186 do CPP, ao possibilitar que essa postura do acusado pudesse ser considerada pelo juiz como um indício, operavam já na fase de seleção e interpretação do material probatório. Uma tal barreira à proteção dos direitos de personalidade do acusado seria possivelmente compatível com a cultura jurídica, dominante à época da elaboração do CPP (1940), que via no silêncio um elemento sobre o qual se poderia extrair uma presunção de culpa. Hoje, com a proteção do direito contra a autoincriminação dada pela CF-88, uma intervenção tão intensa na liberdade de declaração não seria justificável sob o critério da proporcionalidade.[702]

De seu turno, o enunciado pelo qual o silêncio poderia *constituir elemento para a formação do convencimento* do juiz (art. 198, segunda parte) teria que ser compreendido, se não se quisesse tomá-lo por mera repetição da disposição do art. 186, na fase da valoração conjunta do material probatório já selecionado e interpretado. Com isso, a expressão "elemento para a formação do convencimento judicial" não designaria meio de prova, e sim um elemento discursivo do raciocínio do juiz *sobre a* prova,

---

[700] Essas fases não se distinguem, necessariamente, sob o aspecto cronológico ou prático, mas pelas diferentes tarefas que comportam. Sobre o círculo da compreensão na teoria hermenêutica de GADAMER, conferir: Cap. 3.2.2.3, *supra*. Sobre a fundamentação da avaliação da prova, conferir: Cap. 3.2.3.2, *supra*.

[701] Ver Cap. 3.2.3.2, *supra*.

[702] Ver Cap. 3.3.3.2, *infra*.

ou seja, algo que poderia tomar parte no procedimento intelectivo pelo qual o juiz justifica a aceitabilidade de um enunciado fático apoiado em provas de confirmação.

Eis, portanto, o significado jurídico que se extraía dos enunciados dos arts. 186 e 198: o juiz poderia tomar o exercício do silêncio como indício (art. 186), ou seja, como fato-base do qual se extrairiam inferências sobre a culpa do réu, desde que se lhe atribuísse valor menor do que usualmente se dava à confissão (art. 198, primeira parte); contudo, mesmo se não tomasse o silêncio como meio de prova ou sucedâneo de prova,[703] o juiz poderia considerar que a inexistência de declarações do réu, na avaliação do conjunto das provas e contraprovas produzidas (exame dos requisitos de confirmação e não refutação), poderia ser relevante para uma decisão judicial condenatória ou absolutória (art. 198, segunda parte).

Esse entendimento conduz ao reconhecimento de que o art. 198, segunda parte, não foi tacitamente revogado pela reforma de 2003.[704] A manutenção da norma, sob o ponto de vista da legislação ordinária, ainda deixa em aberto, porém, a questão da sua constitucionalidade. A proporcionalidade, no âmbito do convencimento judicial, das intervenções no direito de não se autoincriminar no interrogatório é o tema analisado no item seguinte.

3.3.3.2. A interpretação desfavorável do silêncio do acusado como uma intervenção desproporcional no direito fundamental

A concepção do silêncio como indício de culpa pretende sustentar-se no comentário, atribuído a Jeremy Bentham, de que "a inocência clama pelo direito de falar, enquanto a culpa invoca o privilégio do silêncio".[705] Colocada a questão nesses termos, dando-se por aceitável a máxima pela qual "a reação normal do inocente é bradar contra a acusação injusta",[706] a opção por permanecer calado constituiria a premissa menor (fato-base)

---

[703] Entende-se por sucedâneo de prova aquilo que, sem ser verdadeira prova, é utilizado como tal, no sentido de servir como meio informativo para fundamentar uma sentença. Conferir, a propósito deste conceito: FERNANDES, Antonio Scarance. "Prova e sucedâneos de prova no processo penal". *RBCCrim.* a. 15, n. 66, maio/jun. 2007, p. 195.

[704] O entendimento de que o novo art. 186, parágrafo único, tratou da subjetividade da conduta de silenciar, e não da ausência objetiva de declaração, é reforçado pela revogação da disposição do art. 191, que ordenava a consignação das "perguntas que o réu deixar de responder e as razões que invocar para não fazê-lo". Isso porque na formação do juízo sobre os fatos não devem interessar os motivos da adoção de uma ou outra estratégia de defesa, e sim, eventualmente, a ausência ou insuficiência de prova que dessa escolha pode resultar.

[705] NUCCI, Guilherme de Souza. "Interrogatório, confissão e direito ao silêncio no processo penal". *Revista da Escola Paulista da Magistratura*, ano I, vol. 2, jan./abr. 1997, p. 117.

[706] Ver, por todos: BARBIERO, Louri Geraldo. O direito constitucional do réu ao silêncio e suas consequências. *Cidadania e Justiça*. Rio de Janeiro, v. 2, n. 5, 1998.

da qual se extrairiam inferências sobre a autoria do crime (fato desconhecido).

Entretanto, a valoração predeterminada do silêncio como algo que deveria ser sempre considerado desfavoravelmente ao acusado sequer poderia ser colocada sob a forma de uma colisão entre o livre convencimento racional e o direito à não autoincriminação. A adoção desse critério valorativo, além de caracterizar uma intervenção grave no direito fundamental individual, não contribuiria para manter ou aprimorar a racionalidade judicial indispensável para a realização do dever estatal de prestar uma justiça penal eficiente. Se não existem provas cujo peso seja determinado *a priori*,[707] já que "tudo há de depender do exame *in concreto* do caso e no contexto dos elementos constantes dos autos, material sobre o qual haverá o órgão judicial de exercer com o maior cuidado o seu exame crítico e extrair a verdade provável e possível",[708] o ideal de eficiência, aqui unido ao ideal de racionalidade, aporta fortes razões para não se considerar o exercício passivo da autodefesa como algo a ser necessariamente, em qualquer caso, interpretado em desfavor do acusado.

Pode-se cogitar de uma colisão entre o princípio da proteção contra a autoincriminação e o princípio do livre convencimento racional se se entender que o exercício do direito ao silêncio poderia, em determinadas situações, à vista de um exame particular do caso, constituir elemento desfavorável ao acusado.[709] Nesse caso, a norma expressa na segunda parte do art. 198 do CPP caracterizaria uma barreira ao direito à não autoincriminação. Argumentar-se-ia que a omissão do acusado em defender-se no interrogatório poderia, mediante sua associação com outros elementos probatórios presentes no processo, contribuir para um juízo desfavorável àquele que faz uso do direito de calar. É dizer, o silêncio não constituiria, por si próprio, um elemento prejudicial ao imputado, mas se o juiz verificasse que, em uma dada hipótese, a opção de prestar declarações seria mais consentânea com a tese da inocência que a opção de não as prestar, a negativa do acusado em se submeter ao interrogatório poderia ser considerada um elemento autônomo capaz de reforçar os demais elementos probatórios colhidos contra o réu.

---

[707] TONINI, Paolo. *A prova no processo penal italiano*, p. 103.

[708] ALVARO DE OLIVEIRA, Carlos Alberto. *Problemas atuais da livre apreciação da prova*. Disponível em www6.ufrgs.br/ppgd/doutrina. Acesso em 11 jun. 2007. Sobre o princípio do livre convencimento racional, ver: Cap. 3.2.3, *supra*.

[709] COUCEIRO, João Claudio. *A garantia constitucional do direito ao silêncio*, p. 173-5; ALSCHULER, Albert W. "A peculiar privilege in historical perspective". Em: HELMHOLTZ, R. H. (org.) e outros. *The privilege against self-incrimination: Its origins and development*. Chicago: The University of Chicago Press, 1997, p. 188-204; SCAPINI, Nevio. *La prova per indizi nel vigente sistema del processo penale*. Milão: Giuffrè, 2001, p. 88; FASSONE, Elvio. "La valoración de la prueba en los procesos de criminalidad organizada". *Cuadernos de política criminal*, n. 64, Madrid: Edersa, 1998, p. 151.

Os doutrinadores que defendem a possibilidade de, em algumas situações, considerar o silêncio do réu como meio probatório, parecem aceitar que diversos são os motivos possíveis para que alguém permaneça calado no interrogatório; no entanto, pretendem afastar o baixo grau de probabilidade da máxima "quem cala, tem culpa" associando o exercício do direito de permanecer silente a outros elementos desfavoráveis ao acusado, de modo que a generalização ganharia o seguinte refinamento: "quem cala, em situações capazes de gerar um alto grau de suspeição, tem culpa".

Uma defesa bem articulada dessa posição encontra-se na doutrina de R. Kent Greenawalt, citado por Albert Alschuler:

> Estudiosos e juízes de destaque têm contestado [...] que o direito ao silêncio decorrente do privilégio é incompatível com a moralidade comum [*ordinary morality*]. Em um tratamento fundamentado da questão, R. Kent Greenawalt traça uma distinção entre questionar com base em suspeita tênue e questionar com base em suspeita solidamente fundada. Ele oferece uma série de exemplos da diferença moral entre as duas práticas. Quando Ann tem pouca base para suspeitar que Betty furtou sua propriedade, Greenawalt sugere que seria ofensivo e injusto que Ann inquirisse Betty para prestar contas de suas atividades durante o furto. Betty provavelmente responderia "não é da sua conta". Se, entretanto, um amigo contou a Ann que viu Betty usando um bracelete igual a um que Ann declarou ter sido furtado, então Ann pode apropriadamente descrever a razão de sua suspeita e inquirir Betty a responder. A inquirição de Ann seria menos ofensiva e intrusiva que a maioria dos outros meios de confirmar ou afastar sua suspeita – vigiar Betty subrepticiamente, procurar em suas coisas ou interrogar seus amigos. Nessas circunstâncias, Betty teria boas razões para responder e, se ela declinasse, a suspeita de Ann poderia apropriadamente aumentar.[710]

Contra esse entendimento, todavia, podem ser aduzidas razões de peso. A primeira é de que a concorrência de outros meios probatórios não é capaz de afastar todos os motivos pelos quais alguém pode preferir o silêncio. Tanto culpados como inocentes, e independentemente do grau confirmatório das provas já colhidas em seu desfavor, podem recear que suas dificuldades de expressão dificultem ainda mais sua estratégia defensiva, ou que a submissão ao interrogatório seja uma experiência humilhante, ou, ainda, que sejam levados a revelar aspectos íntimos de sua conduta ou de sua personalidade[711] que pretendem proteger mais que a própria liberdade... Ainda que pudesse ser defendida a legitimidade de

---

[710] ALSCHULER, Albert W. "A peculiar privilege...". *The privilege...*, p. 182.

[711] LEITE FERNANDES defende que a opção pelo silêncio não é apenas exercício da defesa: "O segredo do acusado diz, isto sim, com sua defesa, mas tem relação, muito frequentemente, com a manutenção da própria privacidade ou intimidade, nisto incluindo a dignidade, a boa fama e a liberdade de familiares, amigos e quiçá comparsas, pouco importa." (FERNANDES, Paulo Sérgio Leite. "Direito e dever ao silêncio". Em: *Estudo Jurídicos em homenagem a Manoel Pedro Pimentel*. Rubens Prestes Barra e Ricardo Antunes Andreucci (coordenadores). São Paulo: Editora Revista dos Tribunais, 1992, p. 302-19.

perscrutar o emaranhado de razões e emoções que levam a silenciar diante de uma autoridade, não s̄e pode afirmar que o processo disponibiliza elementos suficientes para essa análise, nem que o juiz esteja tecnicamente preparado para fazê-la. Ademais, os riscos de se interpretar a motivação do comportamento do acusado com base na tradicional – e temerária – figura do "homem médio" acrescenta riscos consideráveis à obtenção de inferências corretas.

A segunda razão, estreitamente relacionada à primeira, é a de que não se poderia, com base em critérios apriorísticos do que seja "moralidade comum", considerar de modo negativo a opção do réu por silenciar. A proteção jurídico-constitucional da liberdade de declaração do réu fala em favor da moralidade do comportamento de quem permanece calado no interrogatório. Não se põe em dúvida que o ato de servir-se imoralmente da invocação de um direito *prima facie* protegido deve ser levado em conta na determinação do direito definitivo, já que entre direito e moral existe uma conexão necessária.[712] Porém, não se pode ter como contrário à moralidade o simples exercício do direito na situação processual para a qual ele ganhou proteção, ou seja, para execução de uma estratégia de defesa diante de uma imputação penal, pois nisso não se cogita nenhum abuso. A afirmação de que a estratégia de se quedar silente atentaria contra a *ordinary morality* somente poderia ser posta, de forma consistente, se adotada a ingênua concepção pela qual o réu apenas teria o interesse de ser absolvido se fosse inocente, pois, sendo culpado, seu interesse seria o de submeter-se espontaneamente à pena.[713]

A terceira razão é a de que o argumento esconde uma petição de princípio. Os elementos de prova colhidos no procedimento dizem respeito à confirmação do fato criminoso atribuído ao réu, ou seja, eles integram a premissa menor de um raciocínio judicial que, utilizando uma máxima de experiência como premissa maior, conclui pela aceitação da verdade de um enunciado relevante para o processo. Esses elementos probatórios

---

[712] Sobre a conexão necessária do direito com a moral, ver: Cap. 3.1.2, *supra*.

[713] O entendimento de que no processo penal não haveria lide ou conflito de interesses é defendida, dentre outros, por FERNANDO LUSO SOARES. Observe-se trecho da obra deste autor: "Basta-nos pensar que o interesse é uma situação favorável ou tendente à satisfação de uma necessidade para convirmos em que o único interesse em jogo no processo penal é o do réu. A sua necessidade, se está culpado, é a do castigo. Se está inocente, é a de ser mandado em paz." Adiante, citando CARNELUTTI, complementa LUSO SOARES: "O imputado tem, no processo penal, o mesmo interesse que no diagnóstico e na terapêutica tem o enfermo. Falar, como comumente se faz, de um interesse do imputado à liberdade, entendido este como um interesse em ser absolvido, ainda que culpado, equivale a admitir o interesse do doente em que o clínico não descubra sua moléstia." (*O processo penal como jurisdição voluntária*, Coimbra, 1981, p. 58 e 76. *Apud* FERNANDES, Paulo Sérgio Leite. "Direito e dever ao silêncio". Em: *Estudo Jurídicos em homenagem a Manoel Pedro Pimentel*. Rubens Prestes Barra e Ricardo Antunes Andreucci (coordenadores). São Paulo: Editora Revista dos Tribunais, 1992, p. 302-19). Neste estudo não se aceita tal posição, pois ela parte da equivocada concepção de que a sanção criminal é um "benefício" aplicável a quem dele "necessita".

podem ser suficientes ou insuficientes para a afirmação da culpa do réu, mas em nada alteram o fundamento epistêmico e o grau de probabilidade da generalização "quem cala, tem culpa". Aqui não se poderia falar de uma fundamentação empírica mútua, já que uma certa regularidade de condenações a réus silentes pouco ou nada diz sobre os motivos de tais réus terem silenciado.[714] É certo que dois indícios concatenados possuem maior grau de confirmação que a simples soma de cada um deles, mas não se pode qualificar um elemento como indício somente após essa suposta concatenação.[715] Se são as premissas que servem à conclusão, esta não pode servir à revisão das próprias premissas em que se funda.

Essas razões indicam que a possibilidade de tomar o silêncio como meio probatório autônomo não parece ser uma solução adequada de acordo com os critérios da teoria dos princípios.[716]

Ambas as formas de exercício da autodefesa (prestar declarações ou permanecer calado) devem receber, enquanto tal, o mesmo tratamento,[717] descabendo qualquer indagação sobre a motivação de o réu escolher uma ou outra.[718] O que possui caráter probatório não é o *ato de responder* ao interrogatório, e sim as *respostas* dadas pelo acusado.[719] Se o réu escolhe

---

[714] A refutação a uma fundamentação mútua pela qual se defenderia a aceitabilidade da máxima "quem cala, tem culpa" sustenta-se nas óbvias dificuldades de investigar empiricamente os motivos de um réu, culpado ou inocente, ter optado pelo silêncio. Por coerência, não invocamos em favor da tese aqui defendida a pesquisa inglesa, mencionada por SOUZA NUCCI, pela qual, em um determinado período abrangido pelo estudo, apenas 2 a 3% dos acusados que permaneceram em silêncio teriam sido absolvidos, e que 1/3 dos que invocaram o direito de não depor o fizeram "porque não queriam responder a perguntas irrelevantes, impróprias, impertinentes, intrusas, abusivas, enganosas, repetitivas, já respondidas ou que se relacionavam à conduta de terceiros" (NUCCI, Guilherme de Souza. "Interrogatório, confissão...", p. 117-8). Para uma tentativa de fundamentação empírica dos motivos pelos quais um réu inocente faz uso do direito ao silêncio seria indispensável que se expusessem os critérios pelos quais se poderiam aceitar as premissas relativas à *correção* das condenações e à *sinceridade dos motivos* declarados aos pesquisadores para justificar o exercício do direito ao silêncio nos processos respectivos. Não há, contudo, elementos disponíveis para lograr esse intento.

[715] Que o peso de um indício possa ser concretamente determinado mediante sua conexão com outros indícios não autoriza que a própria qualificação de algo como indício possa se dar por elementos externos. Essa confusão deve-se, em grande parte, a invocação da "valoração conjunta da prova" como mero artifício retórico destinado a esconder uma omissão do dever de fundamentar. Ver, a propósito, Cap. 3.2.3.2, *supra*.

[716] Além dos doutrinadores brasileiros citados na nota de rodapé n. 699, defendem a impossibilidade de valoração do silêncio, embora não necessariamente por força dos critérios da teoria dos princípios, dentre outros: ANDRADE, Manuel da Costa. *Sobre as proibições...*, p. 171; BINDER, Alberto. *Introdução...*, p. 181; DIAS, Jorge de Figueiredo. *Direito procssual...*, p. 448; RUIZ, Victoria. "El derecho a no autoincriminarse en fallos del Tribunal Europeo de Derechos Humanos". *Cuadernos de doctrina y jurisprudencia penal*. Buenos Aires, v. 9, n. 15, mayo 2003, p. 334.

[717] RUIZ, Victoria. "El derecho a no autoincriminarse en fallos del Tribunal Europeo de Derechos Humanos". *Cuadernos de doctrina y jurisprudencia penal*. Buenos Aires, v. 9, n. 15, mayo 2003, p. 334.

[718] TUCCI, Rogério Lauria, *apud* MOURA, Maria Tereza Rocha de Assis. MORAES, Maurício Zanoide. "O direito ao silêncio...", p. 137.

[719] Ao optar por exercer ativamente seu direito de defesa pessoal no ato de interrogatório, o acusado converte-se em fonte de prova, tal como quando se submete a um exame corporal ou a um reconhe-

responder às perguntas, opta por se converter em fonte de prova, e então suas declarações podem constituir meio de prova a favor ou contra si. Porém, se ele escolhe a estratégia de permanecer calado, o seu silêncio não é prova, nem condenatória, nem absolutória: significa apenas ausência de respostas e, portanto, *ausência de provas*.[720] Reconhecer um valor probatório intrínseco à inexistência da versão pessoal do réu sobre os fatos seria tão sem sentido como fazê-lo em relação ao "depoimento" de uma testemunha não encontrada, ou a uma "perícia" não realizada.

Não merece acolhida, dessarte, a distinção feita por alguns autores entre silêncio total e silêncio parcial.[721] Em qualquer momento, durante o interrogatório, o acusado pode exercer sua liberdade de declaração. A resposta a algumas perguntas não faz com que a ausência de respostas em relação a outras deva ser considerado meio probatório, pois também no caso de silêncio parcial a tentativa de sustentar a possibilidade de extração de inferências com base em um comportamento omissivo do imputado persiste sem justificação idônea.

Em um modelo probatório marcado pela especial proteção à condição de inocente, em que o interrogatório é meio de defesa e *eventual* meio de prova, a valoração do comportamento processual das partes constituiria uma intervenção elevada no direito de não contribuir para a própria condenação, pois permitiria a equiparação da recusa em se expor a uma possível autoincriminação verbal à "escolha" de uma outra forma de incriminação supostamente presumida pelo ordenamento jurídico. Uma barreira tão intensa não poderia resultar justificada, sob o critério da proporcionalidade, porque as razões em favor da admissibilidade dessa valoração, para obtenção de uma maior eficiência no prestação da justiça penal, são muito menos fortes.

---

cimento. Embora a liberdade de permanecer calado no interrogatório seja um direito definitivo (CPP, art. 186), e a liberdade de não participar da produção de outras provas seja um direito *prima facie* ao qual se opõem barreiras mais extensas (CPP, art. 260, por exemplo), deve ser destacado, em qualquer caso, um ponto comum. O que se submete ao regime probatório e está sujeito à valoração como prova não é o ato de responder as perguntas do interrogatório, nem a submissão espontânea a uma perícia, ou a um reconhecimento ou a outra diligência probatória; mas sim as próprias declarações dadas, a conclusão da perícia, o resultado da diligência de reconhecimento e assim por diante. É dizer, o simples exercício ativo ou passivo do direito de defesa pessoal no interrogatório não comporta valorações, não se podendo afirmar de antemão, independentemente das circunstâncias processuais concretas, se a opção de falar tende a ser mais eficaz para o réu que a opção de calar.

[720] "O silêncio não pode ser objeto de valoração jurisdicional, porque não constitui prova, no sentido jurídico do termo. Significa, tão somente, que o imputado optou, no exercício de sua autodefesa, deixar de fornecer sua versão pessoal sobre os fatos que são objeto de prova." MOURA, Maria Tereza Rocha de Assis. MORAES, Maurício Zanoide. "O direito ao silêncio...", p. 140.

[721] Defendem a possibilidade de valoração do silêncio parcial, dentre outros: ROXIN, Derecho procesal..., p. 108-9; MONTAÑÉS PARDO, Miguel A. *La presunción...*, p. 137-8; HADDAD, Carlos H. B. *Conteúdo e contornos...*, p. 70-3.

Deveras, a possibilidade de fazer inferências sobre o silêncio do réu, como critério apto para ser utilizado no convencimento judicial, traria um incremento um tanto discutível dos mecanismos para o estabelecimento dos fatos. É mínimo o grau de probabilidade de tais inferências contribuírem de modo relevante para a prestação de uma justiça penal eficiente, assim entendida aquela que se funda em um elevado nível de segurança na afirmação da culpabilidade do imputado.

O que deve ser ressaltado é que, por vezes, as provas trazidas pela acusação possuem uma força confirmatória tão grande, que a possibilidade de sua refutação racional carece do aporte de um conjunto mínimo de contraprovas ou, ao menos, da apresentação de uma hipótese fática aceitável sob o aspecto narrativo. Nessas situações, se o réu opta pelo silêncio no interrogatório, abre mão de uma oportunidade, que poderia ser decisiva, de contribuir para um juízo de refutação da hipótese acusatória.

Uma conhecida decisão do TEDH, prolatada no *Caso Murray vs. Reino Unido*, tratou de uma hipótese em que essa questão se apresentava. John Murray fora preso pela polícia britânica quando descia as escadas de um sobrado utilizado como cativeiro de pessoas sequestradas pelo grupo terrorista IRA. No momento da prisão e em diversas fases do procedimento, Murray pôde dizer o que fazia no local no momento da abordagem policial, mas optou por permanecer em silêncio em todos os interrogatórios realizados. Invocando a legislação local, que regula minudentemente as hipóteses em que se poderiam extrair inferências do silêncio do réu, a Justiça da Irlanda do Norte condenou Murray. A defesa, então, levou o caso ao TEDH, alegando violação ao direito à não autoincriminação. No julgamento, estabeleceu-se que, se por um lado seria incompatível com a proteção contra a autoincriminação basear uma condenação somente ou principalmente no silêncio do acusado, ou na sua recusa em responder perguntas ou a entregar provas contra si, por outro, "essas imunidades não podem impedir que o silêncio do acusado, em situações que claramente requeiram uma explicação dele, seja levado em conta na valoração da persuasão da prova aduzida pela acusação".[722]

---

[722] *Case of* JOHN MURRAY *versus* THE UNITED KINGDOM (*Application number* 00018731/91 – 08/02/1996): "[...] 47. On the one hand, it is self-evident that it is incompatible with the immunities under consideration to base a conviction solely or mainly on the accused's silence or on a refusal to answer questions or to give evidence himself. On the other hand, the Court deems it equally obvious that these immunities cannot and should not prevent that the accused's silence, in situations which clearly call for an explanation from him, be taken into account in assessing the persuasiveness of the evidence adduced by the prosecution. [...]"

DIREITO À NÃO AUTOINCRIMINAÇÃO E DIREITO AO SILÊNCIO

Esse trecho da fundamentação, em que pese a deficiência da terminologia empregada, não conduziria a uma violação do direito à não autoincriminação se a afirmação da possibilidade de o silêncio do imputado ser considerado na "valoração da persuasão" das provas incriminantes, fosse interpretada no sentido de os elementos de confirmação da hipótese acusatória, quando livres de qualquer confrontação com elementos apoiadores de outras hipóteses, e desde que dotados por si sós de elevada força probatória, poderem ser considerados suficientes para uma condenação. Em tal caso, dizer que as circunstâncias da abordagem de Murray "exigiam uma explicação" por parte do imputado poderia significar, em uma linguagem mais próxima da utilizada pela dogmática processual, que o enunciado fático apoiado por essas circunstâncias, no exame judicial destinado a pôr as provas umas em relação com as outras, não teria perdido nada de sua força inicial e seria apta para levar ao convencimento judicial. No discurso jurídico próprio do exame da suficiência probatória dos elementos introduzidos pelo órgão acusador, o julgador poderia concluir que a existência de provas incriminantes dotadas de um grau de confirmação *ceteris paribus* elevado, associada à ausência de elementos aptos à respectiva refutação (mesmo que parcial ou imperfeita), faria com que a hipótese de culpabilidade pudesse ser dada como aceitável. Em suma, o que justificaria a decisão seria a prova produzida pela acusação (*evidence adduced by the prosecution*), mantida sem refutação pela atividade probatória da defesa, e não supostas inferências extraídas do silêncio de Murray.

Contudo, outros trechos da fundamentação indicam que o TEDH avançou para muito além de onde poderia ter ido. Já na exposição do caso, o voto condutor afirma que o problema sobre "se as inferências negativas a partir do silêncio do acusado violam ou não o artigo 6° [*da CEDH*] é uma questão que deve ser determinada à luz de todas as circunstâncias do caso, tendo particularmente em conta as situações em que podem ser feitas inferências, a importância que lhes é atribuída pelos tribunais nacionais na sua apreciação da prova e o grau de pressão inerente à situação".[723] Adiante, analisando os critérios pelos quais o convencimento judicial deveria se estruturar, o Tribunal reconhece que "o juiz tem poderes discricionários para determinar se, sobre os fatos do caso

---

[723] *Case of* JOHN MURRAY *versus* THE UNITED KINGDOM (*Application number* 00018731/91 – 08/02/1996): "[...] Whether the drawing of adverse inferences from an accused's silence infringes Article 6 is a matter to be determined in the light of all the circumstances of the case, having particular regard to the situations where inferences may be drawn, the weight attached to them by the national courts in their assessment of the evidence and the degree of compulsion inherent in the situation. [...]"

concreto, uma inferência deveria ser extraída".[724] Por fim, no desfecho do caso apreciado, assevera que as inferências retiradas do comportamento do queixoso eram próprias do senso comum (*common-sense inferences*), de modo que "não poderia ser dito que a extração de inferências razoáveis do comportamento do requerente tiveram como consequência a alteração do ônus da prova da acusação para a defesa nem que infringiram o princípio da presunção de inocência".[725]

A fundamentação utilizada pelo TEDH, ao apoiar-se em alegadas inferências realizadas sob a base do comportamento silente do acusado, autoriza a crítica de que a intervenção no direito contra a autoincriminação de Murray não passaria no teste da proporcionalidade, se este houvesse sido realizado de acordo com a teoria dos princípios e da argumentação jusfundamental. Com isso, não se defende que o réu devesse ter sido absolvido, apenas que a justificação da decisão condenatória careceria de correção argumentativa, não somente pela pretensão de convencer a defesa de Murray, mas também pela pretensão contribuir para a estruturação de um sistema coerente de fundamentação jurídica, propósitos para cuja realização ela pouco contribuiu.

O recurso de Murray tratava de uma hipótese, em certos aspectos muito semelhante ao exemplo do furto de joias de Cohen,[726] em que os elementos de prova colhidos, devidamente encadeados entre si, seriam suficientes para uma condenação. O equívoco do TEDH reside em desconsiderar que, se as provas colhidas quando da abordagem de Murray demandariam a produção de contraprovas por parte do imputado, que preferiu não as produzir, então seriam os elementos aduzidos pela acusação, não refutados por qualquer outro elemento, que justificariam a condenação. A asserção de que o silêncio do acusado, por estar rodeado de indícios propriamente ditos, passou a constituir um indício autônomo – já que autorizaria a extração de "inferências" – consiste em argumento impróprio, não apenas pela circularidade que encerra, mas pela própria posição do comportamento das partes na dinâmica das provas: o comportamento de Murray não aumentou o grau de confirmação racional da hipótese fática, apenas acarretou uma diminuição das possibilidades de refutação da probabilidade do enunciado.

---

[724] *Case of* JOHN MURRAY *versus* THE UNITED KINGDOM (*Application number* 00018731/91 – 08/02/1996): "[...], [T]he trial judge has a discretion whether, on the facts of the particular case, an inference should be drawn. [...]"

[725] *Case of* JOHN MURRAY *versus* THE UNITED KINGDOM (*Application number* 00018731/91 – 08/02/1996): "[...] Nor can it be said, against this background, that the drawing of reasonable inferences from the applicant's behaviour had the effect of shifting the burden of proof from the prosecution to the defence so as to infringe the principle of the presumption of innocence."

[726] Conferir Cap. 3.2.2.2, *supra*.

3.3.3.3. O silêncio como elemento discursivo no raciocínio judicial: concordância prática entre o princípio da liberdade de declaração e o princípio do livre convencimento racional

A correta compreensão da conduta de permancer em silêncio no interrogatório reclama a apuração da importante distinção entre o modo de exercício da autodefesa e os elementos de prova que podem resultar da estratégia adotada.

Como mandamento a otimizar, o direito à não autoincriminação pede a proibição de qualquer ação estatal que obstaculize, embarace ou de qualquer modo afete o exercício de uma posição processual passiva. Pode-se defender, então, que tomar o silêncio como a perda de uma oportunidade processual para refutação da hipótese da acusação também estaria *prima facie* vedada. Colocada a questão à vista da teoria ampla do âmbito protegido do direito fundamental, que demanda uma interpretação ampla dos bens protegidos e das intervenções,[727] a permissão para o juiz reconhecer consequências desfavoráveis decorrentes da recusa em responder ao interrogatório constituiria, ainda que em grau menor, uma intervenção no direito contra a autoincriminação. Seria preciso verificar, portanto, se a intervenção veiculada pela regra extraída do art. 198, segunda parte, do CPP, pode ser constitucionalmente justificada.

De acordo com o exposto anteriormente, é possível compreender, apesar da técnica legislativa sofrível, que a nova redação do parágrafo único do art. 186, invertendo a dicção anterior, trata do problema do eventual *caráter probatório* da conduta de silenciar. É dizer, o enunciado segundo o qual "o silêncio não poderá ser interpretado em prejuízo da defesa" expressa uma norma que proíbe considerar o comportamento processual do réu silente como indício de culpa. Já o art. 198, mantido pela reforma, refere-se ao silêncio como falta de prova objetivamente considerada, de modo que o silêncio poderia integrar – como elemento discursivo, e não probatório –, o procedimento relativo à verificação do requisito da não refutação do enunciado fático alegado pela acusação.

No primeiro passo da ponderação, deve ser apurada a intensidade da intervenção no direito de defesa. Depois, deve ser exposto o grau de importância da medida cogitada para a obtenção de outros objetivos constitucionalmente relevantes. Por fim, deve-se avaliar se a realização desses objetivos, no grau em que se espera realizá-los, justifica a intervenção que recairia no direito fundamental.

Quanto à intensidade da intervenção, haveria uma afetação grave no direito fundamental ao silêncio se ao réu fosse imposto o dever de decla-

---

[727] Conferir: Cap. 1.1.4, *supra*.

rar, o que impediria a prática da conduta individual protegida pelo tipo normativo, ou mesmo se se permitisse tomar o uso dessa faculdade como indício de culpa, o que embaraçaria severamente seu exercício. Considerando que a regra probatória expressa no art. 198, segunda parte, do CPP, permite reputar a ausência objetiva de prova produzida pelo réu no interrogatório apenas como elemento para avaliação do requisito da não refutação das provas da acusação, a intervenção no direito ao silêncio não se dá senão em grau leve ou, se muito, moderado. A um resultado semelhante chega-se, por outro lado, mediante a cogitação da exclusão da regra em apreço para o favorecimento ao direito contra a autoincriminação. Há um risco, não depreciável, de que desconsiderar a não produção de provas de refutação poderia sugerir também a possibilidade de a *produção* de provas de refutação ser subestimada. Autodefesa ativa e autodefesa passiva são dois lados da mesma moeda (a liberdade de declaração), de modo que ambas merecem o mesmo tratamento. Embora a questão suscite conexões com outros campos do conhecimento, deve-se estar atento para o perigo que a consideração "paternal" da ausência de declaração do réu poderia ensejar para a solidificação de uma cultura jurídica que não leva a sério a atividade probatória da defesa.

Sobre a relevância da permissão do art. 198, segunda parte, do CPP, para realização da eficiência persecutória, deve-se reconhecê-la como elevada. A estruturação dialogal do processo exige que o juiz se convença da verdade dos enunciados fáticos afirmados pelas partes mediante avaliação das provas de confirmação e de refutação, não apenas isoladamente, mas também em seu conjunto. Sob o aspecto do prejuízo que adviria da exclusão da permissão em exame, também se pode argumentar a favor da regra, pois haveria considerável menoscabo à racionalidade do convencimento judicial impedir que se reconhecessem consequências desfavoráveis da inatividade do réu no procedimento de confirmação e refutação do enunciado fático proposto pela acusação. Não se concebe como a transformação do diálogo em monólogo seria capaz de contribuir para o estabelecimento da verdade no processo.

Expostas razões e contrarrazões, verifica-se que a manutenção da norma enunciada no art. 198, segunda parte, do CPP, tem a seu favor argumentos não superados por argumentos em seu desfavor. Neste caso, a colisão entre o princípio da não autoincriminação e o princípio da eficiência persecutória resolve-se, sob o critério da proporcionalidade, pela prevalência condicionada deste último.

Assim, por caracterizar *ausência de prova* produzida pela defesa, o exercício do direito de calar no interrogatório pode prejudicar o réu no juízo sobre eventual circunstância que possa excluir ou diminuir o grau de confirmação da hipótese desfavorável ao acusado.[728] Embora se retire qualquer caráter probatório positivo do comportamento processual de não responder ao interrogatório, o reconhecimento do direito de silenciar não pode assegurar o *êxito* da opção defensiva de exercê-lo, pois isso dependerá sempre das circunstâncias concretas.

Tratar o acusado como sujeito processual implica atribuir-lhe as responsabilidades próprias de quem pode se guiar autonomamente na busca da satisfação de seus interesses. Se o órgão acusador logra carrear ao processo elementos que autorizam um alto grau de confirmação da culpa do réu, a este convém fazer uso de seus poderes processuais para diminuir esse grau de confirmação. É por isso que a proteção da liberdade de declaração não pode evitar que a renúncia à produção de elementos probatórios no ato de interrogatório contribua, pela possível insuficiência de elementos aptos a uma refutação plausível da versão acusatória, para uma decisão contrária aos interesses do renunciante. Pode o acusado, desde que devidamente assistido por seu defensor técnico, omitir-se de arrolar testemunhas, como também não está obrigado a juntar documentos ou a requerer perícias, pois a sua atividade ou inatividade probatória faz (ou pode fazer) parte de sua estratégia defensiva. Não são relevantes as possíveis razões da opção por deixar de produzir determinada prova, mas pode ser relevante, para o convencimento judicial, a *carência concreta* de elementos probatórios a cuja obtenção o réu, na qualidade de sujeito processual não submetido à parte acusadora, abriu mão conscientemente.

A concordância prática entre o direito ao silêncio e a eficiência do juízo sobre a imputação reside em impedir a extração de qualquer inferência quanto ao *ato subjetivo* de calar no interrogatório e, por outro lado, permitir que a ausência da versão pessoal do acusado, *objetivamente considerada*, constitua um elemento discursivo para a formação do juízo sobre os fatos apurados no processo. Aqui se deve entender a expressão "elemento discursivo" em seu sentido fraco, relativo à perda de uma oportunidade para a produção de uma prova favorável, não no sentido de sua consideração como meio de prova autônomo.

Saliente-se que, além de dizer ao réu que a opção pelo silêncio não será valorada, conforme se extrai do art. 186, *caput*, do CPP, o magistrado que preside o ato de interrogatório deve cientificar o imputado de que o exercício do direito de silenciar pode lhe suprimir uma oportunidade de produzir provas em seu favor, assim como deve cientificá-lo de que o exercício de direito de declarar implica permitir a possível utilização das respostas dadas como elementos probatórios em seu desfavor.

---

[728] Conforme lição de FIGUEIREDO DIAS "do ponto de vista fático, o exercício do direito ao silêncio poderá prejudicar o acusado se ele deixar de fornecer elementos que poderiam justificar seu comportamento ou mesmo desculpá-lo". Conferir em: FIGUEIREDO DIAS, Jorge de Figueiredo, *Direito Processual Penal*, p. 449. No mesmo sentido: TONINI, Paolo. *A prova no processo penal italiano*, p. 143-4

Conforme leciona Tonini, o "acertamento dos fatos deve ser extraído não somente a partir da explícita referência às provas que fundamentam o próprio convencimento do juiz mas também a partir da *exposição das razões e dos critérios* em função dos quais o juízo foi formulado".[729] Por isso a escolha entre responder ou não responder ao interrogatório, que traz implicações no exercício da atividade probatória, deve ser feita com o conhecimento das possíveis consequências práticas que essa opção pode acarretar na avaliação global da prova. Embora as reformas processuais de 2003 e 2008 tenham deixado de prever expressamente a obrigatoriedade de tal advertência, ela não pode ser olvidada. O juiz penal não pode intervir na escolha do modo de o imputado exercer a autodefesa, mas tem o dever de assegurar ao réu que a adoção de sua estratégia processual ocorra de modo consciente e racional.

3.3.3.4. *O exercício do direito ao silêncio na fundamentação do convencimento judicial*

Afirma a doutrinadora Maria Queijo, mencionando o exemplo do álibi, que o silêncio do acusado poderá prejudicar sua defesa, no todo, independentemente de qualquer valoração dele por parte do julgador.[730] Isso está correto, conforme exposto no item anterior. A autora citada, não obstante, desvia-se desse entendimento ao sustentar, contraditoriamente, a impossibilidade de o silêncio do acusado constituir "argumento a favor da acusação", ou ser "considerado para a formação do convencimento do julgador".[731]

A defesa dessa limitação discursiva encerra uma contrariedade. De fato, não se pode valorar a conduta de silenciar, atribuindo-lhe caráter probatório, pois assim se criaria uma presunção de culpabilidade e se tiraria do réu uma estratégia lícita de defesa; mas o direito definitivo ao silêncio não poderia ir tão longe a ponto de negar a possibilidade de que a inexistência de determinada prova integre a argumentação desenvolvida na análise do grau de convencimento das provas de refutação da hipótese acusatória. Em outras palavras: uma coisa é tomar a ausência de declaração como meio de prova, o que é vedado; outra, bem diversa, é considerar a ausência de declaração como elemento – discursivo – do raciocínio judicial *sobre* o material probatório, o que é permitido.

No exemplo citado por Maria Queijo, não se concebe como o juiz poderia apreciar a alegação do álibi, de modo condizente com o dever de fundamentação, sem fazer referência à suficiência ou insuficiência do

---

[729] TONINI, Paolo. *A prova no processo penal italiano*, p. 105. Grifos não constantes no original.

[730] QUEIJO, Maria Elisabeth. *O direito de não produzir prova...*, p. 221.

[731] QUEIJO, Maria Elisabeth. *O direito de não produzir prova...*, p. 217.

material probatório que diz respeito à alegação. Se se trata de analisar um álibi, ou outra alegação de fato eximente ou exculpante, pode o juiz desacolher a alegação da defesa apoiando sua fundamentação no grau de aceitabilidade resultante da ausência ou insuficiência de refutação do fato principal *prima facie* confirmado por elementos probatórios idôneos. No caso, não se pode negar que a falta de produção de prova por parte do réu em seu interrogatório deve integrar a cadeia argumentativa pela qual a hipótese acusatória é dada como definitivamente confirmada.

Um mesmo elemento ou grupo de elementos de prova trazido por uma parte pode, após os procedimentos de confirmação e refutação, caracterizar prova suficiente ou não suficiente de um determinado fato, dependendo do conjunto probatório em que ele se inserir. A presunção de inocência exige que o juiz decida em favor do réu se subsistir "dúvida razoável" acerca da culpabilidade do réu,[732] mas não pode remover o caráter relativo das provas e transformar o processo penal em um monólogo. O convencimento judicial dá-se pela análise argumentativa das duas forças probatórias contrapostas no processo, não podendo o juiz considerar apenas a atividade probatória da acusação, ou apenas a atividade probatória da defesa, como se só uma delas pudesse ser conhecida pelo julgador.

Se se impedisse a consideração da falta de produção de prova por parte do acusado no juízo sobre a suficiência global da prova, a própria estrutura dialogal do processo, caracterizada pela relatividade das provas e por sua contraditoriedade, estaria sendo negada. Daí a incorreção da tese de que a falta de declaração do réu não pode ser utilizada, em nenhum caso, no discurso processual das partes ou do juiz. O direito à liberdade de declaração não impede que a ausência da versão pessoal do acusado, objetivamente considerada, contribua para um juízo de insuficiência das provas a infirmar ou eliminar a força de convencimento das provas que apoiam à versão da acusação. E se pode ser assim considerada, essa falta de declaração deve integrar o discurso judicial sempre que ela contribuir para a não refutação da hipótese acusatória, pois o julgador não pode sonegar das partes aspectos relevantes do raciocínio utilizado no processo de convencimento.

Tratar o silêncio do acusado como um tabu, proibindo o juiz de afirmar que o desperdício da oportunidade de declaração possa implicar a manutenção da força probatória *prima facie* dos elementos introduzidos pela acusação, não parece compatível com as exigências de uma fundamentação adequada. Qual contribuição à equiparação de armas esse tabu argumentativo daria é uma questão que precisaria ser enfrentada pelos que defendem a introdução de uma restrição discursiva tão elevada.

---

[732] Conferir: Cap. 3.3.1.3, *supra*.

Conclusão

O direito de não se autoincriminar surgiu e desenvolveu-se no bojo de transformações processuais pelas quais o imputado deixou de ser mero objeto da investigação e passou a ser tratado, simultaneamente, como sujeito do processo. No arcabouço constitucional do Estado de Direito contemporâneo, seu caráter jusfundamental extrai-se do entrelaçamento das normas constitucionais da dignidade humana, do procedimento correto, da ampla defesa e da presunção de inocência. É por isso que a proteção contra a obrigatoriedade da autoincriminação constitui, hoje, um dos aspectos centrais sobre como o indivíduo deve ser tratado em uma determinada organização jurídico-social.

Adotada uma teoria ampla do tipo normativo, o direito de não se autoincriminar protege *prima facie* todos os comportamentos individuais passivos que se refiram a uma postura de seu titular, como parte processual não subordinada à parte contrária, de não colaborar para a própria condenação. Como mandamento a otimizar, esse direito pode colidir – e frequentemente colide – com bens coletivos constitucionais, como o princípio da busca da verdade. Essas colisões devem ser solucionadas mediante uma ponderação de bens, executada de acordo com os critérios de racionalidade, intersubjetividade e controlabilidade fornecidos pela teoria dos princípios e pela teoria da argumentação jurídico-constitucional.

Embora o direito à não autoincriminação vá muito além da liberdade de declaração no interrogatório judicial, essa é uma de suas expressões mais importantes. Como estratégia de defesa passível de ser adotada pelo imputado, a opção pelo silêncio não é prova, meio de prova, nem sucedâneo de prova. Ainda que o comportamento de silenciar não admita valorações, a ausência objetiva de declarações pode, não obstante, constituir um elemento argumentativo do discurso das partes ou do juiz sobre a suficiência do material probatório. Se a formação do convencimento judicial deve ocorrer mediante procedimentos de confirmação e refutação da hipótese fática sustentada pela acusação, o silêncio do réu pode acarretar o desperdício de uma oportunidade de enfraquecer a tese acusatória ou de fortalecer uma tese defensiva incompatível com a afirmação da culpa do imputado. Como sujeito processual capaz de, com auxílio de seu advogado, conduzir-se autonomamente no exercício de sua defesa, o acusado é corresponsável pelo êxito de sua estratégia defensiva, e portanto deve exercê-la de modo consciente.

Referências

ALEXY, Robert. *Constitucionalismo discursivo*. Trad. Luís Afonso Heck. Porto Alegre: Livraria do Advogado, 2007.

———. *Direito, Razão, Discurso*. Trad. Luís Afonso Heck. Porto Alegre: Livraria do Advogado, 2009.

———. *El concepto y la validez del derecho*. Barcelona: Gedisa, 1997.

———. *Teoria de la argumentación jurídica*. Madrid: Centro de Estudios Constitucionales, 1989.

———. *Teoria de los derechos fundamentales*. Madrid: Centro de Estudios Constitucionales, 1999.

———. *Uma concepção teórico-discursiva da razão prática*. Trad. Luis Afonso Heck (no prelo).

ALSCHULER, Albert W. "A peculiar privilege in historical perspective" In: *The privilege against self-incrimination*. HELMHOLTZ, R. H. *et al*. Chicago: The University of Chicago Press, 1997.

ALTAVILLA, Enrico. *Psicologia Judiciária*. v. I. 3ª ed. Coimbra: Armênio Amado, 1981.

———. *Psicologia Judiciária*. v. II. 2ª ed. Coimbra: Almedina, 2003.

ALVARO DE OLIVEIRA, Carlos Alberto. *Problemas atuais da livre apreciação da prova*. Disponível em <www6.ufrgs.br/ppgd/doutrina>. Acesso em 11 jul. 2007.

AMBOS, Kai. "O direito à não-autoincriminação de testemunhas perante o Tribunal Penal Internacional". *Revista de Estudos Criminais*. Porto Alegre, v. 2, n. 8, 2003.

ANDRADE, Manuel da Costa. *Sobre as proibições de prova em processo penal*. Coimbra: Coimbra Editora, 1992.

ATIENZA, Manuel. *As razões do direito – Teorias da Argumentação Jurídica*. 3ª ed. São Paulo: Landy, 2003.

AZEVEDO, David Teixeira de. "O interrogatório do réu e o direito ao silêncio". In: AZEVEDO, David Teixeira de. *Atualidades no direito e processo penal*. São Paulo: Método, 2001.

BADARÓ, Gustavo Henrique Righi Ivahy. *O ônus da prova no processo penal*. São Paulo: Revista dos Tribunais, 2003.

BALTAZAR JÚNIOR, José Paulo. *Sigilo bancário e privacidade*. Porto Alegre: Livraria do Advogado, 2005.

BAPTISTA, Francisco das Neves. *O mito da verdade real da dogmática do processo penal*. Rio de Janeiro: Renovar, 2001.

BARBIERO, Louri Geraldo. "O direito constitucional do réu ao silêncio e suas consequências". *Cidadania e Justiça*. Rio de Janeiro, v. 2, n. 5, 1998.

BENDA, Ernst. "Dignidad humana y derechos de la personalidad". *Manual de Derecho Constitucional*. BENDA, Ernst; MAIHOFER, Werner; VOGEL, Hans-Jochen; HESSE, Konrad; HEYDE, Wolfang (orgs.) *et al*. Madrid: Marcial Pons, 1996.

BINDER, Alberto. *Introdução ao direito processual penal*. Rio de Janeiro: Lumen Iuris, 2003.

BOROWSKI, Martin. "La restricción de los derechos fundamentales". *Revista Española de Derecho Constitucional*, a. 20. n. 59. Mayo-Ago. Madrid: Centro de Estudios Constitucionales, 2000.

———. *La estructura de los derechos fundamentales*. Bogotá: Universidad Externado de Colombia, 2003.

BUCHILI, Beatriz da Conceição. "Meios e fontes de prova no processo de conhecimento". In: *Prova Judiciária – Estudos sobre o novo direito probatório*. KNIJKIK, Danilo (coord.) e outros. Porto Alegre: Livraria do Advogado, 2007.

CARVALHO, José Theodoro Corrêa. "As inovações do interrogatório no processo penal". *Revista da Fundação Escola Superior do Ministério Público do Distrito Federal e Territórios*, a. 12, v. 23, jan./dez. 2004.

CARVALHO, Salo de. "Considerações sobre as incongruências da justiça penal consensual: retórica garantista, prática abolicionista". In: *Diálogos sobre a Justiça Dialogal*. Aury Lopes Jr. *et al*. Rio de Janeiro: Lumen Juris, 2002.

COLTRO, Antônio Carlos Mathias. "O silêncio, a presunção de inocência e sua valoração". In: PENTEADO, Jaques de Camargo (coord.). *Justiça penal*. n. 6. São Paulo: Revista dos Tribunais, 1999.

CÓRDOBA, Gabriela E. "Nemo tenetur se ipsum accusare: ¿principio de pasividad?". Estudios sobre justicia penal – Honemaje al Profesor Julio B. J. Maier. David Baigún... [et al.] – Buenos Aires: Del Puerto, 2005.

COUCEIRO, João Claudio. *A garantia constitucional do direito ao silêncio*. São Paulo: Revista dos Tribunais, 2004.

DE LUCA, Javier Augusto. "Notas sobre la cláusula contra la autoincriminación". *Cuadernos de Doctrina y Jurisprudencia Penal*. Buenos Aires, v. 5, n. 9B, octubre 1999.

DI GIULIO, Gabriel H. *Nulidades procesales*. Buenos Aires: Hammurabi, 2005.

DIAS NETO, Theodomiro. "O direito ao silêncio: tratamento nos direitos alemão e norte-americano". *Revista Brasileira de Ciências Criminais*. São Paulo, v. 5, n. 19, jul./set. 1997.

DIAS, Jorge de Figueiredo e ANDRADE, Manuel da Costa. *Criminologia – O homem delinquente e a sociedade criminógena*. Coimbra: Coimbra Editora, 1997.

——. "Para uma Reforma Global do Processo Penal Português", *in Para uma Nova Justiça Penal*. Eduardo Correia *et al*. Coimbra: Livraria Almedina, 1996.

——. *Direito processual penal*. 1º v. Coimbra: Coimbra Almedina, 1974.

FASSONE, Elvio. "La valoración de la prueba en los procesos de criminalidad organizada." *Cuadernos de política criminal* n. 68, 1998.

FELDENS, Luciano. *A Constituição Penal – A dupla face da proporcionalidade no controle de normas penais*. Porto Alegre: Livraria do Advogado, 2005.

——. *Direitos Fundamentais e Direito Penal*. Porto Alegre: Livraria do Advogado, 2008.

FERNANDES, Antonio Scarance. "O equilíbrio entre a eficiência e o garantismo e o crime organizado", *In Revista Brasileira de Ciências Criminais*, v. 70, jan./fev. 2008.

——. "Prova e sucedâneos de prova no processo penal". *RBCCrim* a. 15. n. 66, maio/jun., 2007.

——. *Processo penal constitucional*. 2ª ed. São Paulo: Revista dos Tribunais, 2000.

FERNANDES, Paulo Sérgio Leite. "Direito e dever ao silêncio". Em: *Estudo Jurídicos em homenagem a Manoel Pedro Pimentel*. Rubens Prestes Barra e Ricardo Antunes Andreucci (coords.). São Paulo: Revista dos Tribunais, 1992.

FERRAJOLI, Luigi. *Direito e Razão – Teoria do Garantismo Penal*. São Paulo: Revista dos Tribunais, 2004.

FERRER BELTRÁN, Jordí. "¿Cómo se valora una prueba?". *Iter Criminis Revista de Ciencias Penales*, n. 10, Segunda época, Instituto Nacional de Ciencias Penales.

FLORIAN, Eugenio. *Elementos de Derecho Procesal Penal*. Barcelona: Libreria Bosch, 1934.

GADAMER, Hans Georg. *Verdade e método I – Traços fundamentais de uma hermenêutica filosófica*. 6. edição. Trad. Flávio Paulo Meurer. Petrópolis: Vozes, 2004.

——. *Verdade e Método II – Complementos e Índice*. Petrópolis: Vozes, 2002.

GAROFOLI, Vincenzo. "Presunzione d'innocenza e considerazione di non colpevolezza. La fungibilità delle due formulazioni". *Rivista italiana di diritto e procedura penale*, anno XLI, 1998, Milano, p. 168-200.

GARZÓN VALDÉS, Ernesto. "¿Cuál es la relevancia moral del principio de la dignidad humana?". *In Derechos Fundamentales e Derecho Penal*. Patricia Cóppola (compiladora). Córdoba: Inecip Córdoba, 2006.

GASCÓN ABELLÁN, Marina. "Concepciones de la prueba. Observación a propósito de *Algunas consideraciones sober la relación entre pruba y verdad*, de Michele Taruffo". *Discusiones – Prueba, conocimiento y verdad*. a. II, n. 3.

———. *Los hechos en el derecho – Bases argumentales de la prueba*. 2ª ed. Madrid: Marcial Pons, 2004.

GOMES, Luiz Flávio. "Sobre o conteúdo processual do princípio da presunção de inocência". *Estudos de Direito Penal e Processo Penal*. São Paulo: Revista dos Tribunais, 1999.

———. *Suspensão condicional do processo penal – O novo modelo consensual de justiça criminal*. São Paulo: Revistas dos Tribunais, 1995.

GOMES FILHO, Antonio Magalhães. *Direito à Prova no Processo Penal*. São Paulo: Revista dos Tribunais, 1997.

———. *A motivação das decisões penais*. São Paulo: Revista dos Tribunais, 2001.

GOMES, Mariângela Gama de Magalhães. "O direito ao silêncio na prisão em flagrante". *Revista dos Tribunais*, a. 94, v. 836, jun. 2005.

GONZÁLES-CUELLAR SERRANO, Nicolás. *El principio de proporcionalidad en el proceso penal*. Madrid: Editorial Colex, 1990.

GRINOVER, Ada Pellegrini. "O interrogatório como meio de defesa (Lei 10.792/2003)". *RBCCrim*, n. 53, mar./abr. 2005.

GUZMÁN, Nicolás. "Las funciones de la prueba: perspectivas de una teoría cogniscitivista". *Más Derecho: Revista de Ciências Jurídicas*, p. 145-60.

———. "Prohibición de declarar, facultad de abstención y prohibiciones probatorias". *Más Derecho : Revista de Ciencias Jurídicas*. Buenos Aires, n. 1, 2000.

HABERMAS, Jürgen. *Teoría de la acción comunicativa: complementos e estudios previos*. 3ª ed. Madrid: Cátedra, 1984.

HADDAD, Carlos Henrique Borlido. "A constitucionalidade do exame de DNA compulsório em processos criminais e propostas de sua regulamentação". *Revistas da EMERJ*, v. 10, n. 39, 2007.

———. *Conteúdo e contornos do princípio contra a autoincriminação*. Campinas: Bookseller, 2005.

HASSEMER, Winfried. *Direito Penal – Fundamentos, estrutura, política*. Porto Alegre: Sergio Antonio Fabris Editor, 2008.

———. *Introdução aos fundamentos do Direito Penal*. Porto Alegre: Sergio Antonio Fabris Editor, 2005.

HECK, Luís Afonso. "As garantias jurídico-constitucionais do acusado no ordenamento jurídico alemão". [Texto distribuído no Curso de Currículo Permanente EMAGIS – Módulo IV] Porto Alegre, 2005.

———. "O modelo das regras e o modelo dos princípios na colisão de direitos fundamentais". *Revista dos Tribunais*. São Paulo, v. 781, novembro de 2000.

———. "Regras, princípios jurídicos e sua estrutura no pensamento de Robert Alexy". In: *Dos Princípios Constitucionais*. George Salomão Leite (org.). São Paulo: Malheiros, 2003.

———. *O Tribunal Constitucional Federal e o Desenvolvimento dos Princípios Constitucionais*. Porto Alegre: Sergio Antonio Fabris Editor, 1995.

———. Prefácio. Em *O direito à cultura na Constituição Federal de 1988*. Tânia Maria dos Santos. Porto Alegre: Verbo Jurídico, 2007.

HELMHOLTZ, R. H. "Introduction", p. 1-16. *The privilege against self-incrimination: Its origins and development*. HELMHOLTZ, R. H. *et al*. Chicago: The University of Chicago Press, 1997.

———. "The privilege and the ius commune: the middle ages to the seventeenth century". *The privilege against self-incrimination: Its origins and development*. HELMHOLTZ, R. H. *et al*. Chicago: The University of Chicago Press, 1997.

———. "El privilegio y el ius commune: de la edad media al siglo XVII". *Cuadernos de doctrina y jurisprudencia penal*. Buenos Aires, v. 9, n. 15, mayo 2003.

HESSE, Konrad. "Los Derechos fundamentales", *in* BENDA, Ernst; MAIHOFER, Werner; VOGEL, Hans-Jochen; HESSE, Konrad; HEYDE, Wolfang (orgs.) *et al. Manual de Derecho Constitucional*, Madrid: Marcial Pons, 1996.

———. *Elementos de direito constitucional da República Federal da Alemanha.* Porto Alegre: Sergio Antonio Fabris Editor, 1998.

IBAÑEZ, Perfecto Andrés. "Sobre prueba y proceso penal". *Discusiones – Prueba, conocimiento y verdad.* Año II, número 3, p. 55-66.

———. "Sobre o valor da imediação (uma aproximação crítica)". In: *Valoração da prova e sentença penal.* Rio de Janeiro: Lumen Juris, 2006.

———. "A argumentação probatória e a sua expressão na sentença". In: *Valoração da prova e sentença penal.* Rio de Janeiro: Lumen Juris, 2006.

———. "Sobre a motivação dos fatos na sentença penal". In: *Valoração da prova e sentença penal.* Rio de Janeiro: Lumen Juris, 2006.

———. "'Capintaria da sentença penal (em matéria de 'fatos')". In: *Valoração da prova e sentença penal.* Rio de Janeiro: Lumen Juris, 2006.

ILLUMINATI, Giulio. "L´imputato che diventa testimone". *L´indice penale,* n. 2, mai./ago. 2002.

JAÉN VALLEJO, Manuel. "La presunción de inocencia". *Revista de derecho penal y proceso penal,* Buenos Aires, fasc. 2, 2004.

JARDIM, Afrânio. "O ônus da prova na ação penal condenatória". *In Direito processual penal,* cap. 12. Rio de Janeiro: Forense, 2002.

KANT, Immanuel. *Fundamentação da metafísica dos costumes.* Trad. Paulo Quintela. Lisboa: Edições 70, 2004.

KIRSCH, Stefan. "¿Derecho a no autoinculparse?" *La insostenible situación del derecho penal.* Granada: Universidad Pompeu Fabra, 2000.

KNIJNIK, Danilo. "Os *standards* do convencimento judicial: paradigmas para seu eventual controle". *Revista Forense.* Rio de Janeiro, n. 353, jan./fev. 2001.

———. *A Prova nos Juízos Cível, Penal e Tributário.* Rio de Janeiro: Forense, 2007.

LA TORRE, Massimo. "Teorías de la argumentación y conceptos de derecho. Una aproximación". *Derechos y libertades,* a. IV, enero , n. 7. Boletín oficial del Estado, 1999.

LEIVAS, Paulo Gilberto Cogo. *Teoria dos direitos fundamentais sociais.* Porto Alegre: Livraria do Advogado, 2006.

LIMA NETO, Francisco Vieira. "Obtenção de DNA para exame: direitos humanos 'versus' exercício da jurisdição". Em *Grandes temas da atualidade: DNA como meio de prova da filiação – aspectos constitucionais, civis e penais.* Eduardo de Oliveira Leite (coord.). Rio de Janeiro, Forense, 2002.

LOPES JR, Aury. *Introdução crítica ao processo penal – Fundamentos da instrumentalidade garantista.* 3ª ed. Rio de Janeiro: Lumen Juris, 2005.

LOTHAR, Michael. "As três estruturas de argumentação do princípio da proporcionalidade – para a dogmática da proibição do excesso e de insuficiência e dos princípios de igualdade", tradução de Luís Afonso Heck. In: HECK, Luís Afonso (org.) *et alli. Direito natural, direito positivo, direito discursivo.* Porto Alegre: Livraria do Advogado, 2010.

MALATESTA, Nicola Framarino. *A Lógica das provas em matéria criminal.* v. I. Rio de Janeiro: Conan, 1995.

MARTÍN PASTOR, José. "Controversia jurisprudencial y avances legislativos sobre la prueba pericial de ADN en el proceso penal". *La Ley Penal – Revista de Derecho Penal, Procesal y Penitenciario,* n. 46, añõ V, febrero 2008.

MAURER, Hartmut. *Contributos para o Direito do Estado.* Porto Alegre: Livraria do Advogado, 2007.

MEDEIROS, Flávio Meirelles. "Dificuldade de atuação dos limites jurídicos à livre apreciação da prova no chamado processo penal acusatório". *Revista do Tribunais n. 710.* São Paulo: Revista dos Tribunais, 1994.

MÉDICI, Sérgio de Oliveira. "Interrogatório do réu e direito ao silêncio". *Revista Jurídica,* ano XLI, n. 194, dez. 1993.

MENDES, Gilmas Ferreira. "Significado do direito de defesa". *Direitos Fundamentais e controle de constitucionalidade*. 2ª ed. São Paulo: Celso Bastos, 1999.

MONTAÑES PARDO, Miguel Angel. *La presunción de inocencia*. Pamplona: Editorial Arazandi, 1999.

MONTERO AROCA, Juan. "Principio acusatório y prueba en el proceso penal". In: *Prueba y proceso penal*. Juan Luis Gomes Colomer (coord.) *et al*. Valência: Tirant lo Blanch, 2008.

MOREIRA, José Carlos Barbosa. "A Constituição e as provas ilicitamente obtidas". *Revista Forense*, Rio de Janeiro, v. 337, jan./mar. 1997.

MORENO CATENA, Victor. "Garantía de los derechos fundamentales en la investigación penal". *Cuadernos de doctrina y jurisprudencia penal* n. 8, Buenos Aires: Ad-Hoc, p. 113-67.

———. "Los elementos probatorios obtenidos com la afestación de derechos fundamentales durante la investigación penal", p. 75-106. Em: *Prueba y proceso penal*. Juan Luis Gomes Colomer (coord.) *et al*. Valência: Tirant lo Blanch, 2008.

MORO, Sérgio Fernando. "Colheita compulsória de material biológico para exame genético em casos criminais". *Revista dos Tribunais*, v. 853, nov., 95° ano, 2006.

MOURA, Maria Thereza Rocha de Assis, MORAES, Maurício Zanoide de. "Direito ao silêncio no interrogatório". *Revista Brasileira de Ciências Criminais*. São Paulo, v. 2, n. 6, abr./jun. 1994.

NUCCI, Guilherme de Souza. "Interrogatório, confissão e direito ao silêncio no processo penal". *Revista da Escola Paulista da Magistratura*, a. I, v. 2, jan./abr. 1997.

———. *O valor da confissão como meio de prova no processo penal*. 2. ed. São Paulo: Revista dos Tribuais, 2000.

OJEA QUINTANA, Tomás. "El privilegio contra la autoincriminación : reflexiones acerca de dos sistemas de procedimiento criminal: adversarial y no adversarial." *Cuadernos de Doctrina y Jurisprudencia Penal*. Buenos Aires, v. 5, n. 9B, oct. 1999.

OLIVEIRA, Eugênio Pacelli. *Processo e hermenêutica da tutela penal dos direitos fundamentais*. Belo Horizonte: Del Rey, 2004.

PALMA, Maria Fernanda. "A constitucionalidade do artigo 342° do Código Penal : o direito ao silêncio do arguido". *Revista do Ministério Público*. Lisboa, v. 15, n. 60, out./dez. 1994.

PEDROSO, Fernando de Almeida. *Processo penal. O direito de defesa: repercussão, amplitude e limites*. São Paulo: Revista dos Tribunais, 2001.

PIERANGELLI, José Henrique. *Processo penal: evolução histórica e fontes legislativas*. 2ª ed. São Paulo: IOB Thompson, 2004.

PRADO, Geraldo. *Elementos para uma análise crítica da transação penal*. Rio de Janeiro: Lumen Juris, 2003.

QUEIJO, Maria Elisabeth. *O direito de não produzir prova contra si mesmo*. São Paulo: Saraiva, 2003.

RAMOS, João Gualberto Garcez. *Audiência processual penal: doutrina e jurisprudência*. Belo Horizonte: Del Rey, 1996.

———. *Curso de processo penal norte-americano*. São Paulo: Revista dos Tribunais, 2006.

RAMOS, Vânia Costa. "*Corpus Juris 2000* – Imposição ao arguido de entrega de documentos para prova e *nemo tenetur se ipsum accusare*". Parte I. *Revista no Ministério Público* n. 108, ano 27, out./dez. 2006.

RISTORI, Adriana Dias Paes. *Sobre o silêncio do arguido no interrogatório no processo penal português*. Coimbra: Almedina, 2007.

RODRIGUEZ GARCÍA, Nicolás. "A justiça penal e as formas de transação no direito norte-americano: repercussões". *RBCCrim* n. 13.

ROSITO, Francisco. *Direito probatório – As máximas da experiência em juízo*. Porto Alegre: Livraria do Advogado, 2007.

ROXIN, Claus. "Libertad de autoincriminación y protección de la persona del imputado en la jurisprudencia alemana reciente". *Estudios sobre justicia penal – Honemaje al Profesor Julio B. J. Maier*. David Baigún... [et al.] – Buenos Aires: Del Puerto, 2005.

——. *A proteção de bens jurídicos como função do direito penal*. Porto Alegre: Livraria do Advogado, 2006.

——. *Derecho procesal penal*. Buenos Aires: Editores Del Puerto, 2000.

RUIZ RUIZ, RAMÓN. "Peces-Barba Martínez, Gregório – La dignidad de la persona desde la filosofía del derecho". *Derechos y Libertades – Revista del Instituto Bartolomé de las Casas*. Año VIII, enero/diciembre 2003, n. 12.

RUIZ, Victoria. "El derecho a no autoincriminarse en fallos del Tribunal Europeo de Derechos Humanos". *Cuadernos de doctrina y jurisprudencia penal*. Buenos Aires, v. 9, n. 15, mayo 2003.

SABADELL, Ana Lúcia. *Tormenta juris permissione – Tortura e processo penal na Península Ibérica* (séculos XVI – XVIII). Rio de Janeiro: Revan, 2006.

SANDEVILLE, Lorette Garcia. "O direito ao silêncio". *Revista da Procuradoria Geral do Estado de São Paulo*, n. 36, dez. 1991.

SANNA, Alessandra. "L'esame dell'imputato sul fatto altrui. Tra diritto al silenzio e dovere di collaborazione". *Rivista italiana di diritto e procedura penale*. Ano XLIV, n. 2, abr./jun. 2001.

SANTANA, Selma Pereira. "A tensão dialética entre os ideais de eficiência, garantia e funcionalidade". *Revista Brasileira de Ciências Criminais*, a. 13. v. 52, jan./fev. de 2005.

SCAPINI, Nevio. *La prova per indizi nel vigente sistema del processo penale*. Milão: Giuffrè, 2001.

SCHMMIT, Carl. *Teoría de la Constitución*. Madrid: Editorial Revista de Derecho Privado, [19-].

SCHWABE, Jürgen (compilador). *Cincuenta Años de Jurisprudencia del Tribunal Constitucional Federal Alemán*. Traducción Marcela Anzola Gil. Bogotá: Ediciones Jurídicas Gustavo Ibañez, 2003.

SHECAIRA, Sérgio Salomão. "Controle social punitivo e a experiência brasileira". Em: *Processo penal e Estado de Direito*. Fauzi Hassan Choukr e Kai Ambos (coords.). Campinas: Edicamp, 2002.

SILVA, Luís Virgílio Afonso da, "O proporcional e o razoável", *Revista dos Tribunais*, Ano 91, nº 798, São Paulo: RT, abril de 2002.

SILVA, Marcelo Cardozo. "Dos princípios e do preceito da proporcionalidade". Disponível em <www.revistadoutrina.trf4.gov.br>. Acesso em 10 ago. 2006.

——. *A prisão em flagrante na constituição*. Porto Alegre: Verbo Jurídico, 2006.

SPENCER, J. R. "O sistema inglês" *Processos penais da Europa*, Mireille Delmas-Marty (org.). Rio de Janeiro: Lumen Juris, 2005.

STEIN, Friedrich. *El conocimiento privado del juez*. Bogotá: Têmis, 1988.

TARUFFO, Michele. "Algunas observaciones sobre prueba y verdad." *Discusiones – Prueba, conocimiento y verdad*. a. II, n. 3.

——. "Algunos comentários sobre la valoración de la prueba". *Discusiones – Prueba, conocimiento y verdad*. a. II, n. 3.

——. "Il significato costituzionale dell'obligo di motivazione". In: *Paticipação e processo*, Ada Pellegrini Grinover, Cândido Rangel Dinamarco, Kazuo Watanabe (coords.) *et al.* São Paulo, Revista dos Tribunais, 1988.

——. "Senso comum, experiência e ciência no raciocínio do juiz." *Revista da Escola Paulista da Magistratura*, v. 2, n. 2, jul./dez. 2001.

——. *La prueba de los hechos*. Madrid: Editorial Trotta, 2005.

TEDESCO, Ignácio F. "El privilegio contra la autoincriminación: un estudio comparativo". *Cuadernos de Doctrina y Jurisprudencia Penal*. Buenos Aires, v. 3, n. 6, ago. 1997.

——. "La libertad de la declaración del imputado: una análisis histórico-comparado". In: HENDLER, Edmundo S. (Comp.). *Las garantías penales y procesales*. Buenos Aires: Editores del Puerto, 2004.

TAIFKE, Nils. "Flexibilidade da dignidade humana?", tradução de Roberto José Ludwig. In: HECK, Luís Afonso (org.) *et alli. Direito natural, direito positivo, direito discursivo*. Porto Alegre: Livraria do Advogado, 2010.

TONINI, Paolo. *A prova no processo penal italiano*. São Paulo: Revista dos Tribunais, 2002.

TOURINHO FILHO, Fernando da Costa. *Processo penal*. v. 3. 19ª ed. São Paulo: Saraiva, 1997.

TRAINOR, Scott A. "Un análisis comparativo del derecho de una corporación contra la auto incriminación". *Revista de Derecho Penal y Procesal Penal*, v. 1. Buenos Aires, enero 2007.

TROIS NETO, Paulo M. C. "O processo penal na teoria dos princípios" *Revista de Doutrina da 4ª Região*, Porto Alegre, nº 20, out. 2007. Disponível em: <http://www.revistadoutrina.trf4jus.br/artigos/edicao020/paulo_trois_neto.html>. Acesso em 5 jan. 2009.

TROISI-PATTON, Kimberly (org.) *et al. The right against self-incrimination.* San Diego: Thomson Gale, 2006.

USTÁRROZ, Daniel. *Prova no processo civil* Porto Alegre: Verbo Jurídico, 2007.

VAN WEEZEL, Alex. "Persona como sujeto de imputación y dignidad humana". *Derecho penal del enemigo – El discurso penal de la exclusión.* Cancio Meliá – Gomez-Jara Díez (coords.). v. 2. Buenos Aires: Edisofer, 2006.

VARELA, Casimiro. *Valoración de la prueba.* 2ª ed. Buenos Aires: Astrea, 1999.

VOGLER, Richard. "Justiça consensual e processo penal". In: *Processo penal e Estado de Direito.* Fauzi Hassan Choukr e Kai Ambos (coords.). Campinas: Edicamp, 2002.

WALTER, Gerhard. *Libre Apreciación de la Prueba.* Trad. Tomás Banzhaf. Bogotá: Themis, 1985.

WARREN, Earl. "Homem prevenido: os direitos de Miranda". *Sub Judice: justiça e sociedade.* Coimbra, n. 12, jan./jun. 1998.

WUNDERLICH, Alexandre. "A vítima no processo penal: impressões sobre o fracasso da Lei 9.099/95". *RBCCRim*, n. 47, 2004, p. 233-69.

ZAINAGHI, Diana Helena C. G. M. "O direito ao silêncio: evolução histórica – Do Talmud aos Pactos e Declarações Internacionais". *Revista de Direito Constitucional e Internacional* nº 48, jul./set. 2004.

ZANOTTI, Marco. "*Nemo tenetur se detegere:* profili sostanziali". *Rivista italiana di diritto e procedura penale,* nuova serie – anno XXXII, Milano: Giuffrè, 1989.

Impressão:
Evangraf
Rua Waldomiro Schapke, 77 - P. Alegre, RS
Fone: (51) 3336.2466 - Fax: (51) 3336.0422
E-mail: evangraf.adm@terra.com.br